와인 심플

Wine Simple

와인 심플

Wine
Simple

알도 솜, 크리스틴 뮬크 지음 김일민 옮김

세계 최고의 소믈리에 알도 솜이 안내하는
와인의 세계

시그마북스
Sigma Books

Wine Simple 와인 심플

발행일 2020년 9월 4일 초판 1쇄 발행
지은이 알도 솜, 크리스틴 뮬크
옮긴이 김일민
발행인 강학경
발행처 시그마북수 Sigma Books
마케팅 정제용
에디터 최윤정, 장민정, 최연정
디자인 최희민, 김문배

등록번호 제10-965호
주소 서울특별시 영등포구 양평로 22길 21 선유도코오롱디지털타워 A402호
전자우편 sigmabooks@spress.co.kr
홈페이지 http://www.sigmabooks.co.kr
전화 (02) 2062-5288~9
팩시밀리 (02) 323-4197
ISBN 979-11-90257-56-5 (13590)

WINE SIMPLE: A Totally Approachable Guide from a World-Class Sommelier
by Aldo Sohm with Christine Muhlke
Copyright ⓒ 2019 by Aldo Sohm, lnc.
Illustrations copyright ⓒ 2019 by Matt Blease

이 도서의 국립중앙도서관 출판예정도서목록(CIP)은 서지정보유통지원시스템 홈페이지(http://seoji.nl.go.kr)와 국가자료공동목록시스템(http://www.nl.go.kr/kolisnet)에서 이용하실 수 있습니다.
(CIP제어번호: CIP2020024453)

* 시그마북수는 (주)시그마프레스의 자매회사로 일반 단행본 전문 출판사입니다.

8

들어가며

차
례

260

나가며

들어가며

▶ 나는 매주 5일을 점심, 저녁 시간만 되면 르 베르나르댕과 알도 솜 와인 바를 정신없이 오간다. 두 가게는 불과 40발자국 정도 떨어져 있다. 그러나 분위기는 천지 차이이다. 레스토랑 최고 평점인 별 네 개를 받은 뉴욕의 르 베르나르댕에서는, 손님들이 40쪽, 900여 병에 달하는 와인 메뉴판을 보고 와인을 주문한다. 와인의 가격은 수만 달러에까지 이른다. 반면 와인 바에서는 스툴과 소파에 앉아 편안하게 어울리고, 핵심만 간추린 와인 리스트를 보고 와인을 주문한다. 가격도 한 잔에 11달러부터 시작한다.

하지만 두 가게는 궁극적으로 큰 차이가 없는 것 같다. 두 가게에서 동일한 질문을 수없이 받기 때문이다. "이 음식과 어울리는 와인은 무엇인가요? 제가 보통 이런 와인을 마시는데 오늘은 어떤 와인을 추천하시나요? 이 정도 가격대에서 괜찮은 와인 좀 추천해주세요" 등등…. 레스토랑과 바 두 곳 모두, 와인에 익숙하지 않은 손님부터 와인 전문가까지 고객층이 다양하다. 그들이 최고의 와인을 선택할 수 있도록 돕는 것이 나의 일이다. 하지만 이는 손님의 도움 없이는 불가능하다.

르 베르나르댕에서 한 끼 식사를 하기 위해 돈을 모은 젊은 손님은, 괴

상한 은색 컵을 목에 건 남자에게 자신의 부족한 와인 지식을 드러내는 것을 다소 불편해 한다. 반면 와인 바에서는 편안하게 질문을 줄줄 늘어놓는다. 나는 이러한 호기심을 매우 좋아한다. 그것이야말로 진정 와인을 즐기는 법이다. 솔직히 말해 손님이 질문을 하지 않는다면 손님에게 맞는 최적의 와인을 찾아주는 일은 불가능하다. 이 책을 쓴 이유도 와인의 기초를 가르쳐주고 싶었을 뿐 아니라, 자신의 기호를 파악해 자기만의 미각 세계를 구축하고, 그 맛을 표현하는 언어를 가르쳐주고 싶었기 때문이다. 그리하여 레스토랑, 와인 바, 와인 숍 등 어디에 가든 여러분 스스로 좋아하는 와인을 주문할 수 있도록 돕고 싶다.

물론 와인이라고 하면 고상한 체하는 이미지가 연상되기도 한다. 와인을 알기 위해 수많은 용어와 정보를 기억해야 하는 것도 사실이다. 하지만 지레 겁을 먹을 필요는 없다. 용어 몇 가지와 기본적인 세계지리만 알아도 충분히 시작할 수 있다. 이렇게 말하면 여러분의 기분이 좀 나아질까? 나 역시 평생 와인에 대한 모든 것을 알 수는 없다! 죽어라고 연구하는 것 말고 유일한 공부법은 그저 실수를 통해 배우는 것이다. 그러니 지금부터 와인을 마시면서 배워보도록 하자!

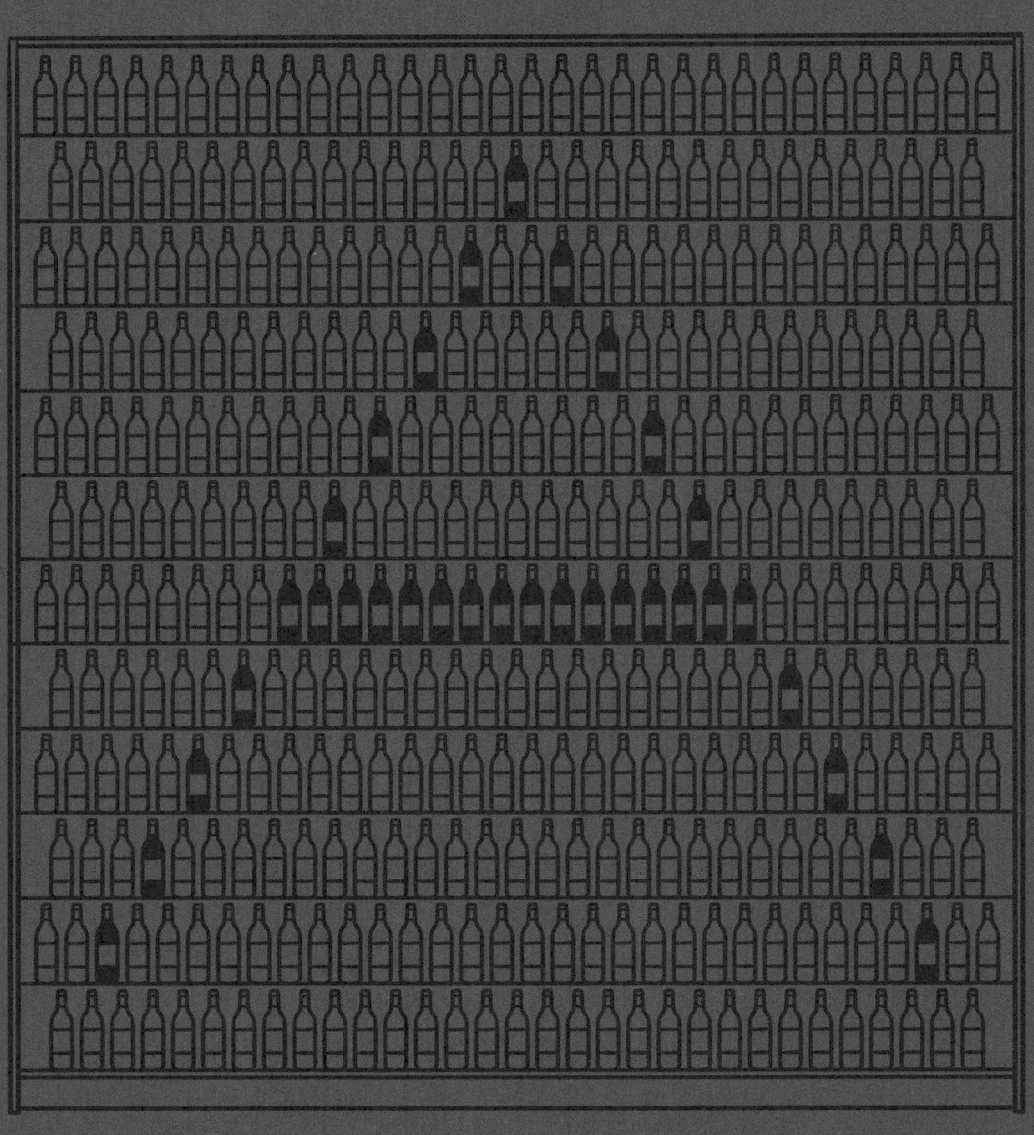

이 책을 쓴
알도에 대해서

와인을 싫어하던 오스트리아 꼬마는 어떻게
뉴욕 미쉐린 가이드 3스타 레스토랑의 와인 디렉터가 되었을까?

➡ 나와 우리 가족은 아직도 내가 어떻게 르 베르나르댕 레스토랑의 와인 디렉터가 되었는지 의아하기만 하다. 하지만 나는 수 년간의 경험을 통해 열린 마음으로 도전과 모험을 즐기면 인생이 깜짝 놀랄 만큼 변한다는 것을 체득했다. 물론 그 과정에 엄청난 노력이 동반되어야 함은 당연하다. 나는 운 좋게도 와인이라는 평생의 즐거움과 공부거리를 만났다. 한 걸음씩 앞으로 나아가듯, 즐거운 마음으로 한 모금씩 와인을 알아갈 것이다.

나는 오스트리아 인스브루크에서 10대를 보냈다. 당시 나는 셰프가 되고 싶었다. 친구의 아버지께서 크루즈선에서 요리를 하셨는데, 아저씨의 자유로운 영혼이 너무 멋있어 보였다. 세계 일류 셰프와 함께 공부하겠다는 일념으로 관광대학에 진학했다. 그런데 주방 현장의 거친 고함을 도무지 감당할 수 없었다. 레스토랑에서 여름 인턴십을 했는데 끝나기 2주 전, 일손이 부족해 나는 테이블 서빙을 맡게 되었다. 비로소 천국이 펼쳐진 것 같았다. 심지어 셰프마저도 "세상에! 진작 알았다면 우리도 더 편했을 텐데!"라지 뭔가!

나는 19세에 처음으로 오스트리아 외츠탈의 외딴 계곡에 있는 호텔에서 접객 업무를 담당하게 되었다. 스스로 돈을 번다는 사실에 기뻤다. 휴일에는 산악자전거를 즐길 수 있어 행복했다. 하지만 와인이 직업적으로 내게 딱 맞는다고 생각한 것은 세 번째 일자리에서였다. 당시 고급 리조트에 취직했는데 아침, 점심, 저녁 식사 시간 모두 일했다. 리조트에는 스위스 부부 한 쌍이 묵고 있었다. 그들은 음식과 와인에 어찌나 심취했는지, 아침 식사를 하면서도 저녁에 무엇을 먹을지 이야기할 정도였다. 여태껏 그렇게 열정적인 사람을 본 적이 없었다. 어느 날 부부는 음식과 곁들이면 좋을 와인을 알려달라고 했다. 하지만 도무지 무엇을 추천해야 할지 감이 잡히지 않았다. 나는 와인 관련 서적을 몇 권 구입해 일하는 틈틈이 읽었다. 부부에게 대충 둘러댔을 수도 있었지만 도대체 무엇이 그 부부의 열정에 불을 지폈는지 확인하고 싶었다.

하지만 와인은 도리어 나의 열정에 불을 지피고 말았다. 와인에 대해 공부할 것이 이렇게 많다니…. 와인의 산지, 포도의 품종은 끝이 없었다. 양조에는 예술성과 깊은 역사가 담겨 있었다. 쉬는 시간 동료들이 함께 놀자고 할 때마다 "안 돼, 안 돼. 저녁 전까지 이 책을 끝내야 해!"라며 연신 거절했다. 이 무렵, 주말이면 오스트리아산 또는 이탈리아산 와인을 한두 잔씩 마시던 아버지께서 나를 와인 숍으로 데리고 갔다. 나는 미친 듯이 사전조사를 했다. 모아둔 돈을 털어 안젤로 가야가 생산한 1983년산 다르마지를 한 병 샀다. 지금으로 따지면 400달러에 육박하는 엄청 비싼 와인이었지만 내가 간절하게 바라던 것이었다.

나는 좋은 와인의 매력에 흠뻑 매료되었다.

1992년 별 다섯 개짜리 리조트에서 근무할 때는 와인 관련 서적을 특별 주문해 서로 비교하며 공부하기에 이르렀다. 손님들은 20달러에서 50달러 사이의 와인을 주문했지만, 나는 전통적인 벤치마크 와인을 더 자세히 공부하기 시작했다. 머지않아 와인을 시음하며 한 모금, 한 모금에서 타닌과 알코올, 과일의 풍미를 찾기 시작했다. 일을 마치고 나면 다른 레스토랑의 친구들과 와인을 시음하러 다녔다. 종종 우리는 한 시간을 운전해 리델 유리 공장을 방문해 와인 잔을 보고, 그들이 만든 부르고뉴 와인 잔의 형태가 과일향을 얼마나 증폭시키는지 감탄했다. 나는 돈을 모아 2등품 리델 유리잔 세트를 여러 개 구입하기도 했다.

20세가 되었을 때, 나는 각고의 노력으로 전설적인 와인 프로그램을 갖춘 아를베르크 호스피츠 호텔에서 일하게 되었다. 그 호텔은 18ℓ 샤또 마고나 1924년산 6ℓ 샤또 팔머 등 주로 대형 보르도 와인을 보관하는 초대형 와인 저장고가 있는 것으로 유명했다. 그곳에서 나는 아디 워너 멘토와 일했다. 와인 제조 책임자인 헬무트 요르크와는 친구가 되었다. 나는 고객을 대상으로 개최하는 시음회에 참여할 수 있게 해달라고 그에게 부탁했다. 그는 고객을 모집하고 해산하는 일만 맡아준다면 참여해도 좋다고 허락했다. 나는 그 시음회를 단 한 번도 빼먹지 않았다. 시음회에서 오스트리아산 또는 오스트리아 인근의 북부 이탈리아산, 그뿐만 아니라 프랑스산, 미국산 등 전 세계의 와인을 시음했다. 외국 와인은 항상 더 이색적이었다. 내 친구들은 내가 돈도 받지 않으면서 쉴 때마다 이런 일을 하는 것을 이해하지 못했다. 하지만 진지하게 임할수록 나는 와인의 매력에 더욱 빠져들었다.

아버지는 여름 동안 나를 피렌체로 보내 이탈리아어를 배우도록 하셨다. 아버지는 소믈리에라면 최소한 외국어 하나 정도는 할 줄 알아야 한다고 생각하셨다. 나 역시 키안티 지방의 지역별 와인을 모두 맛보는 것을 목표로 삼았다. 이때 처음으로 포도가 재배된 토양, 떼루아에 따라 와인의 맛이 달라진다는 것을 알 수 있었다. 8월 무렵엔 마침내 블라인드 시음을 해도 와인의 산지를 감별할 수 있게 되었다.

이탈리아에서 여름을 보낸 지 5년 뒤, 나는 엄격한 2년 과정의 소믈리에 자격증을 준비하기 시작했다. 그리고 이듬해 노베르트 월딩 교수님이 새롭게 취임하면서 많은 것이 달라졌다. 월딩 교수는 세계 베스트 소믈리에 대회에 나가는 오스트리아 대표였다. 그는 비엔나에서 있을 소믈리에 대회에 가이드로 동행할 사람을 모집했다. 나는 어느새 손을 번쩍 들고 있었다. 대회장에 도착하자, 후보자들이 수많은 관객과 카메라 앞에 서 있었다. 그들이 한두 시간 동안 고전하는 모습과 현장의 분위기, 긴장감이 오롯이 전해져 짜릿한 전율이 느껴졌다. 소믈리에 자격증을 취득한 다음 해인 1999년 노베르트 월딩 교수는 내게 이듬해 있을 국내 챔피언십에서 오스트리아 대표가 되어보라고 제안했다. 아직은 말도 안 된다고 생각했다. 하지만 교수님의 팀은 나를 다양한 방법으로 훈련시켰다. 질문지를 준비했고 까만 잔에 주류의 색을 가린 채 와인과 주류를 담아 블라인드 시음을 하게 했으며, 나의 디캔팅 기술과 시간을 측정하고, 와인의 상세 정보를 묻는 등 여러 훈련을 시켰다. 심지어 보디랭귀지까지 교정해주셨다. 나는 후보 중 2등을 차지했으나, 1등이 실격하면서 오스트리아 대표로 올라서게 되었다. 승리의 맛을 보자 유럽 챔피언십에 대한 욕심이 생겼다.

친구들과의 영화 감상이나 식사도 마다한 채 몇 년을 더 연습하고 경쟁한 결과, 마침내 2002년 오스트리아 챔피언십에서 우승할 수 있었다. 그리고 2003년, 2004년, 2006년까지 모두 상패를 거머쥐었다. 하지만 문득 최고의 소믈리에들은 모두 영어로 경쟁한다는 사실을 알게 되었다. 미국으로 건너가 더 배워야겠다는 생각이 들었다. 나는 모든 오스트리아 소믈리에와 마찬가지로 유명한 오스트리아 출신의 볼프강 퍽 셰프에게 편지를 썼다. 물론 답변을 받지 못했지만 그를 원망할 수는 없다. 나 역시 요즘, 뉴욕이라고 하면 〈섹스 앤 더 시티〉만을 떠올리는 오스트리아 소믈리에에게 매일같이 부탁을 받기 때문이다. 2004년 내 와인 트레이너가 뉴욕에 있는 셰프를 아는데 소믈리에를 구한다고 말해주었다.

커트 구텐브루너 셰프를 처음 만난 곳은 그가 운영하는 레스토랑인 발제에서였다. 그는 오스트리아 최고의 위치에서 안정적인 직업을 박차고 온 내게 정신이 나갔다고 말했다. 당시 나는 관광대학에서 종신 계약직으로 학생들을 가르치고 있었다. 각종 와인 대회에 대비해 오스트리아 최고의 영 소믈리에 대회 수상자를 포함한 학생들을 훈련시키고 있었다. 오스트리아 최고의 영 소믈리에 상은 내가 이미 쟁취한 최고의 영예이기도 했다. 그런 안정된 삶을 왜 마다했는지 묻는 그에게, 인생에서 안정된 것은 아무것도 없다고 대답했다. 나는 33세에 이미 무료함을 느꼈고, 60세가 되도록 지루하게 살고 싶지는 않았다. 그는 그 자리에서 나를 고용했다.

2004년 7월 4일 뉴욕에 도착했다. 나는 처음 구경한 브루클린 윌리엄스버그의 아파트를 계약했다. 그 전까지만 해도 태어나서 바퀴벌레는 고사하고 쥐도 본 적이 없었는데, 브루클린 아파트의 부엌은 어찌나 더럽던지, 레스토랑의 직원을 고용해 일주일이나 청소를 해야만 했다.

2007년, 훌륭한 트레이너들의 도움으로 미국 최고의 소믈리에 상을 수상했다. 몇 주 뒤, 뉴욕 최고의 레스토랑 중 하나인 르 베르나르댕에서 연락이 왔다. 기라성 같은 셰프인 에릭 리퍼트와 함께 일할 생각에 흥분을 감출 수 없었다. 에릭 리퍼트 셰프의 다양한 문화를 담은 고차원적인 소스를 보며 자극받고, 1986년 레스토랑을 연 이래 꾸준히 경영을 이어온 마기 르 코즈에게 배울 수 있어 몹시 설렜다. 나는 아직도 미쉐린 가이드의 3스타 레스토랑 판단 기준이 마기의 삶을 기준으로 만들어졌다고 농담을 한다.

2013년 에릭과 마기는 나의 이름을 딴 알도 솜 와인 바를 제안했다. 그때까지만 해도 나만의 가게를 연다는 것을 상상해본 적이 없었다. 무엇보다 과하게 자아를 드러내는 것은 나약함의 반증이라고 생각했다. 르 베르나르댕이 너무나도 잘 알려진 상황에서 내 이름을 건 가게를 연다는 것은 쉽사리 납득할 수 없었다. 또한 뉴욕 사람들은 좋은 음식 때문에 레스토랑에 가는 것이지, 좋은 와인이 있어 레스토랑에 가지는 않았다. 하지만 나는 이내 곰곰이 생각에 잠겼다. 대부분의 와인 바는 소믈리에가 자신이 함께 일하던 레스토랑의 수셰프와 함께 예전 레스토랑의 판박이처럼 차리는 경우가 많았다. 하지만 나는 그러고 싶지 않았다. 판박이가 아닌 나만의 것을 만들고 싶었다. 게다가 양쪽에서 일한다면 각기 다른 미식 세계의 가장 멋진 모습을 누릴 수 있을 거라 생각했다. 르 베르나르댕에서는 최상급의 와인과 와인 전문가 고객을 만날 수 있었고, 와인 바에서는 떠오르는 지역의 소규모 양조업자들에게 집처럼 따뜻한 공간을 제공할 수 있었다. 누군가 카나리아 제도산 와인을 한 잔당 11달러라는 합리적인 가격에 즐기고 있을 때, 나는 옆 가게에서 부르고뉴산 빈티지 와인을 팔 수 있었다. 우리는 결국 2014년에 와인 바를 열었다.

와인 바에서 일하며 너무나 만족스러웠다. 그리고 고객들에게 받은 많은 질문에서 이 책의 영감을 얻었다. 그들이 만들어낸 와인 바의 분위기처럼 즐겁고 쉬운 책을 쓰고 싶었다. 소믈리에라고 하면 괜히 어렵거나 때로는 거만해 보일지 모른다. 하지만 이 책은 그런 책이 아니다.

생동감 있는 책을 만들기 위해 크리스틴 뮬케와 함께 작업했다. 과거 뮬케는 르 베르나르댕을 배경으로, 에릭 리퍼트 셰프와 『On the Line』이란 책을 썼다. 우리는 르 베르나르댕을 계기로 십 수년 동안 알고 지냈는데, 음식에 대한 식견이 높았고 와인에 대한 호기심이 넘쳤다. 특히 와인에 대해서는 자신이 배울 것이 더 많다는 것을 알아 적극적으로 배우려 했다. 물론 뮬케가 좋아하는 내추럴 와인에 대해 이견이 있을 때도 있지만 서로 타협점을 찾으려 노력했고, 기회가 있을 때마다 편안하게 이야기를 나누었다. 내가 뮬케와 특히 작업하고 싶었던 이유는 여러 관점에서 이 책이 필요한 사람이기 때문이다. 뮬케 스스로 음식을 너무나 사랑하고 와인에 대해 깊이 알고 싶지만, 소믈리에의 알아듣기 힘든 저 세상 이야기가 겁나고, 뮬케의 표현대로 '솜스플레인(sommsplain)'하며 와인 공부를 뒤로 미루었거나, 와인 수업을 들을 시간이 없는 사람들 중 하나였던 것이다. 또한 사이클 동료로서 악착스럽게 자전거를 타는 모습을 봐왔던 터라, 어마어마한 이 프로젝트를 용감하게 맡을 수 있을 것이라 믿었다.

나를 지금의 위치로 이끌어준 스위스 부부의 이름을 알지는 못하지만 그들에게도 감사를 표하고 싶다. 또한 이 책이 와인에 대한 당신의 열정에도 불을 지필 수 있기를 바란다.

우리에게
새로운
와인 책,
특히 소믈리에가
쓴 책이
필요한 이유

➡️ **시중에 출판된 수많은 책은 와인 전문가를 위한 책이기 때문이다**(참고로 내가 좋아하는 책은 242쪽에서 확인할 수 있다). 와인을 처음 접하는 사람은 생소한 와인 용어만 들어도 지레 겁을 먹을 수 있다. 나는 동료나 베테랑 와인 수집가를 겨냥해 이 책을 쓰지 않았다. 이 책은 부르고뉴가 어디인지, 부르고뉴산 와인은 어떤 특징이 있는지 알고 싶은 사람을 위한 책이다. 나는 당신이 와인에 대해 자신만의 확고한 철학을 가질 수 있도록 돕고 싶다. 이 책을 덮을 때쯤이면 두려움이 아닌 열정과 자신감으로 가득 차, 두 눈을 크게 뜨고 와인 메뉴판을 볼 수 있을 것이다.

내가 존경하는 훌륭한 와인 관련 작가들과는 달리 나는 하루 종일 책상 앞에 앉아 와인 잔을 기울이며 책을 쓸 수 없다. 지난 25년간 나는 레스토랑 현장에서 고객들이 음식과 곁들일 와인을 추천해주는 일을 해왔다. 수천 개의 와인을 땄고, 와인 리스트에 있는 수백 병의 와인에 대해 무수한 질문을 받았다. 고객이 과거에 좋아한 와인을 바탕으로 지금 음식에 어울리는 최고의 와인을 추천할 때마다, 와인에 대해 느끼는 그들의 어려움과 두려움에 대해 끊임없이 들었다. 이러한 현장 경험을 바탕으로 나만의 특별한 와인관이 형성되었다. 접객과 서비스에 대한 나의 헌신적인 태도는 이 책의 밑바탕이 되었다. 당신이 어떤 자리에 있든 훌륭한 와인으로 만족스럽게 그 자리를 마무리할 수 있도록 돕고 싶다. 그 와인이 레스토랑에서 주문한 것이든, 친구 집에 저녁을 먹으러 가는 길에 미심쩍은 주류 상점에서 산 것이든 간에 말이다.

와인 세계는 계속해서 커지고 있다. 이럴 때일수록 시대를 앞서 나가는 것이 중요하며 특히 적절한 가격대의 숨겨진 보석을 찾는 것은 필수다. 나는 와인 리스트에 추가할 만한 새로운 와인을 끊임없이 찾는다. 최근 경제상황과 글로벌 와인 가격을 고려할 때 포르투갈과 그리스 같은 나라를 주목할 필요가 있다. 이 지역에서는 훌륭한 와인을 20달러대에 구할 수 있다. 클래식 와인을 대체할 만한 저평가된 와인을 찾는 방법을 알려주겠다.

나 역시 와인을 만든다. 어느 순간, 와인을 만드는 것이 얼마나 힘든지도 모르면서 평론을 해서는 안 된다는 생각이 들었다. 그래서 오스트리아의 유명한 양조업자인 게르하르트 크라허와 동업해 우리만의 고유한 상품을 생산하기로 했다. 매 순간 진지하게 이 프로젝트에 임하다보니 와인의 제조 과정을 더욱 자세히 알게 되었을 뿐 아니라 와인을 따르는 매 순간 새로운 시각을 갖게 되었다. 그 이야기를 이 책에서 풀어보고자 한다.

나는 독자들이 레스토랑이나 와인 숍에서 활용할 수 있는 기본적인 지식을 쌓을 수 있도록 돕고 싶다. 무엇보다도 그들의 마음을 열고 싶다. 나는 밀레니얼 세대와 함께 일할 수 있어 행운이라고 생각한다. 매일같이 그들이 와인과 관련된 궁금증을 스마트폰으로 간편하게 검색하는 것을 목격한다. 그럴 때마다 '내가 스무다섯 살 때는 책을 우편으로 주문해야 했는데' 하며, 그들이 누리는 편리함에 부러움을 느낀다. 밀레니얼 세대가 가진 와인에 대한 호기심과 날것의 기운도 느낀다. 그들은 웬만해서는 뭔가에 홀린 듯 빠지지 않으면서도 동시에 개방적인 태도를 지닌다. 쿨한 것과 장인정신이 느껴지는 것을 좇는다. 와인으로 따지면 스토리가 깃든 와인을 찾는다. 손톱에 흙이 잔뜩 낀 양조업자를 원하지, 화려한 샤또 와이너리와 연관된 값비싼 와인을 원하지 않는다. 하지만 주위를 둘러봐도 밀레니얼 세대를 위한 책을 찾기는 힘들다. 비록 구글이 와인과 관련된 다양한 질문에 즉시 답을 해줄지언정, 미각을 발달시키는 법을 가르쳐주지는 못할 것이다.

와인은 계속해서 변한다. 심지어 나도 들어보지 못한 와인 산지와 품종이 유명세를 타기도 한다. 몇 년 전까지만 해도 쥐라 지역의 와인이 알아주는 와인이었다면, 요즘에는 스페인의 카나리아 제도, 포르투갈의 도우루, 프랑스의 오베르뉴 등에서 훌륭한 와인이 생산된다. 세계 각지에서 새로운 와인이 쏟아져 나온다. 이 책은 딱딱하고 허술한 정보는 배제하고 핵심만을 전달해 와인에 대한 주관을 가질 수 있도록 도울 것이다. 하지만 무엇보다도 호기심을 자극해 계속해서 배우고 싶은 열정을 불러일으킬 것이다.

마지막으로, 장황하고 복잡한 오해와 속설로 와인을 숨막히고 어렵게 만드는 경우가 많다. 이러한 어려운 이야기를 차근차근 이해하기 쉽도록 설명해주겠다. 왜냐하면 와인의 본질은 즐거움이기 때문이다.

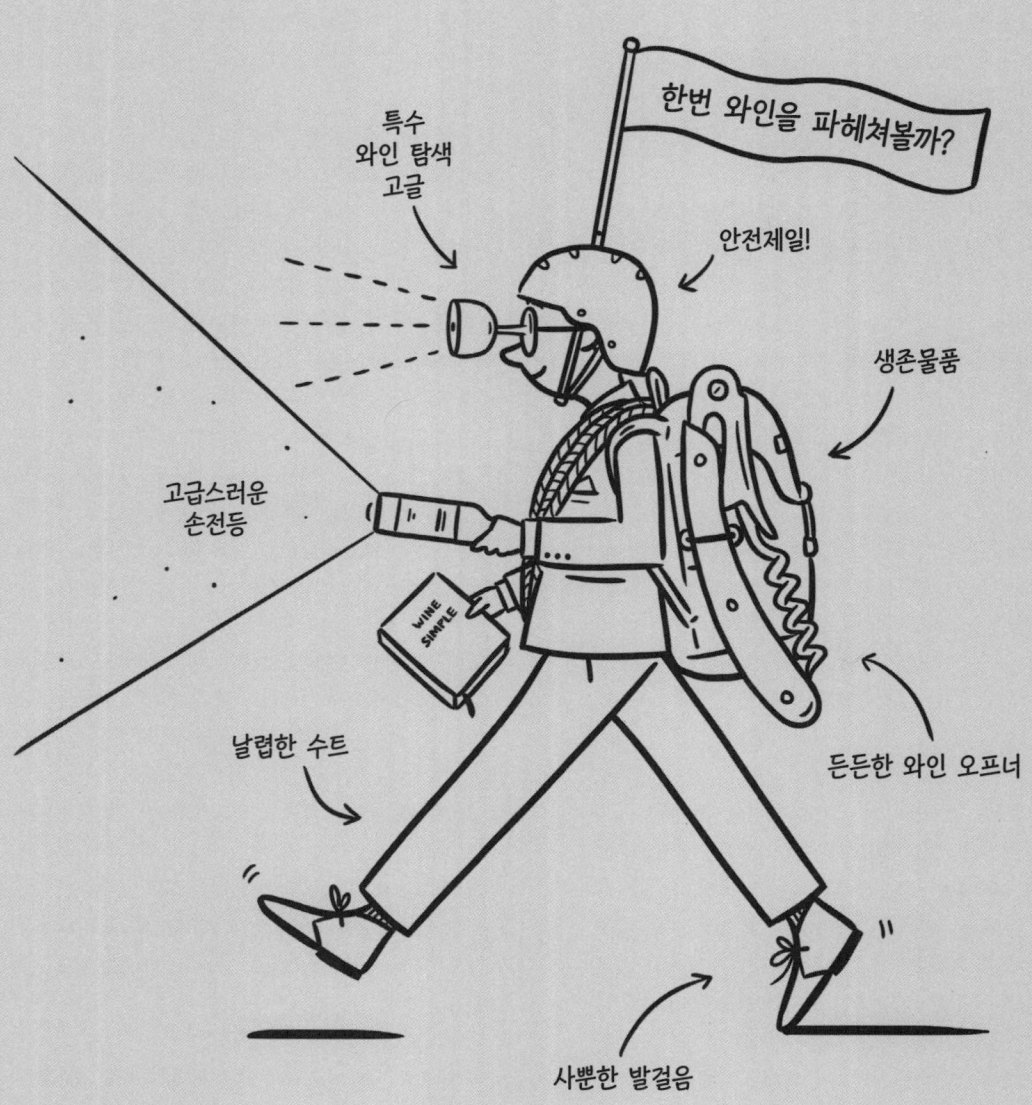

이 책을 제대로 활용하기

나는 딱딱한 와인 교과서를 쓰기보다는 쉽게 이해가 가고 핵심이 되는 정보를 담아 이 책을 썼다. 따라서 처음부터 끝까지 일독하기를 권한다. 처음 읽을 때는 기본기를 다진다는 생각으로 읽고, 그다음부터는 휙휙 넘기며 더 궁금한 부분을 찾아 자세히 읽으면 된다. 예를 들어, 여태껏 알던 자신의 취향과는 다르게 과일향이 강하고 바디감이 묵직한 와인보다 가볍고 향긋한 와인이 좋다면, 책에서 새로운 품종을 찾아 시음해보도록 하자. 그리하여 그뤼너 벨트리너가 당신에게 딱 맞는 와인이라고 생각되면, 4장 '와인과 음식'으로 넘어가 어울리는 음식을 찾으면 된다(오스트리아 출신인지라 내 나라 와인을 예로 들어봤다). 또한 상황에 맞는 와인을 찾는 참고자료로 이 책을 활용해도 좋다. 생일을 기념해 시원하게 돈을 쓰고 싶을 때는 167쪽을, 샴페인에 입문한 기념으로 엑스트라 브뤼 이상의 당도를 찾을 때는 40쪽을 보면 된다.

잠깐! 그렇다면 어떻게 그뤼너 벨트리너가 내게 딱 맞는 와인인지 알 수 있을까? 다양한 와인을 수시로 접하다 보면 좋아하는 것과 싫어하는 것이 명확해질 것이다. 물론 책에도 많은 정보가 담겨 있지만, 경험이야말로 진정한 선생님이다. 이러한 마음가짐으로 자신 있게 이것저것 사보고 마셔보자.

이 책에는 수많은 전문용어가 담겨 있다. 전문용어가 처음 나올 때 주석을 달아 표기했으며, 262쪽의 용어집에서도 확인할 수 있다.

무엇보다 와인을 겁내지 말고 열린 마음으로 즐겼으면 한다. 그것이 핵심이다. 열정을 잃지 말고, 모든 것을 아는 사람은 없다는 사실을 기억하자. 언젠가 세계 최고의 와인 전문가인 잰시스 로빈슨 MW에게 포도 품종을 물은 적이 있다. 그러자 로빈슨은 "잠시만요. 저도 찾아봐야겠어요"라고 말했다. 로빈슨도 모르는 것이 있다는 사실에 깜짝 놀랐지만, 동시에 큰 울림이 있었다. 찾아보는 것은 절대 부끄러운 일이 아니다. 질문을 하지 않는 것이 진정 부끄러운 일이다.

■ MW
마스터 오브 와인(Master of Wine)의 약자. 영국 IMW(Institute of Masters of Wine)에서 발급하는 와인 전문가 자격증으로 자격 요건이 매우 까다롭다.

알도의
와인
법칙

마셔보고, 또 마셔보고, 또 마셔보라. 그 이상의 공부 방법은 없다.

훌륭한 와인에서 배울 것도 많지만, 싫어하는 와인에서 배울 것이 훨씬 많다.

열린 마음과 호기심 가득한 눈으로 당신의 열정을 표출하라. 아직까지도 고상한 척을 하며 당신에게 와인을 파는 사람이 있다면, 그는 단단히 잘못하고 있다.

웨이터, 와인 숍 직원 등 당신을 도와주는 이들에게 가장 좋아하는 와인이 무엇인지 물어라. 최고의 와인을 추천받을 수 있다.

비싼 와인이라고 모두 좋지는 않다. 내가 주말에 즐기는 와인들은 대부분 25달러를 넘지 않는다.

갓 뚜껑을 연 와인이 마음에 들지 않는다면 30분 간격으로 다시 맛을 보라. 아니면 아예 다음 날 마셔도 좋다. 다른 점이 느껴지는가?

특별한 와인이라고 해서 특별한 순간이 오기를 기다려 마실 필요는 없다.

와인은 언제 만들었는지보다 누가 만들었는지가 중요하다.

우리가 와인을 마시는 이유는 무엇보다도 하나가 되기 위해서다.

결국 와인에 규칙 따위는 없다.

1

도대체
와인은
무엇인가요?

와인은 문화다. 와인은 역사다. 와인은 라이프스타일이다. 국경과 세대를 초월해 우리를 아우르는 힘이 있다.

■ **야생효모**
ambient yeast, 포도껍질에 묻어 있거나 공기 등 자연에 존재하는 효모.

■ **배양효모**
inoculated yeast, 와인 양조 과정에서 추가하는 상업적인 목적으로 만든 효모.

■ **포도의 품종**
포도의 종류. 그 이름을 따서 와인의 이름도 붙여진다.

▶ 와인은 쉽게 말해 발효한 포도즙이다. 더 전문적으로 말하면, 으깬 포도즙의 당분이 야생효모 또는 배양효모를 만나, 알코올과 탄산가스로 바뀌는 발효 과정을 거쳐 태어난 것이다. 포도의 품종과 색깔에 따라 나무 캐스크, 스테인리스스틸 탱크, 콘크리트 탱크, 플라스틱 용기에 담아 발효하거나, 암포라 토기에 넣어 땅에 묻은 채 발효시킨다. 생산되자마자 병에 넣어 즉시 판매하는 경우도 있고, 발효 용기에서 충분히 발효시킨 뒤 병에 담는 경우도 있으며, 병에 넣은 후에도 추가적으로 숙성한 뒤 출시하는 와인도 있다. 와인마다의 각기 다른 풍미와 색상, 질감이 무궁무진하다.

포도는 익을수록 당도가 높아지고 산도는 떨어진다. 발효의 주성분인 당분이 풍부한 포도는 더욱 파워풀한 와인으로 태어난다. 뜨거운 기후와 계절에서는 자연적으로 당도 높은 포도가 생산되기 때문에, 알코올 함량이 높은 파워풀한 와인이 만들어질 확률이 높다. 반면에 오늘날 양조업자들은 고지대 또는 안개가 많은 해안 등 시원한 지역으로 옮겨가, 신선하고 산도가 강한 와인을 만드는 경향이 있다. 이러한 와인은 더운 지역에서 생산된 와인과는 달리 적절한 알코올 도수를 유지한다.

■ 암포라 토기
고대부터 사용한 거대한 토기로 파쇄한 포도
를 껍질째 담아 밀봉한 뒤, 땅에 묻어 사용했다.

와인
양조
과정

→ 앞서 말했듯 와인은 발효한 포도즙이다. 하지만 우리가 최종적으로 마시는 와인의 맛을 결정하는 요소는 매우 다양하다. 예를 들어, 포도의 수확 시기와 수확 방법(손 수확 또는 기계 수확), 포도의 압착 방법, 발효 효모의 종류(야생효모 또는 배양효모), 숙성 기간, 숙성 용기에 따라 와인의 맛은 달라진다.

양조업자는 이 외에도 수많은 결정을 통해 단순함에서 비범함을 낳는다. 양조업자는 셰프와 다름없다. 대부분 비슷한 원재료를 가지고 시작하지만 어떠한 결과물을 창조할지는 전적으로 그들의 손에 달렸다(물론 자연의 역할도 무시할 수 없다).

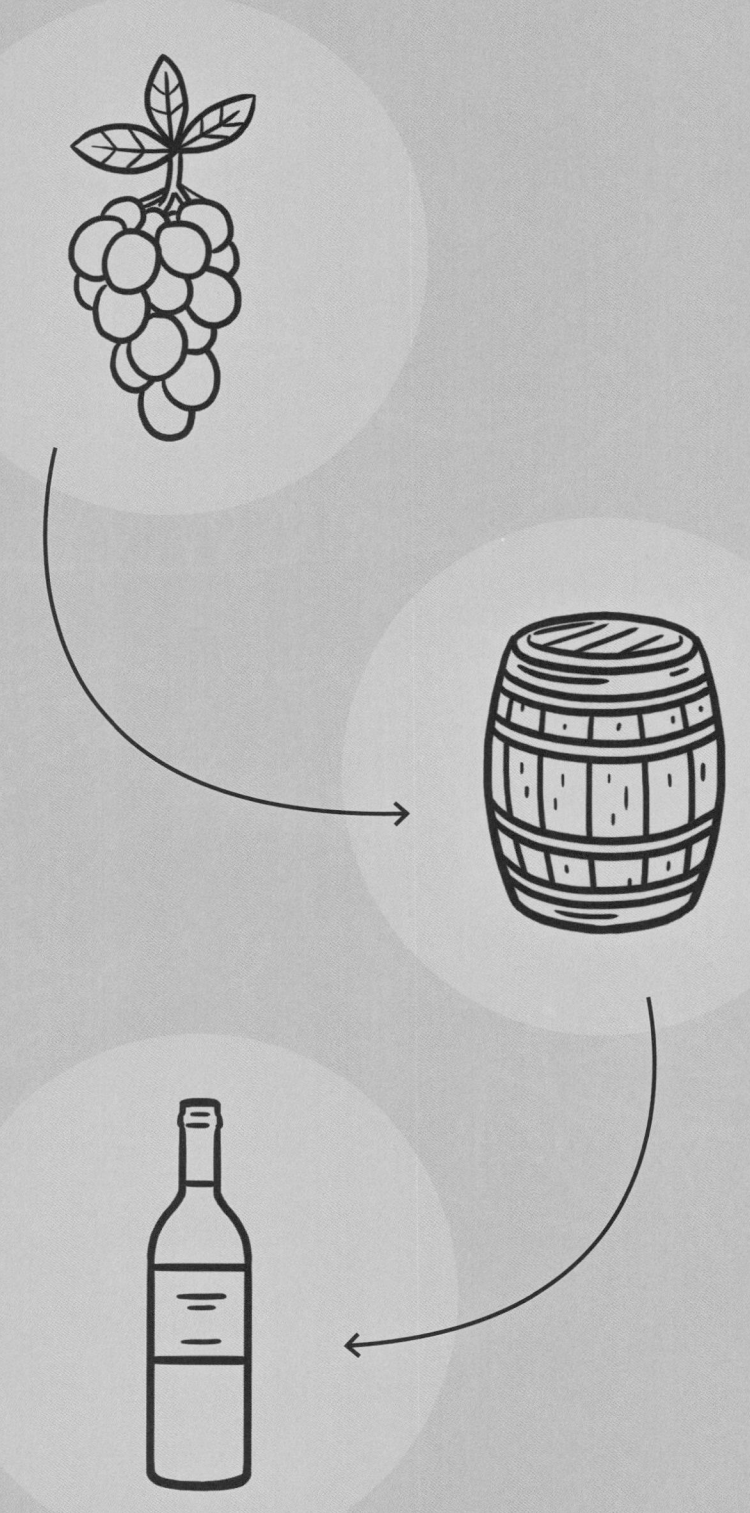

자연의 역할

좋은 와인을 만들기 위해서는 다양한 변수를 고려해야 한다.
포도를 재배할 때 중점적으로 감안할 사항을 알아보자.

🔵 기후

포도나무는 마치 사람과 같다. 따뜻한 낮과 시원한 밤을 좋아한다. 화창한 햇볕은 좋아하지만, 내리쬐는 땡볕은 싫어한다. 또한 시기적절하게 적셔주는 물을 환영한다. 뜨거운 기후에서 자란 포도는 훨씬 강렬한 향을 지닌다. 기온이 높으면 포도가 잘 익어 당도가 높아지며, 결과적으로 알코올 함량도 높아진다. 반대로 시원한 기후에서 자란 포도는 비교적 산도가 높아, 와인으로 만들었을 때 적절한 알코올 도수를 유지한다.

🟫 날씨

적절한 시기에 내리는 비 또한 중요하다. 겨울과 초여름은 포도 재배의 핵심적인 시기다. 포도 수확기에 비가 내리면 포도에 수분이 증가한다. 반대로 가뭄이 닥치면 어떻게 될까? 사상 최악의 가뭄을 겪은 캘리포니아 사람들은 그 끔찍한 상황을 잘 알고 있다. 또한 여름철에 우박을 동반한 폭풍우 역시 포도나무를 손상시키고 수확량을 감소시킨다.

기후 변화로 인해 와인업계는 큰 타격을 입고 있다. 평소 서늘한 지역에 뜨거운 여름이 오는 것은 크게 문제가 되지 않는다. 하지만 따뜻한 겨울이 지속되면 포도덩굴을 갉아 먹는 해충이 죽지 않고, 식물의 성장에 필수적인 봉우리를 터뜨리는 시기가 늦어진다. 또한 매서운 꽃샘추위에 따른 위험성도 증가하고 있다. 2017년 유럽의 수많은 지역에 불어 닥친 기록적인 꽃샘추위로 인해 작물의 90~100%를 잃는 농가가 속출했다. 돈이나 다름없는 와인은 1년에 단 한 번밖에 만들 수 없는데, 그 기회를 놓친다면 얼마나 끔찍한 일인가?

🔻 잎 치기

포도가 자라는 동안 포도잎을 얼마나 남겨두느냐에 따라 포도의 건강 상태가 달라진다. 포도잎을 과도하게 다듬으면 포도가 햇빛에 데는 일소현상이 나타난다. 일소현상을 겪은 포도로 만든 와인에서는 씁쓸한 초콜릿 맛이 난다. 반면 포도나무 잎이 우거진 상태에서 비가 많이 내리면 포도에 곰팡이가 피거나 썩을 위험이 있다.

양질의 포도를 재배하기 위해서는 햇빛이
가장 중요하다고 오해하는 경우가 있다.
하지만 일조량과 강우량, 밤의 기온이
조화롭게 균형을 이루어야 한다.

양조업자의 역할

양조 과정에서 어떤 선택을 하느냐에 따라 와인의 풍미가 달라진다.
와인의 맛을 결정하는 핵심 요소를 알아보자.

△ 가당

국가별 양조 관련 법규를 바탕으로, 일부 양조업자는 규정된 양의 당분을 포도 머스트에 더하는 가당(Chaptalization) 과정을 통해 당도를 높인다. 얼핏 보면 안 좋게 들리지만 꼭 그렇지만은 않다. 추운 지역의 포도는 일반적으로 당도가 낮은데, 이 과정을 거쳐 와인의 알코올 도수를 높이고 와인의 전체적인 구조를 형성한다.

⬤ 발효 온도

효모는 온도에 매우 민감하다. 온도가 낮아질수록 느리게 활동한다. 따라서 발효 시간이 길어지면 포도는 더욱 더 다양한 개성을 갖는다. 이처럼 효모의 온도 민감성을 잘 보여주는 사례로, 저온에서 발효된 뉴질랜드산 소비뇽 블랑은 종종 젤리 같은 맛을 낸다. 지나치게 따뜻한 온도에서는 발효 속도가 빨라져 와인의 풍미가 사라지기 때문에 역시 좋지 않다.

▢ 저온 침용

저온 침용(Cold Soaking)은 주로 따뜻한 기후에서 사용하는 방법이다. 수확한 포도를 차갑게 식혀 파쇄한 뒤, 효모가 발효를 시작하지 못하도록 차가운 상태로 껍질째 보관한다. 이 과정을 통해 포도껍질에서 와인의 색과 페놀 성분, 풍미를 이끌어낼 수 있다. 이렇게 탄생한 와인은 한층 신선하고 짙은 색상을 띤다.

⬤ 포도송이 발효

포도알만 분리해 발효하는 것이 아니라, 말 그대로 포도송이째 발효(Whole-Cluster Fermentation)하는 것을 말한다. 일반적으로 레드 와인을 만들 때 사용하는 방법으로 대개 수확물의 25% 등 일정 비율에만 활용한다. 이렇게 만들어진 와인에서는 비교적 견고한 타닌과 상쾌한 산도, 은은한 식물성 아로마는 물론, 미세하지만 뚜렷하게 탄산가스까지 느낄 수 있다. 타닌 성분은 줄기에서 나오기 때문에 줄기가 푸릇한 상태가 아니라 충분히 자랐을 때 발효하는 것이 중요하다. 또한 타닌 성분은 와인이 더 짜임새 있는 구조감을 형성하고, 더 나아가 충분히 숙성되도록 돕는다. 이러한 발효법은 부르고뉴, 론, 보졸레, 캘리포니아, 호주산 와인에 많이 활용된다.

■ 포도 머스트
  갓 짜낸 포도 과즙.

■ 페놀 성분
  와인의 색, 맛, 질감 등 모든 것을 결정짓는 수백 가지의 화학물질.

말산 발효

말산 발효(Malolactic Fermentaion)는 엄밀히 따지면 발효라고 말하기는 어렵다. 이는 온도 변화에 민감한 박테리아가 산도가 강한 말산(풋사과 등에 많음)을 부드러운 젖산(요거트 등에 많음)으로 변화시키는 과정이다. 말산 발효가 어려운 이유는 최대한 엄격하게 온도를 조절해야 하기 때문이다. 때로는 1차 발효 후에 말산 발효가 진행되는 것을 막기 위해 탱크를 차갑게 냉각하거나 와인 배럴을 따뜻하게 데우기도 한다. 샤르도네와 레드 와인 대부분은 이처럼 말산 발효 과정을 거쳐 탄생한다. 화이트 와인일수록 말산 발효의 영향이 도드라지는데, 부드러운 젖산이 크리미하고 우유처럼 부드러운 풍미를 혀끝에 선사하기 때문이다.

▼ 앙금 접촉 시간

발효된 와인은 와인용 선반에서 굵직한 앙금을 거르는 과정을 거친다. 와인을 병에 담기 전에 죽은 효모세포인 와인 앙금과 접촉하는 시간(Lees Contact)을 수개월이라도 늘려주면 와인의 질감과 복합성이 놀랄 만큼 달라진다. 예를 들어, 오스트리아의 젊고 열정적인 와인 제조업자 요하네스 히르쉬는 4월과 9월에 와인을 병에 담는다. 동일한 와인임에도 앙금 접촉시간이 길었던 9월 와인이 항상 더 맛있다.

숙성 용기

와인을 오크통에서 숙성하느냐, 스테인리스스틸 탱크에서 숙성하느냐에 따라, 맛이 크게 달라진다. 오크통에서 숙성한 와인에서는 상대적으로 부드러운 풍미가 느껴진다. 반면, 스테인리스스틸 탱크에서 숙성한 와인은 더 상쾌한 느낌을 주고, 탄산가스의 영향으로 미세한 기포를 관찰할 수 있다. 이러한 와인은 탄산가스가 스틸 탱크를 빠져나갈 수 없기 때문에 종종 환원 작용을 거치게 된다.

▲ 청징

청징(Fining)은 점토의 일종인 벤토나이트나 계란 흰자, 생선 부레 등을 첨가해 자연적으로 발생하는 단백질 성분을 제거하고, 와인을 맑고 투명하게 유지하는 작업을 말한다. 좋은 단백질까지 제거할 우려가 있기 때문에 내추럴 와인 양조업자들 사이에서는 논란이 되고 있다.

여과

필터를 이용해 와인을 거르는 과정이다. 여과(Filtering)를 거치지 않은 와인은 뿌옇고 탁할 뿐 아니라 침전물이 쌓이기도 한다. 물론 이러한 와인의 개성을 선호하는 내추럴 와인 애호가도 있다. 양조업자가 게을러서 여과 과정을 빼먹었다고 생각해서는 안 된다. 여과하지 않은 와인에서 훨씬 다양한 풍미를 느낄 수도 있기 때문이다.

⬤ 레스팅

와인은 병에 담기면서 일시적으로 풍미를 잃는다. 이를 '바틀링 쇼크(Bottling Shock)'라고 한다. 양조업자는 와인의 풍미를 되돌리기 위해 와인을 시장에 내놓기 전, 얼마 동안이나 양조장에서 레스팅(Resting)할지 결정한다.

양조업자의 역할

■ 앙금
　발효 과정 후 용기에 남아 있는 죽은 효모세포의 침전물.

■ 환원 작용
　발효 과정에서 산소를 증발시켜 부족하게 만들어 양배추채를 발효시킨 사워크라우트나, 성냥·유황의 아로마를 내는 와인 제조기법에서 유래한 현상. 소믈리에가 특히 좋아한다.

와인 용기

탱크

스테인리스스틸 또는 플라스틱 재질로 되어 있으며, 와인에 새로운 풍미를 더하거나 변화시키지 않는다.

암포라

내부에 점토를 발라서 만든 고대의 발효·숙성 용기로 밀봉해 땅에 묻기도 했다. 암포라에 보관한 와인은 독특한 질감을 지닌다. 특유의 염도가 있을 뿐만 아니라, 콤부차(설탕을 넣은 녹차나 홍차에 유익균을 넣어 발효시킨 음료 - 옮긴이)와 같은 느낌도 있다. 조지아 공화국에서는 수천 년 동안, 구운 점토인 테라코타로 만든 크베브리 용기를 사용해왔다. 암포라와 다른 점이 있다면, 크베브리는 항상 땅에 묻어 사용한다.

캐스크

일반적으로 나무나 스테인리스스틸 소재를 사용한 전통적인 숙성 용기다. 앞서 말한 바와 같이 와인의 풍미에 영향을 미친다. 100~10,000ℓ까지 용량이 다양하다.

배럴

전통적인 숙성 용기로 주로 오크나무를 사용해 만든다. 오크통에서 숙성한 와인에서는 진한 과일향과 바닐라 풍미가 느껴질 뿐 아니라 와인이 숨 쉴 수 있기 때문에 비교적 폭넓은 질감을 느낄 수 있다. 반면에 산소가 빠져나갈 수 없는 스테인리스스틸 배럴에서 숙성한 와인은 비교적 조밀하고 농축된 경향이 있다.

에그

최근 유행하는 와인 발효·숙성 용기로 콘크리트로 만든다. 에그에서 숙성한 와인은 섬세한 타닌을 지니기 때문에 입안이 가득 차는 특유의 질감을 선사한다. 양조업자들에 따르면 콘크리트의 미세한 틈 사이로 들어간 산소가 최근 사람들이 선호하는 부드럽고 독특한 질감을 자아낸다고 한다. 이는 배럴에서 숙성한 와인에 산소가 스며드는 원리와 동일하다.

탱크

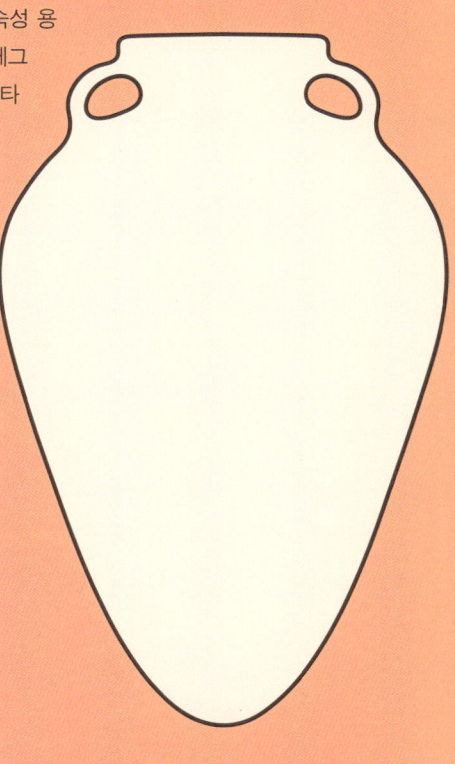

암포라

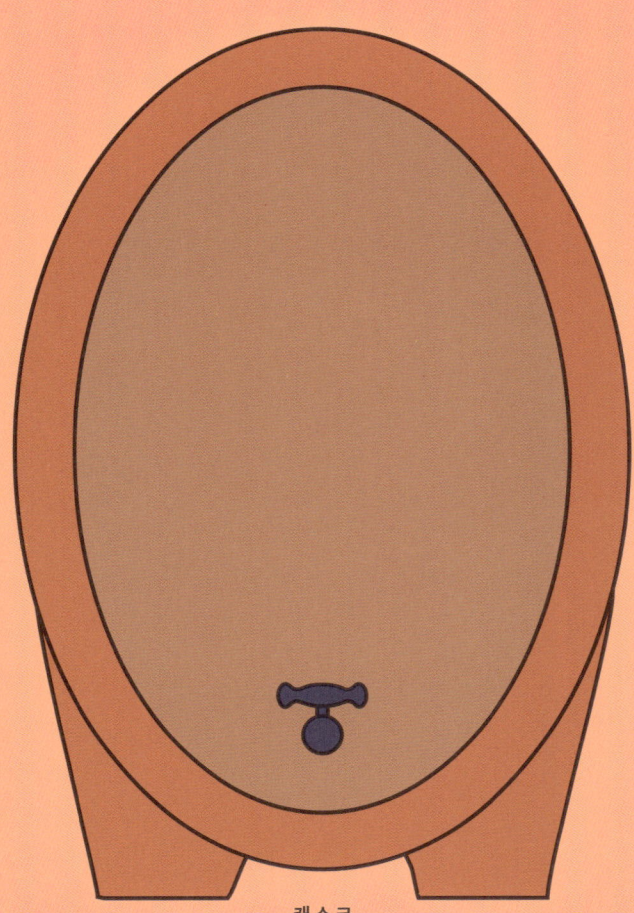

캐스크

오크 이야기

→ 오랜 시간 동안 오크통은 그저 운송 수단에 불과했다. 보르도나 기타 지역의 양조업자들이 새 오크통에서 숙성한 와인이 훨씬 맛있다는 것을 발견한 후에야, 비로소 오크는 인기를 얻기 시작했다. 실제로 오크통을 재사용하면 충분한 풍미를 뿜어내지 못한다. 저명한 와인평론가들이 오크 풍미가 깃든 와인을 극찬하면서 오크나무가 남아날까 싶을 정도가 되었다. 어느 나라의 오크나무로 만들었는지, 몇 번이나 사용했는지에 따라 달라지긴 하지만, 오크통은 확실히 와인에 바닐라 풍미를 더한다. 스페인 리오하 또는 캘리포니아산 샤르도네를 맛보면 이를 명확하게 느낄 수 있다. 하지만 언제나 과하면 문제가 생기는 법. 대형 양조업자들이 싸구려 오크나무토막이나 심지어 톱밥을 사용하기 시작하면서 '크림 같은, 오크향이 나는, 버터 같은' 샤르도네 와인은 도리어 모욕적인 수식어가 되었다. 최근에서야 캘리포니아 양조업자들은 더 이상 바닐라 폭탄처럼 풍미가 강한 와인을 만들지 않는 추세다.

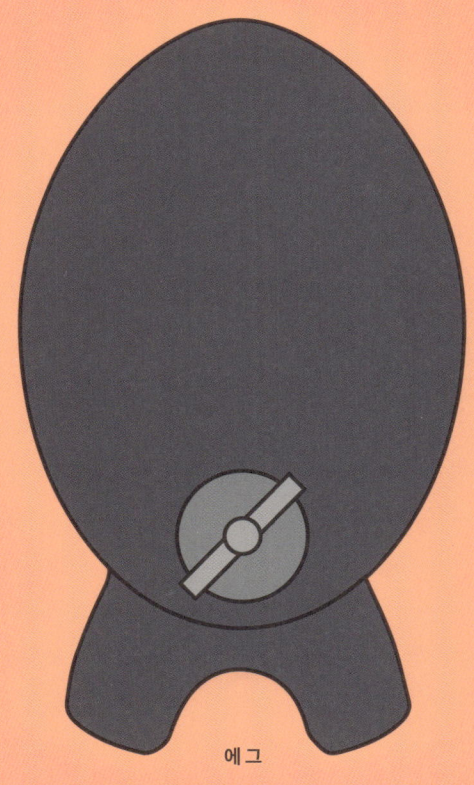

에그

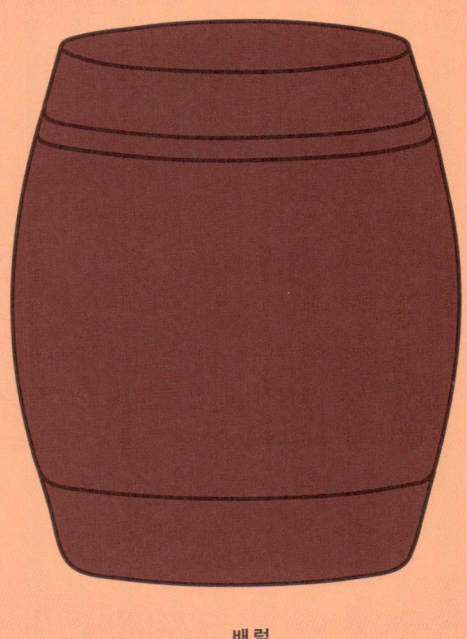

배럴

와인
양조 방식

화이트 와인

→ 화이트 와인의 제조 방법은 매우 간단하다. 일반적으로 화이트 와인은 청포도 품종으로 만든다. <u>스킨 컨택트</u>를 진행했는지는 중요하지 않다. 스킨 컨택트란 파쇄한 포도즙을 압착·여과 과정 전에 한두 시간 정도 탱크에 묵혀둠으로써, 포도껍질의 페놀 성분이 스며들어 풍미를 머금게 하는 과정이다. 이처럼 스킨 컨택트 과정을 거친 와인은 다양하고 복합적인 풍미를 보여준다.

적포도로 만드는
화이트 와인

우리 인생과 마찬가지로 어디든 예외는 있다. 직역하면 '까만색으로 만든 하얀색'을 뜻하는 블랑 드 누아는 적포도 품종으로 만든 화이트 와인이다. 샴페인이 대표적인 예로, 종종 피노 누아 또는 피노 뫼니에를 혼합해 만든다. <u>적포도로 화이트 와인을 만들 때는 와인의 색이 추출되는 것을 방지하기 위해 침용 과정을 생략하고 바로 포도를 압착한다</u>(35쪽 참고).

■ **스킨 컨택트**
　침용 또는 발효 단계에서 포도껍질과 포도즙을 함께 담가 와인의 색깔과 풍미를 추출하는 과정

화이트 와인
양조 과정

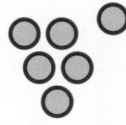

1 - 포도를 송이째 또는 포도알만 분리해 파쇄한다.

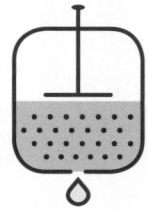

2 - 파쇄한 포도를 압착해 껍질과 씨를 분리한다.

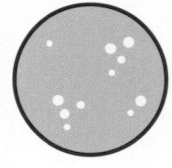

3 - 발효를 거친 포도즙이 와인으로 변한다.

4 - 와인을 저장 탱크에 단기간 보관하거나 배럴에 담아 장기간 숙성한다.

5 - 여과한 후 병에 담아 시장에 출시한다.

레드 와인

→ 적포도를 압착하면 붉은 포도즙이 아닌 투명한 포도즙이 나온다. <mark>레드 와인의 색깔은 포도껍질에서 나오는데, 침용 과정에서 부드러운 타닌 성분과 함께 추출된다.</mark> 포도껍질이 두꺼울수록 침용 시간은 길어진다. 적포도는 껍질이 두꺼운 품종과 얇은 품종으로 나눌 수 있으며, 껍질이 두꺼운 품종으로 만든 와인이 더 짙은 색상을 띤다. 껍질이 두꺼운 품종으로는 카베르네 소비뇽, 메를로, 말벡 등이 대표적이다. 껍질이 얇은 품종은 피노 누아, 가메, 네비올로, 그르나슈 등이 있다.

하지만 반투명하게 맑아 보이는 레드 와인에 속아선 안 된다. 색깔이 옅다고 해서 반드시 풍미나 바디감이 가벼운 것은 아니다. 또한 가벼운 와인이 진한 와인보다 질적으로 떨어지는 것도 아니다. 와인의 색깔은 온전히 포도껍질의 두께와 침용 시간에 따라 달라진다. 만약 매우 진한 피노 누아 와인을 발견했다면, 다른 품종을 혼합해 어두운 색상을 냈다고 생각하면 된다.

■ 타닌
포도껍질과 씨앗에 담긴 화학물질. 레드 와인의 전체적인 구조를 잡아주고 숙성을 도우며 시간이 지날수록 부드러워지는 성질이 있다. 타닌이 많은 와인을 마시면 진한 차를 마셨을 때와 비슷하게 입안이 마른다.

레드 와인
양조 과정

1 - 포도를 파쇄한 후 침용 과정을 거쳐 포도껍질에서 색상, 풍미, 타닌을 추출한다.

2 - 발효를 거친 포도즙이 와인으로 변한다.

3 - 와인을 부드럽게 압착해 껍질, 줄기, 씨를 분리한다.

4 - 와인을 배럴에 담아 숙성한다. 숙성 시간은 다양하다.

5 - 여과한 후 병에 담아 시장에 출시하거나, 추가 숙성을 거친다.

로제 와인

→ <mark>로제 와인은 적포도를 수 시간 정도 짧게 침용해 껍질의 빛깔만 얇게 추출한 와인이다.</mark> 또한 무르베드르, 피노 누아, 그르나슈 등 각기 다른 품종의 화이트 와인을 혼합해 만들기도 한다.

미국에서 로제 와인의 인기는 폭발적으로 치솟았다. 2017년 연간 25%의 매출 신장을 기록하며 음료 카테고리 중 가장 빠르게 성장했다. 이에 따라 한때 풍미가 단순한 와인을 생산해 무시당하기 일쑤였던 프랑스 프로방스 지역의 로제 와인을 찾는 수요가 공급을 추월하기도 했다. 최근에는 프로방스 외 다양한 지역의 로제 와인을 접할 수 있다. 대표적으로 캘리포니아의 오드 투 룰루와 상세르의 도멘 바쉐롱, 독일의 슈타인과 오스트리아의 고벨스버그 시스토션 등이 있다.

오렌지 와인

→ 슬로베니아와 이탈리아 동북 지역에서 유래한 오렌지 와인은 고대 조지아 공화국의 와인 양조 기술을 바탕으로 만들어졌다. 최근 내추럴 와인 애호가 사이에서 엄청난 인기를 누리고 있다. <mark>레드 와인과 동일한 방식으로 만들지만, 청포도를 사용한다는 것이 가장 큰 차이점이다.</mark> 즉, 청포도즙을 수개월 동안 껍질째 침용해 풍성한 풍미를 끌어낸다. 따라서 오렌지 와인에서는 레드 와인과 유사한 바디감과 타닌을 느낄 수 있다. 오렌지 와인의 빛깔은 포도껍질의 플라보노이드 성분에서 나온다. 일부 오렌지 와인은 탁한 빛을 띠거나 환원취(와인 병 안에 산소가 부족해 발생하는 황 특유의 냄새-옮긴이)를 뿜어내기도 한다.

레드 와인 / 로제 와인 / 오렌지 와인

■ **침용**
프랑스어로 마세라시옹(maceration)이라고도 하며 포도즙과 포도껍질을 함께 담가 색깔, 아로마, 타닌을 추출하는 과정을 뜻한다.

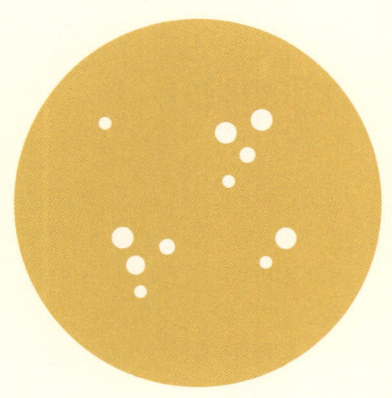

스파클링 와인

→ 우리는 축하할 일이 생겼을 때 대개 샴페인으로 첫 잔을 시작한다. 하지만 르 베르나르댕에서 나는 간간이 정식 코스요리의 매 코스에 샴페인을 페어링해주었다. 샴페인이 단순한 식전주 이상의 무궁무진한 매력이 있음을 알려주고 싶었기 때문이다. 단언컨대, 샴페인이야말로 음식과 페어링하기 가장 좋은 와인이라고 생각한다.

샴페인은 부담 없이 마실 수 있지만, 기술적으로는 매우 만들기 까다로운 와인이다. 하나가 아닌 두 개의 발효 공정을 관리해야 하기 때문이다. 이처럼 발효를 두 번 거치기 때문에 복합적인 풍미를 자아내고 당연히 가격도 비싼 것이다.

조금은 덕후처럼 들리겠지만 스파클링 와인이 얼마나 존경할 만한 와인인지 자세히 밝혀보고자 한다. 하지만 너무 깊숙이 들어가기 전에 각기 다른 스파클링 와인 제조방식을 알아보도록 하자. '스파클링 와인'이라는 이름을 얻는 가장 간단한 방식은 탄산가스를 화이트 와인이나 로제 와인에 주입하는 카보네이션(Carbonation) 과정을 거치는 것이다. 이처럼 저렴한 방식으로 탄생한 스파클링 와인에서는 커다랗고 둥근 기포를 확인할 수 있다. 4달러가 채 안 되는 스파클링 와인을 찾았다면 리들링(riddling, 샴페인을 만들 때 병 속의 침전물을 모으기 위해 병을 비스듬히 세워두고 가끔씩 돌려주는 행위 - 옮긴이)이나 도시지 따위는 신경쓰지 않은 와인이라고 봐도 무방하다. 지금부터 진정한 스파클링 와인을 만드는 주요 방법을 알아보자.

탱크 방식

예: 람브루스코, 프로세코

샤르마(Charmat)라고도 불리는 탱크 방식(Tank Method) 양조법은 이름처럼 병이 아닌 탱크 안에서 발효하는 방식이다. 비용 측면에서도 효율적인 양조 방식으로 가격이 합리적인 스파클링 와인을 만들 수 있다. 가압탱크에서 2차 발효까지 마친 와인은 여과 후 도시지를 첨가해 시중에 판다. 숙성 단계는 거치지 않는다. 이 방식으로 양조한 와인은 복합성이 떨어지며 단순명료한 풍미를 지닌다.

선대 방식

예: 펫-낫

선대 방식(The Ancestral Method)은 메소드 루랄 또는 메소드 앙세스트랄이라고도 불리며, 점점 보편적으로 활용되고 있다. 전문가들의 의견에 따르면 전통 방식인 메소드 샹프느아즈보다 앞선 양조 방식이다. 다른 와인의 제조 방식과 마찬가지로 배럴, 스테인리스스틸 탱크, 콘크리트 탱크 등에서 1차 발효를 거친다. 그 후 모든 잔당이 알코올과 탄산가스로 변하기 전에 와인을 식히고, 와인 병을 비스듬히 세워 돌려주는 리들링 작업을 해서 와인의 침전물을 모은다. 모인 침전물을 제거하는 디스고르쥬(Disgorge) 작업까지 마친 와인은 최종으로 병에 담는다. 병 안에서 최소 2달 이상 추가적인 발효를 한 후에야 시장에 나갈 수 있다. 모든 과정을 끝낸 와인은 은은한 기포와 상쾌한 청량감이 뛰어나며 목 넘김이 부드럽다. 개인적으로는 패트릭 보텍스 와이너리에서 생산한 부지 세르동 라 꾀이을를 좋아한다. 펫-낫으로 더욱 잘 알려져 인기를 끌고 있는 약발포성 내추럴 와인을 생산할 때 많이 쓰는 방식이다.

탱크 방식

1 - 탱크에서 1차 발효를 진행한다.

2 - 거대한 가압탱크에서 2차 발효를 진행한다.

3 - 여과를 거친 후 도시지를 첨가한다.

4 - 병에 담은 후 판매한다.

선대 방식

1 - 배럴 또는 탱크에서 1차 발효를 진행한다.

2 - 잔당이 남아 있는 상태에서 병에 담는다.

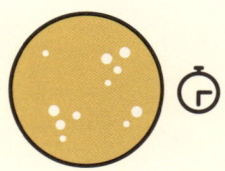

3 - 병 안에서 최소 2달 이상 발효를 진행한다.

4 - 발효가 끝난 와인을 맛있게 즐긴다.

스파클링 와인

■ 도시지
dosage, 와인과 설탕의 혼합물 또는 포도즙 농축액.

■ 펫-낫
pet-nat, 페티앙 나튀렐(Petillant Naturel)의 약자로 내추럴 와인 양조 기법을 통해 탄생한 약발포성 와인.

전통 방식

1 - 배럴 또는 탱크에서 1차 발효를 진행한다.

2 - 티라주를 첨가한 후 병에 담는다.

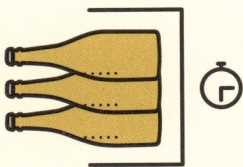

3 - 크라운 병뚜껑을 씌운 상태에서
가로로 눕혀 2차 발효를 진행한다.
2차 발효가 끝난 뒤 앙금과
접촉해 숙성시킨다.

4 - 르뮈아주, 즉 리들링 작업을 통해
앙금을 병목으로 모은다.

5 - 디스고르쥬 과정을 거쳐 병목을 얼린 뒤
앙금을 제거한다.

6 - 도시지를 첨가해 당도를 조절한다.

7 - 코르크 마개와 철사로 최종 밀봉한다.

■ **2차 발효**
2번째로 진행하는 발효 과정.

■ **뀌베**
cuvée, 여러 포도주를 혼합하는
과정 또는 혼합물.

■ **크라운 병뚜껑**
병맥주 또는 탄산음료 병에 쓰이
는 왕관 모양의 병뚜껑.

전통 방식

예: 샴페인, 까바, 크레망

전통 방식은 프랑스에서는 메소드 샹프느아즈, 이탈리아에서는 메토도 클라시코, 남아프리카 공화국에서는 메소드 캡 클라시크라는 이름으로 불리며, 샴페인 양조 방식 중 가장 복잡하다. 상파뉴 지역에서는 빈 클레어라고 부르는 비발포성 베이스 와인을 배합하는 것을 시작으로 스파클링 와인 양조를 진행한다. 베이스 와인은 일반적으로 피노 누아, 피노 뫼니에, 샤르도네를 섞어서 만든다. 와인 제조 책임자는 맛의 균형을 완벽하게 맞출 때까지 끊임없이 베이스 와인을 맛보고, 때로는 리저브 와인을 추가한다. 리저브 와인이란 예전 빈티지에 생산한 숙성 베이스 와인을 별도 보관한 것을 말한다. 완성된 베이스 와인은 오크 배럴이나 거대한 나무 캐스크에 담는다. 종종 콘크리트 에그나 스테인리스스틸 탱크에 담는 경우도 있다.

이렇게 탄생한 베이스 와인을 맛본 적이 있는데, 그 맛은 쉽사리 마시기 힘들 정도다. 감귤과의 시트러스향이 강렬하고, 입안이 바싹 마를 정도로 시큼하다. 이는 베이스 와인이 2차 발효를 거치면 얼마나 훌륭하게 진화하는지를 보여주는 반증이기도 하다. 이렇게 뀌베가 끝나면 와인, 설탕, 효모의 혼합물인 티라주(tirage)를 첨가한 후, 병에 담아 크라운 병뚜껑으로 밀봉한다. 이처럼 병에 담은 와인은 가로로 눕혀 4~6주 동안 와인 저장고에서 2차 발효를 거친다.

발효를 마친 와인은 병의 밑바닥에 부유하는 앙금과 접촉하며 숙성된다. 앙금이란 티라주 과정에서 죽은 효모세포가 침전물의 형태로 가라앉은 것을 말한다. 와인이 앙금과 접촉하며 숙성하는 이 단계는 와인의 품질을 좌우할 정도로 중요하다. 스페인의 까바는 이러한 숙성을 최소 9개월 거쳐야 하고, 우수한 빈티지 등급이 되기까지는 30개월을 숙성해야 한다. 또한 빈티지 샴페인 역시 최소 36개월 이상 숙성해야만 한다. 최소 3년이란, 상당히 긴 시간이다. 요컨대 앙금의 풍미가 발현되는 숙성 기간에 따라 샴페인의 품질이 결정되고, 우아하고 고운 기포가 탄생한다.

스파클링 와인 제조가 이 단계에서 끝난다면, 일반 와인 병의 반밖에 채울 수 없을 것이다. 겨우 와인 반병을 만들기 위한 노력치고는 과도한 비용과 노동력이 든다고 볼 수 있다. 부수적인 이야기지만 동일한 포도원에서 생산한 750㎖ 와인과 375㎖ 와인을 차례로 맛보면 복합성 측면에서 차이점을 느낄 것이다. 또한 인정하긴 싫지만 1.5ℓ 사이즈 매그넘 샴페인이 일반 750㎖ 사이즈보다 더 맛있다.

샴페인 한 병을 온전히 채우기 위해 다음 단계인 르뮈아주(Remuage), 즉 리들링으로 넘어간다. 가로로 눕혀서 보관한 와인 병을 수직에 가깝게 거꾸로 세우고, 몇 주 동안 천천히 돌려준다. 이 과정을 통해 앙금이 병목에 모인다. 이때 와인 병을 직각으로 거꾸로 세우면 침전물은 병의 측면에 달라붙어 병뚜껑까지 내려가지 못한다. 일반적으로 르뮈아주 단계는 손이 많이 가지만 매뉴얼에 따라 천천히 이루어진다. 물론 상업화된 스페인의 까바 생산지에서는 기계를 이용해 수일간 짧게 리들링을 하기도 한다.

그다음으로 디스고르쥬 과정으로 넘어간다. 이 단계에서는 효모 찌꺼기가 모인 병목을 화학용액을 사용해 얼린다. 그후 병뚜껑을 제거하면 앙금 찌꺼기가 언 채로 튀어 나온다. 이렇게 앙금 찌꺼기가 빠져나온 공간에 추가적으로 와인과 설탕을 보충해 샴페인의 당도를 조절한다. 마치 음식을 손님에게 서빙하기 직전에 소금을 살짝 추가해 음식의 풍미를 한층 높여주는 것과 비슷한 맥락이다.

마지막으로 샴페인용 코르크 마개로 병을 봉한 뒤, 철사로 코르크 마개를 감싸 압력으로 인해 코르크 마개가 튀어나가는 것을 방지한다. 이렇게 밀봉한 샴페인 내부의 압력은 자동차 바퀴 내부 압력의 2배에 달한다.

스파클링 와인의 당도

도시지를 얼마나 첨가하느냐에 따라 샴페인 또는 스파클링 와인의 당도가 결정된다. 와인 라벨에 쓰인 '엑스트라 브뤼' 또는 '브뤼' 등의 용어는 와인을 병에 담기 전에 1ℓ 기준 잔당 설탕이 몇 g이 첨가되었는지를 뜻한다. 당도를 나타내는 가장 대표적인 용어를 살펴보자.

브뤼 나뚜르 (1ℓ당 0~3g)

샴페인 입문자라면 이 당도는 피하도록 하자. 브뤼 나뚜르 당도의 와인은 매우 시큼하고 거친 맛이 난다. 하지만 대략 10여 년 숙성을 거치면 길이 기억될 훌륭한 와인으로 거듭난다. 나 역시 작년에 마신 2002년산 프레보를 아직도 잊지 못한다.

➪ **추천 와인:** 제롬 프레보 샴페인 라 클로즈리 르 베귄, 부에떼 & 소르베

엑스트라 브뤼 (1ℓ당 0~6g)

엑스트라 브뤼 당도는 풍미와 개성이 뚜렷하고 시트러스향이 느껴지며 약간의 시큼함이 있다.

➪ **추천 와인:** 샤르또뉴 따이에 슈맹 드 행스, 아그라파르 앤 피스 미네랄

브뤼 (1ℓ당 0~12g)

브뤼 당도는 적당한 당분이 더해져 풍성함과 부드러움을 느낄 수 있다.

➪ **추천 와인:** 샴페인을 많이 마셔보지 않았다면 단연 브뤼 단계에서 시작하는 것을 추천한다. 스위트한 와인을 즐긴다면 뵈브 끌리코나 모엣 & 샹동 브뤼 임페리얼을 기준으로 올라가고, 드라이한 와인을 선호한다면 루이 로드레 또는 빌까르 살몽에서 시작하는 것을 추천한다.

스파클링 와인과 설탕

→ 도시지, 즉 샴페인에 추가한 설탕은 마치 화장과도 같아서 단점을 감추는 역할을 한다. 적절한 화장은 우리를 아름답게 가꾸어 주지만, 과한 화장은 도리어 진짜 모습을 감춘다. 하지만, 설탕을 전혀 넣지 않는 것 또한 정답은 아니다. 나는 훌륭한 샤르또뉴 따이에 와이너리의 양조업자 알렉산드레 샤르또뉴와 도시지를 시음한 적이 있다. 샴페인의 도시지 당도를 높여가며 맛을 봤는데, 매우 흥미로운 경험이었다. 도시지를 전혀 첨가하지 않은 샴페인은 너무 거칠고 시큼한 맛이 강해 마치 바위를 잘근잘근 씹는 것 같았다. 그런데 1g씩 설탕을 추가할 때마다 풍미가 살아나기 시작했다. 그러다가 어느 순간 설탕이 와인을 지배하면서 풍미가 사라졌다. 이는 우리가 레모네이드의 신맛을 죽여, 마시기 편하게 만들기 위해 설탕을 계속 넣다 보면 어느 순간 너무 달아 질리는 것과 같은 원리다.

최근 들어 샴페인에 첨가하는 설탕의 양이 확연히 적어지고 있다. 부분적으로는 기후 변화에 따라 포도의 숙성도가 증가하면서 당도가 높아졌기 때문이다. 또 다른 이유는 소규모 포도 농업인을 중심으로 양질의 포도를 재배하려 노력하기 때문이다. 그들의 노력으로 풍성하고 복합적인 풍미를 자아내는 베이스 와인이 탄생하고, 자연스럽게 설탕을 덜 사용하게 되었다. 반면, 대형 샴페인 하우스는 때때로 시장의 수요를 맞추기 위해 이러한 장인 정신을 포기한 채 어쩔 수 없이 모든 지역의 포도를 구매해야 한다. 운 좋게 양질의 포도를 구하는 경우도 있지만 그렇지 못한 경우에는 도시지의 당도를 높여 적절한 당도를 조절한다.

발포 와인 한눈에 살펴보기

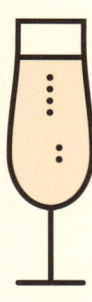

까바

국적: 스페인
풍미: 과일 맛이 풍부함, 산도가 높음
제조 방식: 전통 방식
숙성 기간: 일반 6개월,
리제르바 15개월,
그랑 리제르바 30개월
가격: 10~25달러

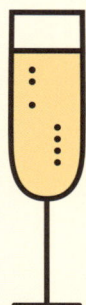

프로세코

국적: 이탈리아
풍미: 과일 맛이 풍부함, 산도가 높음
제조 방식: 탱크 방식
숙성 기간: 없음
가격: 10~15달러

람브루스코

국적: 이탈리아
풍미: 적갈색 과일향이 남, 꽃 같음,
산도가 높음 (적포도 품종으로 만듦)
제조 방식: 탱크 방식(상업용 대량 생산),
선대 방식
숙성 기간: 없음
가격: 15~25달러

스파클링 와인

국적: 다양함
풍미: 과일맛이 풍부함, 산도가 높음
제조 방식: 전통 방식, 탱크 방식,
카보네이션
숙성 기간: 다양함
가격: 10~30달러

펫-낫

국적: 다양하지만 주로 프랑스
풍미: 콤부차 같음, 산도가 높음
제조 방식: 선대 방식
숙성 기간: 없음
가격: 15~30달러

샴페인

국적: 프랑스
풍미: 과일맛이 풍부함, 토스트 구운
냄새가 남, 산도가 높음
제조 방식: 전통 방식
숙성 기간: 논 빈티지 15개월,
빈티지 36개월
가격: 30달러 이상

스파클링 와인

'내추럴 와인'
바로 알기

➡️ '일반 와인' 양조업자와 '내추럴 와인' 양조업자의 지지자 사이에 논쟁이 격하게 불붙고 있다. 일반 양조업자는 원하는 와인을 만들기 위해 농약을 비롯한 각종 화학 물질을 사용한다. 반면, 내추럴 와인 양조업자는 포도를 재배할 때는 유기농 또는 바이오다이내믹 농법을 사용해야 하고, 포도즙에는 첨가당이나 항산화제 역할을 하는 이산화황을 일절 첨가하지 않으며, 여과·청징 작업 없이 병에 담아야 한다고 주장한다. 개인적으로 나는 내추럴 와인이 종종 뿌옇거나 역한 냄새를 뿜고, 휘발성이 강해 풍미가 쉽게 변하는 것을 경험했다. 지금부터 이와 같은 대체 와인과 관련된 용어와 자격 인증요건을 살펴보고자 한다.

내추럴 와인

내추럴 와인을 만들 때는 유기농 또는 바이오다이내믹 농법으로 농약을 사용하지 않고 재배한 포도를 사용한다. 이때 포도즙에는 풍미에 영향을 줄 만한 어떠한 것도 첨가하지 않는다. 발효 과정에 영향을 주는 효모 첨가, 화학 물질을 이용한 산도 조절 역시 최소한으로 진행한다. 여과를 하지 않아 특유의 뿌연 투명도를 띠는데, 병에 담을 때도 필요한 경우에만 와인을 보존하기 위한 최소한의 이

산화황을 첨가한다. 하지만 모든 내추럴 와인이 유기농 인증을 받을 수는 없으며, 모든 유기농, 바이오다이내믹 농법을 거친 와인이 내추럴 와인이 되는 것도 아니다. 무슨 의미인지 구체적으로 알아보도록 하자.

미국에서는 미국 농무부의 승인을 얻어야 '유기농'이라는 단어를 사용할 수 있다. 반면에 '바이오다이내믹'이라는 용어는 데메테르 협회에서 상표권을 갖고 있다. 그 결과 미국 와인 병에 사용하는 유기농 표기법은 두 가지로 나뉜다. '미국 농무부 인증 유기농(USDA Organic)'이라고 표기된 제품은 유기농 농법으로 재배한 포도로 만들어야 하며, 청징제·효모 등의 첨가물 또한 유기농이어야 한다. 이러한 와인은 자연적으로 발생하는 아황산염을 제외하고는 별도의 이산화황을 첨가하지 않고 만든다. 굉장히 좋게 들리겠지만, 사실 이산화황은 와인을 위한 최고의 천연 방부제다. 이 때문에 실제로 '미국 농무부 인증 유기농' 라벨을 붙인 와인은 매우 드물다.

'인증을 거친 유기농 포도로 만든'

와인 라벨에 'Made with certified organically grown grapes'이라는 문구가 있다면, 이는 미국 농무부 인증 유기농 와인과 동일한 첨가제가 들어 있다는 뜻이다. 다만 다른 점이 있다면 병당 첨가할 수 있는 이산화황의 양이다. 레드 와인은 병당 최대 100ppm, 화이트 와인과 로제 와인은 병당 최대 150ppm까지 이산화황을 첨가할 수 있다.

유럽연합은 유기농으로 재배한 포도로 만든 와인과 유기농 첨가제를 사용한 와인 모두를 '유럽연합 인증 유기농(EU Organic)' 상품으로 인정한다. 유전자 변형 농산물은 제외된다. 이산화황 규정은 미국의 '인증을 거친 유기농 포도로 만든' 와인과 동일하다.

■ **이산화황**
아황산염 또는 황으로 부른다. 천연 방부제로 발효 이전의 포도껍질에 붙어 있기도 하고 통상적으로 병에 담기 직전에 첨가하기도 한다.

■ **청징제**
와인을 탁하게 하는 침전물이나 단백질을 제거하기 위해 사용하는 첨가제. 벤토나이트, 계란 흰자, 카세인 등이 쓰인다.

43

바이오다이내믹 와인

바이오다이내믹과 유기농은 화학품을 사용하지 않는다는 측면에서 동일하다. 하지만 20세기 초 오스트리아 철학자 루돌프 슈타이너의 사상에서 비롯한 바이오다이내믹 농법은 포도원을 하나의 유기적인 생태계로 보는 전체론적 접근법이다. 이 생태계 안에서 식물, 땅, 숲, 동물, 토양, 퇴비, 사람, 그리고 그곳에 깃든 영혼은 생태계 순환의 각 축으로 서로 공생하며 조화를 이룬다고 믿는다. 포도를 재배할 때도 음력 달력에 따라 언제 비료를 주고 씨를 뿌리며 수확할지 정한다. 또한 토양의 건강 상태는 동종(同種)요법을 따라 관리한다. 예를 들어, 암소의 뿔에 젖이 나오는 암소의 배설물을 채워 땅에 묻은 뒤, 겨울 동안 삭혀 이듬해 봄에 천연 비료로 사용한다.

'바이오다이내믹' 와인이라는 라벨이 붙어 있다면 그 와인은 바이오다이내믹 농법으로 재배한 포도를 사용하고, 양조 과정에서도 효모 첨가 등 일반적인 추가 과정 없이 만든 것이다. 한편, '바이오다이내믹 농법으로 재배한 포도로 만든'이라는 라벨이 붙은 와인은 양조업자가 바이오다이내믹 농법으로 재배한 포도를 사용했으나, 양조 과정에서는 상대적으로 유연한 절차를 거쳐 제조한 것이다. 이 같은 와인은 미국 데메테르와 프랑스 비오디뱅 같은 협회를 통해 인증받을 수 있다. 하지만 현실적으로 시간과 비용이 많이 소모되는 관계로 많은 양조업자들이 바이오다이내믹 농법을 사용하면서도 인증은 건너뛰는 경우가 많다.

나는 이러한 농법을 고수하는 많은 양조업자를 만나, 왜 이러한 영적인 방식으로 와인을 생산하는지 이야기를 나눈 적이 있다. 프랑스 알자스 지방의 양조업자인 올리버 홈브레이트 MW는 바이오다이내믹 농법으로 전환하면서 포도나무의 나뭇잎들을 많이 남겨두는 등 변화를 주었고, 결과적으로 알코올 농도가 더 낮은 와인을 생산하게 되었다고 답했다. (우리의 편견과는 달리 알코올 도수가 과하게 높은 것은 바람직하지 않다. 와인의 풍미를 감추고 입안을 불쾌하고 화하게

만들기 때문이다.) 프랑스 양조업자인 알프레드 테스롱이 샤또 퐁테 카네 포도원의 포도 재배 방식을 바이오다이내믹 농법으로 바꾸고, 와인을 암포라 토기에서 숙성해 출시하자, 향상된 와인 품질에 내로라하는 평론가들의 평점이 치솟았다(와인 평점에 대한 자세한 설명은 187쪽을 참고하기 바란다). 몇몇 양조업자들은 공식적으로 발표하지 않고 재배 방법을 바꾸기도 한다. 대표적으로, 전설적인 도멘 드 라 로마네 꽁띠, 도멘 르플레브와 크리스탈을 만들던 포도원 등이 있다. 하지만 반대로 공공연하게 농법 변화를 알리는 이들도 있다. 잰시스 로빈슨이 저서 『The 24-Hour Wine Expert』에서 말한 것과 같이 농법을 바꾸는 것은 말도 안 되는 일처럼 들리지만, 흥미로운 와인과 한눈에도 건강해 보이는 포도원을 결과물로 얻게 된다.

지속가능한 와인

지속가능한 와인은 와인의 제조 공정이 생태계에 친화적일 뿐 아니라, 사회적으로도 책임 있는 과정을 통해 생산되었는지에 초점을 맞춘다. 예를 들어, '가벼운 와인 병을 사용함으로써 운송 시에 발생하는 탄소 발자국(개인 또는 단체가 직간접적으로 발생시키는 온실가스의 총량 - 옮긴이)의 양을 최소화 했는가?'와 같이 물과 에너지를 사용하는 방법 등을 관리한다. 심지어는 와이너리가 지역 사회와 원만한 관계를 유지하는지까지 생각한다. 지속가능한 와인을 만드는 양조업자는 대체로 유기농 또는 바이오다이내믹 농법을 채택해 와인을 만들지만, 개개인과 지역의 상황에 맞게 유연하게 조절하기도 한다. EMS, 살몬 세이프, SIP 서티파이드와 같은 제3자 기관들이 지속가능한 와인 인증을 하고 있으며, 다양한 지역 산업 협회들은 명확한 기준을 확립하기 위해 노력하고 있다. 일반적으로 '지속가능함'을 실현하려면 많은 비용이 들지만 장기적인 관점에서 필요한 일이며, 기후 변화에 대처하는 친환경적인 움직임이다.

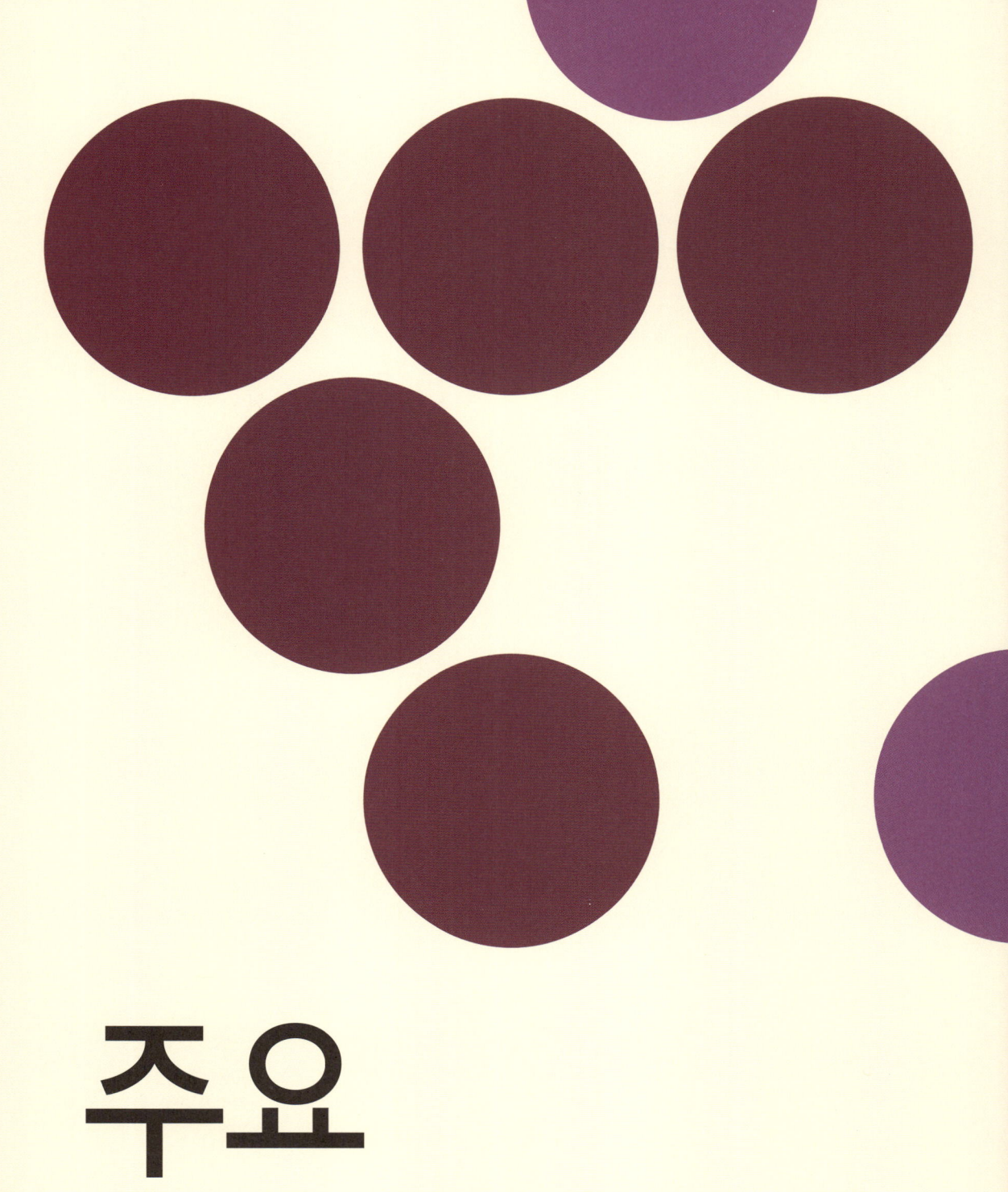

주요
포도 품종

품종이란 포도의 종류를 일컫는 말로, 와인의 이름도 품종의 이름을 따서 짓는다. 포도는 품종별로 껍질의 두께, 과육의 풍미, 씨의 크기가 다르기 때문에 각각의 독특한 개성이 있다. 동일한 품종의 포도는 공통된 특성이 있지만, 포도가 재배된 토양, 기후, 지역, 양조업자에 따라 최종적인 와인의 맛은 달라진다. 따뜻한 남아프리카 공화국 태양 아래 탄생한 소비뇽 블랑은 시원한 프랑스 지역의 소비뇽 블랑보다 강렬한 풍미를 지닌다. 하지만 혀끝에 전해지는 맛은 여전히 비슷한 느낌을 주며, 이는 블라인드 테이스팅에서도 동일하다.

앞으로 다룰 다양한 품종 중에서 가장 끌리는 품종을 따로 메모하자. 그리고 그 품종이 나라별로 어떻게 다른지 자세히 알아보자. 포도의 품종과 재배되는 국가를 아는 것만으로도 와인을 구매할 때 큰 도움이 된다. 소믈리에와 와인 숍 직원들도 이러한 정보를 바탕으로 당신이 어떤 맛과 풍미를 즐기는지 파악할 수 있다. 하지만 주요 포도 품종에만 사로잡힐 필요는 없다. 열린 마음으로 다양한 품종을 맛보도록 하자. 훨씬 더 합리적인 가격에 훌륭한 와인을 만날 수 있을 것이다.

화이트 와인

Pinot Grigio

피노 그리지오

→ **피노 그리지오는 와인 입문자에게 추천한다.** 복잡하지 않고 부담 없이 즐길 수 있어 언제나 만족할 수 있다. 라이트한 바디감으로 누구나 즐길 수 있으니, 다음 파티 리스트에 꼭 포함시키도록 하자.

피노 누아의 돌연변이종으로 회색빛을 띠다가 완전히 익으면 분홍빛을 띤다. 포도알이 작지만 탄탄한 것이 상큼해 인기가 좋다. 안타깝게도 종종 지나치게 다작해 와인으로 만들었을 때 불특정한 풍미를 내는 경우가 많다. 하지만 좋은 피노 그리지오 와인에서는 향긋한 냄새와 함께 쌉쌀한 아몬드향이 미세하게 풍긴다. 대표적인 예로 이탈리아 프리울리에서 생산된 와인을 들 수 있다. 피노 그리지오는 파티 와인으로도 손색이 없어 손님들이 기쁘게 즐길 수 있으며 저렴하기까지 하다.

알자스 지방의 피노 그리지오는 이탈리아의 피노 그리지오와는 향도 맛도 매우 다르다. 알자스의 피노 그리지오는 일반적으로 풍미와 바디감이 풍부하며, 약간의 꿀 같은 달콤함도 느낄 수 있다. 이는 알자스 지역에서 쉽게 찾아볼 수 있는 잿빛곰팡이병 때문이다.

■ 잿빛곰팡이병
자연적으로 생겨나는 곰팡이균으로 포도의 당도를 높이고 드라이한 와인에 달콤한 풍미를 더한다. 귀부병이라고도 한다.

기본 정보

 풍미

레몬,
멜론,
복숭아,
아몬드,
꿀,
황금사과

▶ **특징**

가벼운,
향긋한,
과일향이 풍부한

📍 **주요 산지**

알자스,
베네토,
프리울리,
알토 아디제,
윌라메트 밸리,
소노마

💬 **다른 이름**

피노 그리(프랑스),
그라우 부르군더(독일)

추천 목록

이탈리아 알토 아디제
→ 칸티나 트라민
→ 칸티나 테를라노

이탈리아 프리울리
→ 베니카 & 베니카

오스트리아 슈타이어마르크
→ 뉴마이스터

프랑스 알자스
→ 트림바크
→ 진트-훔브레이트

핵심 정리

☐ 이탈리아산 피노 그리지오는 적절한 산도로 상큼하고 상쾌해 부담 없이 마실 수 있다. 반면 알자스산 피노 그리지오는 상대적으로 진한 풍미가 있다.

☐ 프리울리와 알토 아디제의 피노 그리지오는 특히 그윽한 아로마가 특징이다.

☐ 베네토산 피노 그리지오는 대량 생산되기 때문에 고유의 풍미가 뚜렷하지 않다.

☐ 빌보드 광고판에서 피노 그리지오를 봤다면, 와인의 생산보다는 광고비에 돈을 더 쏟았다고 봐도 무방하다.

☐ 괜찮은 피노 그리지오 와인은 약 15달러 이상이면 구매할 수 있다.

화이트 ○ 피노 그리지오

Sauvignon Blanc

소비뇽 블랑

기본 정보

👅 **풍미**
잔디,
자몽,
구스베리,
라임,
블랙커런트 잎,
피망(청, 홍, 황)

▶ **특징**
향긋한,
허브향이 나는,
산도가 강한,
아로마가 강렬한

📍 **주요 산지**
루아르,
보르도,
뉴질랜드,
캘리포니아,
오스트리아,
이탈리아

💬 **다른 이름**
상세르,
푸이 퓌메,
메네투 살롱,
생브리
모두 대표적인
아펠라시옹이다.

→ **언제나 다양한 풍미를 선사하는** 소비뇽 블랑은 피노 그리지오를 졸업한 사람이라면 누구나 사랑하는 와인이다. 이는 단순히 가격 대비 풍미가 우수하기 때문만은 아니다.

소비뇽 블랑이 피노 그리지오의 인기를 이어받은 것 같다. 소비뇽 블랑은 아로마가 그윽하고, 매우 독특한 풍미를 지니며, 식물과 허브향이 강해 가끔은 고양이 오줌 냄새가 난다고 표현하기도 한다.

프랑스 상세르 아펠라시옹(특정한 포도가 자란 지역이나 지방 - 옮긴이)의 소비뇽 블랑은 미국에서 압도적인 인기를 보인다. 가격도 그에 맞추어 상승하고 있다. 나는 개인적으로 상세르 지역 샤비뇰 마을의 테레 블랑쉬 토양에서 자란 소비뇽 블랑을 특히 좋아한다. 테레 블랑쉬란 쥐라기 시대의 조개껍데기 층이 쌓인 기름진 석회질 토양으로, 세계 최고의 샤블리 포도원과 샹파뉴 남부 지역에서도 발견된다. 이러한 토양에서 자란 소비뇽 블랑은 품질이 뛰어나 향긋하고 맑은 느낌을 주며, 숙성했을 때 진면모를 발휘한다. 운 좋게도 깊이 있게 숙성된 소비뇽 블랑을 먹은 적이 있었는데, 무려 1959년 빈티지 와인이었다.

뉴질랜드는 말보로 지역의 클라우디 베이 소비뇽 블랑이 유명세를 떨치기 시작하면서 국제 와인업계에서 주목받기 시작했다. 클라우디 베이 소비뇽 블랑은 강렬한 열대과일 향과 블랙커런트(유럽 북서부 원산의 까막까치밥나무 열매 - 옮긴이) 잎의 풍부한 풍미는 물론 허브향이 그득하다. 보통 스크루 뚜껑으로 출시되는 경우가 많다. 이는 호주, 뉴질랜드 사람들이 스크루 마개를 선호하기 때문이다.(개인적으로는 뉴질랜드산 소비뇽 블랑은 풍미가 과하고 개성이 너무 많게 느껴진다. 마치 시끄러운 클럽에서 두 시간 동안 대화를 이어가는 느낌이랄까?)

오스트리아는 슈타이어마르크 지역이 소비뇽 블랑의 산지로 가장 유명하다. 이 지역의 소비뇽 블랑은 강렬한 뉴질랜드산과 향긋하고 미네랄 풍미가 나는 루아르산의 중간 정도 풍미를 자아낸다. 소비뇽 블랑 입문자라면 그래니 스미스 사과(호주에서 자연교잡으로 발견된 풋사과 품종 - 옮긴이)의 아삭함을 연상시키는 가볍고 상쾌하며 우아하고 균형감 좋은 이 지역의 와인을 추천한다.

추천 목록

프랑스 루아르 (상세르)
→ 제라호 불레이
→ 도멘 바쉐롱
→ 도멘 프랑소와 코타
→ 도멘 파스칼 코타

프랑스 루아르 (푸이 퓌메)
→ 조나단 디디에 파비오
→ 디디에 다그노

프랑스 부르고뉴 (생브리)
→ 도멘 구아조(부르고뉴 지방에서 유일하게 법적으로 승인받은 소비뇽 블랑 산지다.)

오스트리아 슈타이어마르크
→ 테멘트
→ 뉴마이스터
→ 라크너-티나허

뉴질랜드 말보로
→ 클라우디 베이
→ 크레기 레인지
→ 쿠퍼스 크리크

핵심 정리

□ 산지별 와인의 강렬한 정도를 음악으로 표현해보자. 뉴질랜드산은 EDM, 호주산은 록발라드, 상세르산은 부드러운 재즈라고 할 수 있다.

□ 상세르, 푸이 퓌메는 모두 소비뇽 블랑의 다른 이름이다. 프랑스에서는 와인 라벨에 포도의 품종이 아닌 아펠라시옹을 표기하기 때문에 헷갈릴 수 있다. 물론 예외도 있다. 알자스 지방에서는 포도의 품종을 먼저 표기한다.

□ 피노 그리지오를 졸업한 사람들이 더 강렬한 아로마를 지닌 소비뇽 블랑에 빠져드는 경우가 많다. 음식에 비유하자면 피노 그리지오가 기름기 없이 담백한 안심 스테이크라면, 소비뇽 블랑은 지방의 풍미가 가득한 꽃등심 스테이크다.

□ 적당한 가격의 소비뇽 블랑이 많지만 10달러 아래의 와인은 실망감만 안겨줄 수 있으므로 피하길 권한다.

□ 소비뇽 블랑은 섭씨 7도를 최저 온도로, 최대한 차갑게 마시는 것을 추천한다.(193쪽 참고)

화이트 ○ 소비뇽 블랑

오해 금지! 풍미가 다양할수록 좋은 와인이라고 생각하는 경우가 있다. 하지만 좋은 풍미도 지나치게 많다면 그 가치는 퇴색한다.

Chardonnay

샤르도네

샤르도네는 다양한 특성과 이름이 있는 품종이다. 신선하고 또렷한 특징을 보이기도 하고, 풍성하고 파워풀한 개성을 지니기도 한다.

기본 정보

👅 **풍미**
황금사과,
풋사과,
파인애플,
레몬

▶ **특징**
과일향이 풍부한,
신선한,
버터 같은,
바디감이 묵직한

📍 **주요 산지**
부르고뉴,
캘리포니아,
호주

💬 **다른 이름**
샤블리,
몽라쉐,
화이트 부르고뉴

■ **떼루아**
terroir, 와인의 풍미에 영향을 미치는 포도원의 토양, 기후,
지형 등 자연조건을 총칭하는 프랑스어.

샤르도네 와인은 스타일과 풍미가 매우 다양해 그 특징을 간추려 요약하기가 쉽지 않다. 온도에 민감하지 않은 품종이기에 집 뒷마당에서도 기를 수 있을 정도로 재배가 쉽다. 떼루아에 따라 풍미가 변하지만, 무엇보다도 양조업자의 장인정신이 여실히 드러나는 품종이다. 샤르도네의 각양각색의 모습은 다양한 풍미에서 잘 나타난다.

프랑스의 샤블리 와인은 가볍고 미네랄향이 강하며, 르메닐 마을의 블랑 드 블랑 샴페인은 견고하다. 반면, 부르고뉴 지방의 몽라쉐 와인은 풍성한 풍미를 지니고, 캘리포니아의 샤르도네는 크리미하고 버터 같은 풍미를 지닌다. 이 와인들을 직접 비교하며 마셔보기를 추천한다. 각기 뚜렷한 특징에 놀라게 될 것이다.

캘리포니아산 샤르도네는 흔히 오크통에서 오랫동안 숙성하거나, 저렴한 오크나무토막을 담가 와인에 달콤한 오크향을 입히고 풍미를 끌어올린다. 와인에 남아 있는 소량의 당은 와인을 더욱 풍성하게 만든다. 캘리포니아 샤르도네는 오크향이 강하다는 상투적인 말을 듣는다. 당연히 일리가 있지만 최근 들어 세대교체가 일어나고 있다. 젊은 양조업자들이 2004년부터 2014년까지 프랑스에서 인턴십을 하고 돌아와, 와인에 오크향을 은은하게 입히는 방식을 도입하고 있기 때문이다. 현재 캘리포니아에서 가장 활발하게 샤르도네를 양조하는 지역은 산타리타 힐즈와 산타바바라다. 이

지역의 와인은 부르고뉴 와인의 신선함을 연상시키고, 캘리포니아 특유의 매혹적이고 풍성한 과일향을 뿜는다. 반면, 오리건 지역의 샤르도네는 캘리포니아 지역과는 달리 감귤향이 강하고 직선적인 특징을 지닌다.

고객들이 샤블리와 화이트 부르고뉴는 좋지만, 샤르도네는 좋아하지 않는다고 말할 때마다 나는 애써 입을 꾹 다문다. 샤블리와 화이트 부르고뉴도 샤르도네 와인이라는 말이 목 끝까지 차오른다. 그들은 포도의 품종이 아닌 와인 생산지를 따서 이름을 붙였을 뿐이다. 샴페인도 크게 다르지 않다. 39쪽에서 다룬 바와 같이 샤르도네는 샴페인의 베이스 와인으로 쓰인다.

다른 지역의 샤르도네를 살펴보자. 호주산 샤르도네 역시 잔당의 함유량이 높아 캘리포니아 샤르도네와 비슷한 풍미를 지닌다. 뉴질랜드 샤르도네는 마치 젤리처럼 다채로운 아로마를 지닌다. 상대적으로 저온에서 발효되기 때문이다. 인근의 호주 와인과는 달리 잔당 함유량이 낮고 오크향보다는 과일향이 지배적이다. 남아프리카 공화국과 아르헨티나 또한 샤르도네의 생산량을 늘리고 있으며, 품질도 향상되고 있다.

추천 목록

프랑스 샤블리 → 도멘 루이 미셸 & 피스	미국 오리건 윌라메트 밸리 → 링구아 프랑카
프랑스 부르고뉴 → 도멘 홀로	오스트리아 부르겐란트 → 벨리히
프랑스 쥐라 → 베네딕트 & 스테판 티쏘	호주 질롱 → 쓰리 오크
미국 캘리포니아 바바라 카운티 → 산디	

핵심 정리

☐ **알짜 요약:** 샤블리는 신선하고 미네랄향이 강하며, 화이트 부르고뉴는 진하고 묵직한 풍미가 있다. 캘리포니아와 호주산 샤르도네는 크리미하고 버터 같으며, 때때로 오크향이 느껴지는 등 가장 개성이 뚜렷하다. 만약 캘리포니아 샤르도네가 너무 진하고 샤블리는 너무 시게 느껴진다면, 남아프리카 공화국, 오리건의 샤르도네 또는 캘리포니아의 새로운 와인 명지인 산타바바라의 샤르도네를 추천한다.

☐ 오크 숙성을 통해 부드러운 질감을 지닌 샤르도네는 다른 화이트 와인 대비 비교적 묵직한 바디감은 물론이고, 상대적으로 높은 산도와 특유의 풋사과 같은 풍미를 지닌다.

☐ 샤르도네는 양조 과정에서 오크가 가장 많이 쓰이는 품종이다. 따라서 비싼 오크의 값을 반영하듯 와인의 가격도 상대적으로 비싼 편이다.

화이트 ○ 샤르도네

■ **오크통**
불에 그슬린 오크나무로 만든 배럴로 와인을 숙성할 때 사용한다. 포도의 견고한 타닌이 나무의 부드러운 타닌과 만나 풍성한 바닐라 풍미와 크리미한 질감을 만든다.

■ **직선적인**
생생하고 간결하면서 명확한 맛을 지닌 와인. 마치 모든 풍미가 일직선상에 있는 것처럼 일관된 느낌을 말한다.

샤르도네는 싫지만, 화이트 부르고뉴는 좋다고요?

프랑스와 이탈리아에서는 포도의 품종이 아닌 와인의 산지를
라벨에 표기하기 때문에 실제로 와인을 어떤 포도로 만들었는지
알기가 쉽지 않다. 아래 표를 보고 헷갈리는 명칭을 숙지해
누군가 좋아하는 와인을 물었을 때 실수하지 않도록 하자.

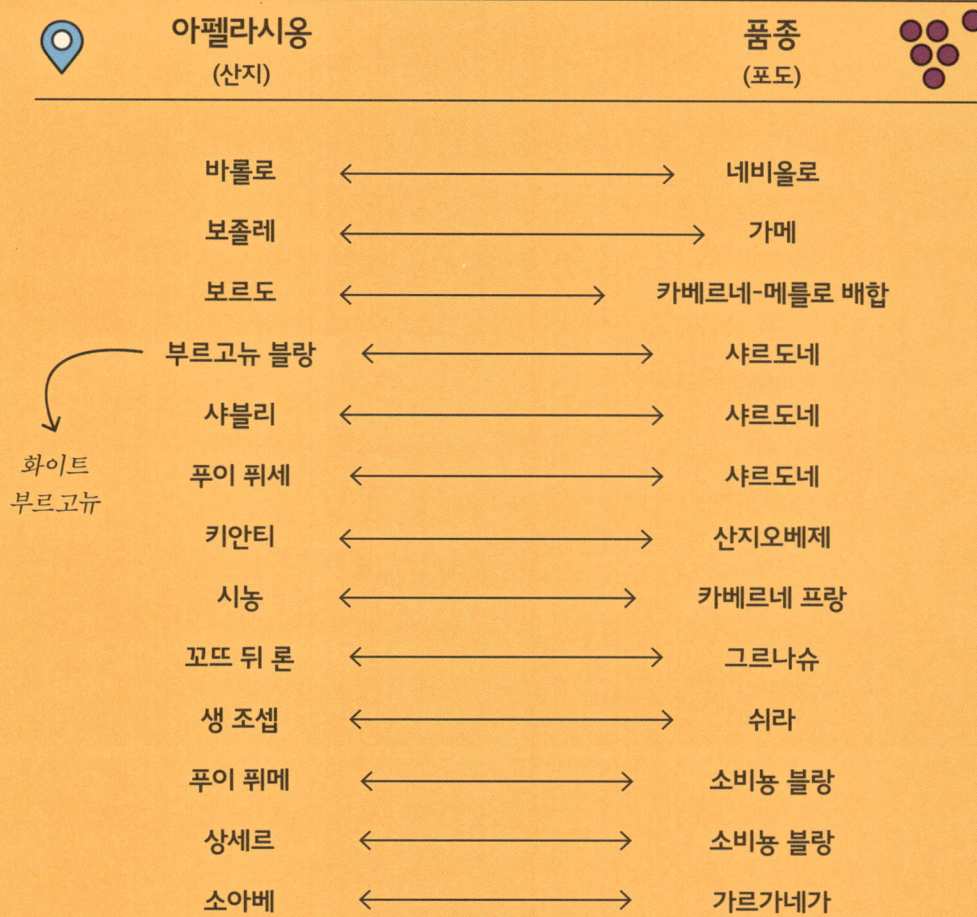

아펠라시옹 (산지)	품종 (포도)
바롤로	네비올로
보졸레	가메
보르도	카베르네-메를로 배합
부르고뉴 블랑	샤르도네
샤블리	샤르도네
푸이 퓌세	샤르도네
키안티	산지오베제
시농	카베르네 프랑
꼬뜨 뒤 론	그르나슈
생 조셉	쉬라
푸이 퓌메	소비뇽 블랑
상세르	소비뇽 블랑
소아베	가르가네가

화이트 부르고뉴

Chenin Blanc

슈냉 블랑

기본 정보

👅 **풍미**
레몬,
레몬 커드,
서양배,
꿀,
모과,
감귤류 꽃,
젖은 볏짚,
젖은 양털

▶ **특징**
감귤류의,
신선한,
산도가 강한

📍 **주요 산지**
루아르 밸리,
남아프리카 공화국

💬 **다른 이름**
슈냉

➡️ 슈냉 블랑은 상대적으로 저평가된 품종이다. 하지만 다채로운 매력과 복합성을 지닌다. 도대체 왜 인기 더 얻지 못하는지 의문이다. 그래서 좋은 점이 있다면, 가성비가 좋다는 것이다.

슈냉 블랑은 와인계의 언더다. 가격 대비 훌륭한 품질로 점점 팬이 늘고 있다. 특히 프랑스 루아르산이 인기가 많다. 드라이한 슈냉 블랑은 행복한 기분을 자아내며 복합적인 특징을 지닌다. 오크통에서 숙성한 슈냉 블랑을 고가의 부르고뉴 와인으로 착각하는 사람이 있을 정도도. 샤또 드 브레제를 마셔보면 그 풍미에 깜짝 놀랄 것이다. 슈냉 블랑은 특유의 높은 산도 때문에 스파클링 와인 제조에 사용되기도 한다. 합리적인 가격대의 스파클링 와인인 부브레, 소뮈르, 몽루이는 항상 값비싼 샴페인을 고집할 필요가 없음을 보여준다.

남아프리카 공화국은 세계 최대의 슈냉 블랑 산지로 꾸

준하게 높은 산출량을 기록한다. 프랑스의 루아르 밸리와는 대조적인 모습이다. 캘리포니아의 센트럴 밸리 역시 높은 산출량을 바탕으로 콜롬바르 품종과 배합한 와인을 대량 생산한다.

드라이한 슈냉 블랑은 소믈리에 사이에서 특히 인기가 좋다. 가격 대비 품질도 뛰어나다. 따라서 레스토랑에서도 양질의 와인을 쉽게 찾을 수 있다. 슈냉 블랑이 다른 품종 대비 특별한 점은 상대적으로 산도가 높아, 스파클링에서 드라이, 오프 드라이, 스위트까지 광범위하게 활용할 수 있다는 것이다.

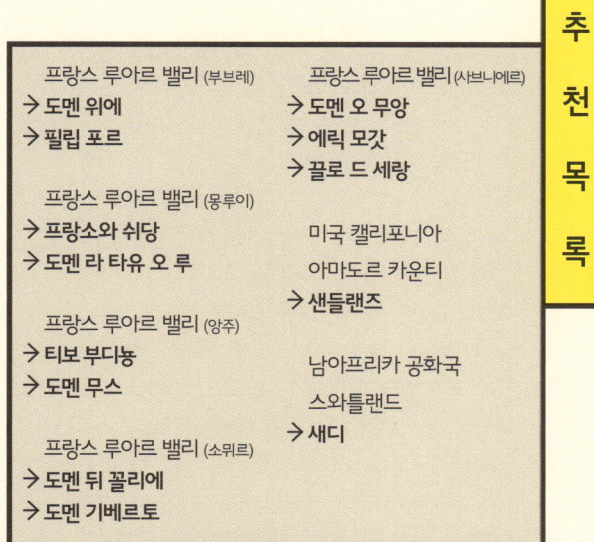

추천 목록

프랑스 루아르 밸리 (부브레)
→ 도멘 위에
→ 필립 포르

프랑스 루아르 밸리 (몽루이)
→ 프랑소와 쉬당
→ 도멘 라 타유 오 루

프랑스 루아르 밸리 (앙주)
→ 티보 부디뇽
→ 도멘 무스

프랑스 루아르 밸리 (소뮈르)
→ 도멘 뒤 꼴리에
→ 도멘 기베르토

프랑스 루아르 밸리 (사브니에르)
→ 도멘 오 무앙
→ 에릭 모갓
→ 끌로 드 세랑

미국 캘리포니아
아마도르 카운티
→ 샌들랜즈

남아프리카 공화국
스와틀랜드
→ 새디

핵심 정리

□ 샤르도네를 졸업한 사람이라면 슈냉 블랑의 개성은 물론 깊이감과 산도를 즐길 수 있을 것이다. 슈냉 블랑을 대규모로 생산하는 업자가 드물기 때문에 소규모 포도원에서 생산된 개성 넘치는 와인을 즐길 수 있다.

□ 안전한 선택을 하고 싶다면 루아르 밸리 와인에서 시작하자. 이 지역의 와인은 특유의 높은 산도와 뚜렷한 풍미가 특징으로, 과일의 풍미가 조밀하게 나타난다. 와인에 조금 익숙해졌다면 남아프리카 공화국의 슈냉 블랑에 도전해보자. 단, 좋은 와인을 만날 수 있을지는 운에 맡기도록 하자.

화이트 ○ 슈냉 블랑

오크통에서 숙성한 샤또 드 브레제는
마치 화이트 부르고뉴 같은 착각이 든다.

Riesling

리슬링

기본 정보

😛 **풍미**
복숭아,
살구,
파인애플,
패션 프루트,
장미

▶ **특징**
아로마가 풍부한,
꽃향기가 나는,
감귤류의

📍 **주요 산지**
모젤 자르 루버,
라인가우(독일),
알자스(프랑스),
클레어 밸리(호주),
바하우 밸리(오스트리아),
워싱턴(미국)

💬 **다른 이름**
라인 리슬링

➡ 리슬링은 놀랄 만큼 섬세하고 복잡하다. ==층층이 다양한 풍미를 지니면서 두루두루 모든 음식과 잘 어울린다.== 게다가 합리적인 가격까지 금상첨화다.

포도의 여왕이라고 할 수 있는 리슬링! 영어로는 '리-이'슬링이라고 길게 발음하며, 와인 전문가들과 일반 대중들 사이에서 상반된 평가를 받는다. 많은 소믈리에와 전문가들은 가격 대비 우수한 품질, 각종 음식과 잘 어울리는 무궁무진한 쓰임새 때문에 리슬링을 높게 평가한다. 리슬링 특유의 신선함과 산도는 하루 동안 다양한 와인을 시음한 후, 개인적으로 따로 찾고 싶을 만큼 상쾌하다.

하지만 일반적인 소비자들은 리슬링이 너무 달콤하다고 꺼리는 경향이 있다. 이러한 차이는 포도의 재배조건에 있다. 리슬링은 서늘한 기후에서 잘 자라기 때문에 태생적으로 산도가 높다. 공격적인 산도를 누그러뜨리기 위해서는 인위적으로 당분을 더하거나, 자체적으로 머금고 있는 소량의 잔당을 끌어올릴 수 있도록 충분히 숙성시켜야 한다. 인위적으로 당분을 더한 와인에서는 과한 단맛이 느껴지지만, 숙성을 오래한 리슬링은 매혹적인 아로마를 뿜는다. 오랫동안 숙성한 리슬링이 있다면 선입견 없이 마셔보도록 하자. 잊지 못할 즐거움을 경험할 것이다.

리슬링은 스펙트럼이 넓은 와인이다. 따뜻해지는 기후를 반영하듯 시장에서는 본 드라이 와인을 찾는 사람이 증가하고 있으며, 과일향이 풍부한 오프 드라이에서 스위트까지 다양한 당도로 생산된다. 리슬링은 재배한 토양의 특징이 뚜렷하게 발현되는 품종이기도 하다. 사암 토양에서 재배되었는지, 화산 활동의 퇴적물이 쌓인 청색, 회색, 적색 점판암 토양에서 재배되었는지, 다양한 토질을 여실히 반영한다.

나는 개인적으로 독일의 모젤 자르 루버를 즐겨 찾는다. 이 와인은 서늘한 북부 지방의 떼루아를 온전히 담고 있다. 말도 안 되는 것 같지만, 와인을 즐기지 않는 사람도 이 와인이 점판암 토양에서 재배되었는지, 사암 토양에서 재배되었는지 분간할 수 있을 것이다. 최근 독일 와이너리들은 드라이한 리슬링을 더 많이 생산하는 추세다. 와인 라벨에 드라이함을 의미하는 '트록켄'이라는 단어가 있는지 확인하고 알코올 도수 12% 이상인 와인을 고르면 된다.

내 여자친구 역시 리슬링은 너무 달콤하다고 생각한다. 그래서 나는 최근 여자친구에게 미각 실험을 하고 있다. 페터 라우어, 된호프, 라이츠, 프란쩬 등 드라이한 리슬링 와인을 계속해서 주고 있다. 다양한 와인을 마신 후 "이거 정말 맛있는데? 이거 무슨 와인이야?"라고 물으면, 나는 "당신이 가장 싫어하는 품종인데?"라고 대답한다.

비록 독일에서 생산하는 리슬링이 훨씬 많지만, 오스트리아 또한 리슬링하면 빼놓을 수 없는 주요 산지다. 오스트리아는 지정학적으로 포도가 지나치게 익기 직전까지만 온도가 오르는, 남쪽 한계선에 위치한다. 바하우 밸리 인근의 에머리히 크놀, 프라거, 알징거, 프란츠 히르츠베르거 등이 전형적인 오스트리아 리슬링을 생산하는 대표적인 와이너리다. 그보다 조금 더 북동쪽에 위치한 캠탈 지역의 슐로스 고벨스버그 역시 훌륭한 와인을 생산하며 개인적으로도 손에 꼽는 와이너리다.

프랑스 동부의 알자스 지역의 토양은 매우 다양하기 때문에 각 포도원마다 개성 있는 와인을 생산한다. 이 지역의 주요 이슈는 와인에 잔당이 있느냐의 문제인데, 2008년 이래 법적으로 드라이 와인만을 생산하도록 개정되었다. 단, 리우디(lieu-dit)라고 라벨에 표기된 리슬링만 예외로 간주한다. 미국 또한 워싱턴과 뉴욕 핑거 레이크 지역을 중심으로 상당한 양의 리슬링을 생산한다. 호주산 리슬링 와인은 시음할 때마다 휘발유와 유사한 향이 느껴진다.

추천 목록

독일 자를란트
→ **페터 라우어**

프랑스 알자스
→ **트림바크**

오스트리아 캄프탈
→ **히르쉬**

오스트리아 마하우
→ **에프. 엑스 피클러**

미국 캘리포니아 산타바바라 카운티
→ **타토머**

미국 뉴욕 핑거 레이크
→ **헤르만 제이 위머르**

호주 에덴 밸리
→ **그로셋**

핵심 정리

□ 리슬링은 가장 섬세하고 우아하면서도 까다로운 화이트 와인이다. 높은 산도와 층층이 쌓인 과일 풍미, 떼루아를 머금은 풍미를 고려한다면, 한숨에 벌컥벌컥 마셔서는 안 된다. 와인을 천천히 음미하고 생각하면서 마시는 태도가 필요하다. 근사한 음식과 곁들일 격에 맞는 와인이 필요하다면 리슬링은 탁월한 선택이다. 반면, 회사에서 있었던 일들에 대해 수다를 떨면서 간단하게 마실 와인이 필요하다면 피노 그리지오를 선택하자.

□ 숙성한 리슬링은 가격 대비 품질이 월등하게 뛰어나다. 독일의 카비네트나 그로스 게벡스 등급 와인은 그랑 크뤼 샤르도네와 동급이지만 70달러 정도면 살 수 있다. 70달러로는 절대 그랑 크뤼 등급 와인을 살 수 없다는 사실을 감안하면 상당히 놀라운 일이다.

□ **오해: 리슬링은 모두 달콤하다.** 아니다! 보편적인 지표인 알코올 도수를 확인하자. 알코올 도수가 12% 이상일수록 리슬링은 드라이해진다(12% 미만이라면 달콤한 것이 맞다).

화이트 ○ 리슬링

레드 와인

Sauvignon

Cabernet

카베르네 소비뇽

→ 진하고 ==파워풀한 품종인 카베르네 소비뇽은 각양각색의 매력과 풍미로== 수많은 사람을 즐겁게 한다.

기본 정보

 풍미
블랙커런트,
가죽,
담배,
삼나무

▶ **특징**
강렬한,
바디감이 묵직한,
검붉은 베리류의,
풍미가 나는,
타닌이 강한

 주요 산지
보르도(좌안),
나파 밸리,
워싱턴,
산타크루즈 산맥,
칠레,
쿠나와라

카베르네 또는 캡이라고도 불리는 카베르네 소비뇽은 명실상부 와인 세계에서 가장 잘 알려진 품종 중 하나다. 두꺼운 껍질과 작은 포도알이 특징이다. 특유의 블랙커런트와 중후한 시가 풍미를 연상시키는 진한 스타일의 와인이 된다. 전 세계적으로 유명하고 파워풀한 수많은 와인들이 카베르네로 만들어진다. 대표적으로 카베르네 소비뇽이 탄생한 보르도 지역의 샤또 라투르, 샤또 라피트 로칠드, 샤또 오브리옹이 있다. 이탈리아의 고급 와인인 사시까이아와 캘리포니아의 컬트 와인인 할란 에스테이트, 스크리밍 이글, 콜긴도 카베르네로 만들어진다.

카베르네 소비뇽은 따뜻한 지역에서 장기간 익었을 때가 최상이다. 이러한 환경에서 자란 카베르네는 순수하면서 무르익은 진한 카시스향을 고급스럽게 뿜어내고, 간결한 느낌을 준다. 반면 그렇지 못한 카베르네에서는 허브향과 청피망 아로마가 느껴진다. 껍질이 두꺼운 카베르네는 과즙 대비 껍질과 씨앗의 비중이 높아 타닌이 강하다. 따라서 부드러운 질감을 얻기 위해 오랜 시간 동안 숙성을 해야 한다.

미국에서는 워싱턴뿐만 아니라 캘리포니아 나파, 소노마, 산타크루즈 산맥에서 주로 카베르네를 재배한다. 각 지역의 와인은 산지의 떼루아에 따라 각기 다른 풍미를 지닌다. 나파와 소노마의 따뜻한 기후에서 재배된 카베르네는 더 풍성하고 응축된 특징을 보인다. 나파의 넓게 펼쳐진 지형과 매일같이 열기를 식히는 안개는 지형학적으로 부르고뉴 지방과 유사하다. 반면, 고도가 높아 상대적으로 서늘한 산타크루즈 산맥에서는 과일 풍미와 타닌의 밸런스가 잘 갖추어진 와인이 탄생한다. 워싱턴의 사막과 같은 기후에서 재배된 카베르네는 과일의 풍미가 더욱 강하고 알코올 농도가 높은 와인이 만들어진다.

남아메리카에서도 많은 양의 카베르네가 생산된다. 프랑스의 양조업자들이 남아메리카 지역의 포도원들과 파트너십을 체결했기 때문이다. 아르헨티나산 카베르네는 정향과 같은 풍미를, 칠레산 카베르네는 독특한 유칼립투스향을 자아낸다.

호주의 작은 지역인 쿠나와라에서는 호주를 대표하는 카베르네를 생산한다. 이 지역의 카베르네는 부드러운 타닌감과 고급스러운 과일향이 일품이다.

재미삼아 친구들과 보르도 좌안(89쪽 참고), 나파, 호주에서 만든 카베르네 소비뇽을 마셔보고 차이점을 비교해보자.

핵심 정리

☐ 카베르네 소비뇽은 모든 사람들이 좋아하는 레드 와인이다. 웬만해선 실망시키지 않는다.

☐ 카베르네 소비뇽은 인기가 좋아 대량 생산한 와인이 많다. 따라서 10달러 정도만 투자해도 나쁘지 않은 와인을 맛볼 수 있다.

☐ 레드 와인에 제대로 돈을 써보고 싶다면 보르도 와인이 가장 안전하다.

☐ **오해: 와인이 무거울수록 좋은 와인이다?** 순전히 카베르네 소비뇽 업계에서 만들어낸 마케팅일 뿐이다.

☐ 바디감이 묵직한 카베르네 소비뇽은 와인 잔이나 디캔터에서 에어레이션(212쪽 참고)을 거치면 더욱 향이 풍성해진다.

추 천 목 록

미국 캘리포니아
산타크루즈 산맥
→ **도멘 에덴**

프랑스 보르도
→ **에코 드 랭쉬 바쥬**

미국 워싱턴
→ **그래머시 셀러즈**

호주 마가렛 강
→ **바스 펠릭스 에스테이트**

아르헨티나 멘도사
→ **보데가 까떼나 자파타**

레드 ● 카베르네 소비뇽

65

Merlot 메를로

기본 정보

 풍미
다크 체리,
자두,
블루베리,
다크 초콜릿,
담배,
삼나무,
가죽

▶ **특징**
뚜렷한,
진한,
원만한,
자두 같은

📍 **주요 산지**
보르도,
나파,
칠레

➤ 진정 메를로의
인기가 시들해졌다면,
==왜 세계에서==
==가장 비싼 와인들이==
==매력적이고, 짜임새 있는==
이 품종을 베이스로
만들어지는가?
답은 간단하다.
그만큼 맛있기 때문이다.

"메를로를 주문하기만 해봐. 그러면 나 집에 갈 거야." 영화 〈사이드웨이〉의 대사 한마디로 메를로의 판매량은 폭락했다. 하지만 아직까지도 세계에서 가장 인기 있는 와인들은 보르도 지역(샤또 페트뤼스로 추정됨)에서 처음 탄생한 메를로를 베이스 와인으로 만들어진다. 페트뤼스 와인의 산지인 포므롤이라는 작은 마을에서는 최상급의 메를로 와인을 만들며, 이 지역 인근에는 훌륭한 소규모 와이너리가 즐비하다. 대표적으로 프롱삭 지역의 폴 바흐, 끌로 뤼 아르노, 가스띠용 꼬뜨 드 보르도 등이 있다. 조생종인 메를로는 높은 알코올 도수는 물론, 풍부한 과일 풍미와 부드러운 타닌감이 있다. 그 결과, 부드럽고 진한 감칠맛을 느낄 수 있고, 매끄러운 뒷맛이 오래도록 여운을 남긴다.

메를로를 혼합한 와인은 부드러운 풍미를 지닌다.

재배가 쉬운 조생종이기 때문에 세계 전역에서 재배된다. 이탈리아 토스카나에서 재배된 메를로는 블렌딩을 거쳐 슈퍼 투스칸으로 태어나거나, 키안티가 되어 와인에 구조감과 풍부함을 더한다.

비록 캘리포니아 지역에서는 인기가 식고 있으나, 워싱턴에서는 아직도 널리 재배되고 있다. 또한 뉴욕 롱아일랜드 지역에서도 괜찮은 메를로를 찾을 수 있다. 한편, 칠레에서는 현지의 까르메네르 품종과 배합해 와인을 만드는 방식이 인기를 끌고 있다.

핵심 정리

□ 타닌감을 좋아하지 않는다면 카베르네 소비뇽보다 메를로를 선택하라.

□ **오해: 모든 보르도 와인은 비싸다?** 보르도 우안에는 합리적인 가격의 와인을 생산하는 와이너리가 많다.

□ 영화 <사이드웨이>의 대사는 재밌었지만, 너무 마음에 품지는 말자. 메를로의 진가를 놓친 채 살게 될지도 모른다.

레드 ● 메를로

추천 목록

프랑스 포므롤
→ **샤또 부르네프**

프랑스 보르도
→ **도멘 드 갈루셰**

이탈리아 프리울리
→ **미아니**

미국 캘리포니아 나파 밸리
→ **콜레트**

아르헨티나 파타고니아
→ **보데가 차크라**

칠레 바예 데 콜차쿠아
→ **몬테스**

Pinot Noir

피노 누아

기본 정보

풍미
체리,
딸기,
크랜베리,
제비꽃,
버섯,
향신료

특징
과일 맛이 풍부한,
흙냄새가 나는,
복합적인

주요 산지
부르고뉴,
소노마,
산타리타 힐즈,
뉴질랜드,
남아프리카 공화국

다른 이름
피노 네로,
슈패트부르군더

➡ 피노 누아는
**매혹적이고
세련되었으며 복합적이다.**
재배가 가장
까다로운 만큼
깊은 보람을 주는
레드 와인 품종이다.

영화 〈사이드웨이〉가 나올 때까지만 해도 미국인들은 카베르네 소비뇽, 메를로와 같이 풍미가 진하고 빛깔이 어두우며, 오크향을 뿜는 응축된 와인을 선호했다. 하지만 요즘은 껍질이 얇은 적포도 품종인 피노 누아가 인기를 얻고 있다. 훌륭한 피노 누아가 탄생하기 위해서는 서늘한 기후와 숙련된 양조 기술이 필요하며, 우아하고 은은한 풍미를 알아보는 와인 애호가가 있을 때 비로소 진가가 드러난다.

피노 누아는 포도계의 디바라고 할 수 있으나 파워풀한 품종은 아니다. 강렬한 특성보다는 빨간 베리류의 달콤함과 미묘함, 특유의 신선함과 우아한 풍미로 잘 알려진 품종이다. 완벽하게 익어 풍미가 최고조에 달한 부르고뉴 피노 누아를 한 번이라도 맛본다면, 매혹적인 섬세함과 여운이 오래가는 뒷맛에 매료되어 평생 빠지게 될 것이다. (피노 누아의 매력에 심취한 나머지, 전문 와인 수집가도 완벽히 숙지하는 데 수년이 걸리는 복잡한 지역 할당제까지 공부하고, 이해하는 경지에 이를지는 당신의 선택이다.)

피노 누아 품종은 부르고뉴 지방에서 유래했지만 샹파뉴, 루아르 밸리, 알자스, 쥐라 등에서도 재배된다. 독일에서는 슈패트부르군더 등 독특한 복제 품종을 개발해 경쟁력 있는 가격에 재배하고 있다. 미국의 캘리포니아와 오리건, 칠레, 아르헨티나도 같은 시장에 뛰어든 상황이다. 뉴질랜드, 호주, 남아프리카 공화국도 피노 누아를 생산하지만 더운 지역에서 재배한 피노 누아는 잼같이 진득진득해 개인적으로 덜 매력적이다.

최상의 피노 누아에는 우아함과 섬세함, 생동감이 깃들어 있다. 완벽하게 숙성된 피노 누아를 맛보는 순간, 그 감동을 평생 동안 좇게 될 것이다.

핵심 정리

□ 피노 누아는 카베르네 소비뇽처럼 블록버스터 영화 같은 느낌이 아니다. 훨씬 은은하고 미묘하기 때문에 솔직히 말해 카베르네 소비뇽보다 훨씬 이해하기 어려운 와인이다.

□ 피노 누아는 와인계의 디바와 같기에 그만한 값을 지불해야 한다. 20달러보다 싼 피노 누아는 사지 말도록 하자.

□ 오해: 피노 누아는 모두 훌륭하다? 그렇다면 얼마나 좋을까!

□ 피노 누아는 색이 옅고 반투명하다. 매우 진한 빛깔을 띠는 것들은 다른 품종과 배합된 것이다.

추천 목록

프랑스 부르고뉴
→ **도멘 마르키 당제르빌**
→ **도멘 실뱅 파타이유**

독일 프랑켄
→ **베네딕트 발테스**

남아프리카 공화국 스텔렌보스
→ **러스트 엔 브레데 빈야드**

아르헨티나 파타고니아
→ **바르다**

미국 캘리포니아 러시안 리버 밸리
→ **조셉 스완**

미국 오리건 윌라메트 밸리
→ **벅스트롬**

이탈리아 알토 아디제
→ **제이.호프스테터**

레드 ● 피노 누아

■ **잼같이**
jammy, 과일의 농축된 느낌과 입안에서 맴도는 진한 질감을 표현하는 용어.

Syrah 쉬라

➡ 빛깔이 진하고 파워풀한 적포도 품종이다. 풍미가 진하고 산도와 타닌이 부드러우며, 매혹적인 달콤함과 후추향이 끝에 입안에 감돈다. ==와인을 심도 있게 배우고 싶다면 쉬라부터 시작해보도록 하자.==

기본 정보

👅 **풍미**
흑후추,
올리브,
블루베리와 블랙베리 같은 진한 빛깔의 과일

▶ **특징**
과즙이 많은,
싱싱한,
향신료 풍미가 나는

📍 **주요 산지**
호주,
북부 론

💬 **다른 이름**
쉬라즈

호주의 쉬라즈(또는 쉬라)는 와인 입문자에게 관문과 같은 레드 와인이다. 최고급 적포도 품종 중 하나로 최근 소믈리에 사이에서도 인기를 끌고 있다.

흥미롭게도 쉬라는 빚은 후 초반 2~3년간 블랙 올리브와 흑후추의 풍미를 뿜으며 훌륭한 품질을 자랑한다. 심지어 피의 철분 성질까지 있다. 높은 산도로 인해 실제보다 라이트한 느낌을 준다. 하지만 이 기간이 지나면 약 7~10년간 풍미가 떨어진다. 마침내 맛이 절정에 이를 때는 송로버섯과 포르치니 버섯, 마른 낙엽과 매혹적인 레드커런트(유럽 서북부 원산의 붉은 까치밥나무 열매 - 옮긴이)의 풍미를 뿜어낸다. 이

스테이크와
아주 잘 어울리는 와인이다.

처럼 쉬라는 파티에서 벌컥벌컥 마실 와인이 아닌, 세심하게 관심을 쏟으며 마셔야 할 와인이다.

쉬라즈라는 품종은 사실상 호주산 와인의 대명사처럼 되었다. 실제로 호주에는 합리적인 가격대의 와인에서 가장 유명한 최고급 와인인 펜폴즈의 그랜지까지 다양한 쉬라즈가 있다(그랜지는 꾸준하게 와인 평론가에게 높은 평가를 받고 있다). 쉬라는 한때 잼처럼 진득진득해 거의 숟가락으로 퍼먹을 정도였다. 그런데 젊은 양조업자들의 영향으로 상대적으로 가볍고, 알코올 도수가 낮으며, 겹겹이 풍미가 느껴지는 프랑스 스타일로 바뀌고 있다. 소노마 지역에서도 점차 인기를 늘려가고 있다. 이 지역의 일부 포도원 역시 프랑스의 포도원과 유사하게 쉬라를 만드는 추세다.

반면, 프랑스는 수 세기 동안 쉬라를 만들면서 그들만의 양조 방식을 완벽하게 형성했다. 처음에는 가벼운 크로즈 에르미타주나 생 조셉부터 시작해 섬세한 꼬뜨 로띠, 기품 있는 에르미타주, 강렬한 코르나스까지 마셔보도록 하자(처음의 두 와인이 소규모 산지에서 생산한 쉬라 중 아직까지 가장 저렴할 것이다).

호주의 쉬라즈가 입문자에게도 추천할 만한 와인이라면, 프랑스 북부 론 지방의 쉬라는 약간 와인을 다양하게 마셔본 후 마시는 것이 좋다. 론 지방의 쉬라는 떼루아와 양조 기술에 따라 특성이 달라질 뿐만 아니라, 농축된 과일향, 유연한 타닌감, 와인 초기의 높은 산도가 주는 완벽한 밸런스를 와인 입문자가 느끼기에 다소 어렵기 때문이다. 하지만 쉬라를 이해했다면 그만큼 보람도 느낄 것이다.

추천 목록

미국 캘리포니아 산타바바라 카운티	미국 캘리포니아 소노마
→ 피에드라사씨	→ 팍스
프랑스 론	남아프리카 공화국 스와틀랜드
→ 도멘 자멧	→ 뮬리노
→ 알랭 그라이요	
→ 도멘 장 루이 샤브	호주 야라 밸리
	→ 잼스히드

핵심 정리

□ 최근 한 와인 판매원이 "카베르네 소비뇽은 고민할 여지도 없이 사가는 와인이고, 피노 누아는 제때 입고만 되면 돼요. 그런데 쉬라는 끈덕지게 설득을 해야 팔 수 있죠"라고 말했다. 하지만 나라면 어떤 경우에도 보통의 카베르네 소비뇽보다는, 보통의 쉬라를 살 것이다. 카베르네 소비뇽은 다소 상업적이고 일차원적인 반면, 쉬라는 말 그대로 양조업자가 더 열심히 일하게 몰아붙이는 와인이다. 품종 자체가 워낙 재배하기 까다롭기 때문이다.

□ 나는 쉬라를 와인계의 메릴 스트립이라고 표현하고 싶다. 훌륭한 쉬라는 굉장히 우아하고 매력적이며, 고유의 개성과 블랙 올리브 풍미를 듬뿍 담고 있다(블랙 올리브 풍미는 메릴 스트립에게는 적용되지 않는 말일 수 있겠다). 당신은 앞에 놓인 와인 한 잔에 매료되어 계속해서 그 이야기만 하게 될 것이다.

□ 호주산 쉬라의 르네상스가 펼쳐지고 있지만 안타깝게도 미국에는 이처럼 섬세한 쉬라 와인이 잘 수입되고 있지 않다. 섬세한 쉬라 와인을 찾는다면 프랑스와 소노마 지역을 주목하자.

레드 ● 쉬라

Nebbiolo

네비올로

기본 정보

👅 **풍미**
장미,
제비꽃,
크랜베리,
체리,
감초,
마른 낙엽,
타르,
가죽

▶ **특징**
꽃향기가 나는,
향긋한,
과일 맛이 풍부한,
흙냄새가 나는,
타닌이 강한

📍 **주요 산지**
피에몬테,
롬바르디아

💬 **다른 이름**
스판나,
키아벤나스카,
피코텐드로

➡ **와인 전문가들이 사랑하는 와인이며 그만큼 높은 가격을 자랑한다.** 잘 숙성된 바롤로와 바르바레스코를 맛보면 그들의 열정적인 사랑을 이해할 수 있을 것이다.

적포도 품종 중 가장 향긋한 네비올로는 우아함과 잘 짜여진 구조감을 지닌다. 높은 산도와 타닌 때문에 블라인드 시음을 하면 부르고뉴 지방의 오래된 피노 누아 와인과 쉽사리 구분하기 힘들다. 하지만 이처럼 높은 타닌의 영향으로 와인의 유년기에는 <u>수렴적인</u> 특징을 지니고, 청소년기라 할 수 있는 5년까지는 맛과 향이 잘 느껴지지 않는다. 네비올로는 이탈리아 북서부 피에몬테의 알바라는 마을에서 탄생했다. 이 마을은 흰 송로버섯으로도 유명한 지역이다. 고급스럽고 비싼 풍미는 같은 지역에서 자라나는 것 같다.

네비올로라는 이름은 안개를 뜻하는 이탈리아어 네비아에서 유래했다고 한다. 알프스 산맥을 마주보는 이 지역은 가을이면 안개가 많이 껴서 포도가 완전히 익기까지 오랜 시간이 걸린다. 바롤로와 바르바레스코가 가장 유명하며 이 지역에서 생산된 와인은 상당히 비싼 가격에 유통된

■ **수렴적인**
수렴성이 높은 와인은 입안을 마르게 하고 약간 떫은 느낌을 준다. 이는 타닌이 혀의 단백질을 응고시켜 입안을 수축시키기 때문이다.

다. 이들은 투자용으로도 손색없는 와인이다. 일단 사 놓으면 30, 40년 뒤에 자신에게 감사하게 될 것이다. 그 전까지는 적절한 가격대의 네비올로 달바를 추천한다. 네비올로 달바는 바롤로와 바르바레스코에서 의도적으로 등급을 낮춘 어린 포도나무로 만들어지는 경우가 많다. 또한 비에티에서 만든 페바코도 놓치지 말자. 25달러 정도의 매우 합리적인 가격에 구매할 수 있다.

네비올로 품종은 재배환경이 매우 까다롭기 때문에 이탈리아 외의 지역에서는 거의 찾아볼 수 없다. 이탈리아 최북단 지역에서는 종종 람피아와 같은 네비올로 복제 품종을 재배하기도 한다. 이들은 주로 겜메, 가티나라 등의 산지에서 생산되기 때문에 와인의 바디감이 상대적으로 가벼운 경향이 있다. 이탈리아 롬바르디아 주의 알프스 기후에서는 키아벤나스카라는 명칭으로 불리며 훌륭한 맛은 유지한 채 좀 더 거친 질감으로 양조한다.

추천목록

이탈리아 피에몬테	미국 캘리포니아
→ 비에티	산타마리아 밸리
→ 지오반 바티스타 브롤로또	→ 클렌드넌 패밀리 빈야드
→ 안티키 비네티 디 칸탈루포	이탈리아 롬바르디아
→ 발라나	→ 아르페페

핵심 정리

☐ **오해**: 네비올로는 항상 비싸다? 바롤로 지역을 벗어난 곳에서 생산한 네비올로 달바를 찾아보자. 가격이 좀 더 저렴한 와인을 찾을 수 있을 것이다. 아니면 더 북쪽 지역인 겜메 또는 가티나라에서 만든 와인도 괜찮다.

☐ 네비올로는 가을에 풍미가 진한 음식과 환상적으로 어울린다.

☐ 조금만 주의 깊게 찾아보면 잘 숙성된 네비올로를 크게 비싸지 않은 가격에 살 수 있다. 분명 괜찮은 가격의 네비올로도 있다!

☐ 오래도록 붙들고 싶은 와인이 필요하다면 네비올로는 탁월한 선택이다.

레드 ● 네비올로

■ **등급을 낮춘**
와인 양조업자가 포도나무를 새로 심는 경우 포도원의 등급이 내려가거나, 등급을 정하는 목록에서 제외되기도 한다.

놓치지 말아야 할 기타 포도 품종

아시르티코
감귤류의, 훈연향의, 풋사과향이 나는

아시르티코는 그리스 산토리니 섬에서 유래한 고급 청포도 품종으로, 그리스 전역으로 퍼져나가며 인기를 얻고 있다. 개인적으로는 샤블리를 그리스 스타일로 재해석했다고 평가한다. 샤블리의 매력에, 남쪽 지방인 그리스의 쨍쨍한 햇볕을 받은 과실의 싱싱함이 더해졌다. 또한 해산물과 훌륭한 궁합을 자랑한다. 와인의 높은 산도는 소믈리에를 비롯한 많은 와인 전문가들이 특히 좋아하며, 와인 메뉴판에서도 쉽게 찾아 볼 수 있다. 게다가 합리적인 가격은 이 와인의 또 다른 장점이다.

추천하는 와인은 가이아 에스테이트 탈라씨티스, 아기로스 에스테이트 아틀란티스 화이트, 하트지다키스 산토리니 아시르티코가 있다.

카베르네 프랑
검붉은 과일향이 나는, 향신료의, 구조가 잘 짜여진

은은한 향신료의 풍미와 검붉은 과일향이 주는 신선함을 좋아하는 사람에게 추천한다. 스페인에서 유래한 까베르네 프랑은 보르도 지역에서 주로 재배된다. 부담 없이 마시기 좋은 편은 아니기에 카베르네 소비뇽과 블렌딩해 사용하는 경우가 많고, 보르도 우안에서는 진한 메를로 와인과 블렌딩해 개성을 살린다. 서늘한 지역과 빈티지에 수확한 카베르네 프랑은 피망 또는 할라피뇨를 연상시키는 채소류의 풋풋한 향을 뿜어 간혹 싫어하는 사람들도 있다. 그러나 기후 변화로 이러한 문제는 사라지고 있다.

추천 와인으로는 루아르 밸리 지역의 시농, 부르괴이와 파워풀한 소뮈르 샹피니가 있다. 토스카나 해안에서는 진하고 과즙이 풍부한 카베르네 프랑을 생산하며, 프리울리 베네치아 줄리아 주에서는 비교적 가볍고 향신료향이 강한 와인을 만든다.

가메
과일 맛이 풍부한, 꽃향기가 나는, 즐거운

보졸레 와인을 만들 때 사용하는 품종이다. 풍부한 과즙과 꾸밈없는 간결함이 매력으로 한 번 마시면 멈출 수 없는 와인이다. 프랑스 내추럴 와인업계에서는, 계속해서 들이키게 되는 특징 때문에 한숨에 벌컥 벌컥 목구멍으로 들이키는 소리를 따서 '글루-글루'라고도 부른다. 합리적인 가격 또한 가메의 매력 포인트다. 30달러 정도면 품질이 훌륭한 와인을 구할 수 있다. 또한 인근 지역의 다른 와인과 달리, 만든 후 빠른 시일 내 마시는 것이 좋다.

보졸레 지역은 '보졸레 누보' 축제 사업으로 인해 심각한 차질을 입었다. 야단스러운 마케팅의 결과, 매 가을 보졸레 누보 시즌이 되면 갓 만든 와인이 프랑스 전역으로 뿌려진다. 하지만 소수 와인 양조업자들은 거대한 네고시앙 업체들에게 등을 돌리고 있다.

추천 와인으로는 유기농 포도로 만든 막셀 라피에르, 장 루이 뒤트레브, 줄리앙 수니에르 앤 앙투안 수니에르, 쟝 포이야드가 있다. 미국에서는 팍스 말레와 아르노-로버츠 등 캘리포니아 양조업자를 중심으로 주목할 만한 가메 와인이 탄생하고 있다.

그르나슈
향긋한, 붉은 과일향이 나는, 가죽향의

파워풀한 샤또네프 뒤 파프의 주품종으로 잘 알려진 그르나슈는 과일향이 강한 스페인 품종이다. 스페인에서는 가르나차로 불린다. 와인으로 제조했을 때 알코올 함량이 높고 체리 또는 딸기 풍미를 머금는다. 우아한 와인이지만 알코올 도수가 높아 항상 유의해야 한다.

알바리뇨
(107쪽 참고)

리스탄 블랑코 또는 팔로미노
감귤류의, 향긋한, 신선한

최근 인기를 끌고 있는 카나리아 제도산 와인 중에 리스탄 블랑코 또는 팔로미노 품종을 사용한 와인이 많다. 이 와인들은 새로운 스페인 와인 시장에 희망을 던지고 있다. 셰리 와인의 고향인 스페인의 헤레스 지역에서는 팔로미노 피노라 불린다. 비교적 중립적인 특징을 띠는 품종이지만 카나리아 제도에서 생산된 와인은 떼루아의 영향으로 특유의 개성이 있다.

추천 와인으로는 엔비나떼와 보데가 후안 프란시스코 파리나가 있다.

말벡
진한 빛깔의 과일향이 나는, 선명한, 향신료의

미국에서는 한때 캘리포니아 카베르네 소비뇽의 가격이 치솟으며 말벡이 최고의 인기 레드 와인으로 거듭난 적이 있다. 말벡은 프랑스의 남서부 지방인 카오르에서 유래했으나 최근에는 아르헨티나를 대표하는 품종으로 자리잡았다. 아르헨티나의 말벡은 과일향과 풍미가 압도적이고, 껍질이 새까만 것이 특징이다. 말벡은 일반적으로 맛이 직관적이고 과즙이 풍부하며 잔당이 높아 편하게 즐기기 좋다. 진하고 응축된 풍미를 품기도 하고 피노 누아처럼 향긋하기도 하다. 스테이크와 잘 어울리며 가격대도 합리적이다.

프랑스 와인 중에서는 카오르 지역의 샤또 라그레제트와 샤또 드 오 세라를 추천한다. 또한 아르헨티나 미첼리니 브로스의 루카, 멘델, 에스페란도 아 루스 바바루스도 내가 좋아하는 와인이다.

산지오베제
밝은, 흙향이 나는, 검붉은 과일향이 나는, 후추향이 나는

이탈리아 중부 지방, 그중에서도 토스카나를 여행하면서 와인을 마시게 된다면 그 와인은 산지오베제일 확률이 매우 높다. 아니면 최소한 산지오베제가 배합된 와인일 것이다. 산지오베제는 뚜렷한 산도와 사워 체리, 자두가 연상되는 우아한 과일향을 지녀 키안티의 훌륭한 베이스가 된다. 참고로 키안티는 이탈리아 토스카나 주의 북부 지역과 그 지역에서 생산된 와인을 모두 일컫는다. 내가 가장 좋아하는 산지오베제 와인 생산자는 몬테베르티네다. 특히, 산지오베제를 베이스로 사용한, 입문자에게 안성맞춤인 피안 델 치암폴로를 선호한다. 또한 펠시나, 카스텔로 디 아마도 훌륭한 키안티 와인을 생산한다.

산지오베제의 복제 품종인 산지오베제 그로소는 이제 브루넬로라고 불린다. 와인으로 만들었을 때 강렬한 향을 내뿜어 지금은 이탈리아에서 가장 인기 있는 와인으로 자리 잡았다. 이들의 형제 격이라고 할 수 있는 로쏘 디 몬탈치노도 맛보길 추천한다. 개인적으로는 프랑스령인 코르시카 섬에서 만든 산지오베제 와인을 좋아하며, 이 지역에서는 산지오베제를 니엘루초라고 부른다.

기타 포도 품종

■ 네고시앙
다양한 포도원에서 포도를 구입해 양조업자에게 파는 회사.

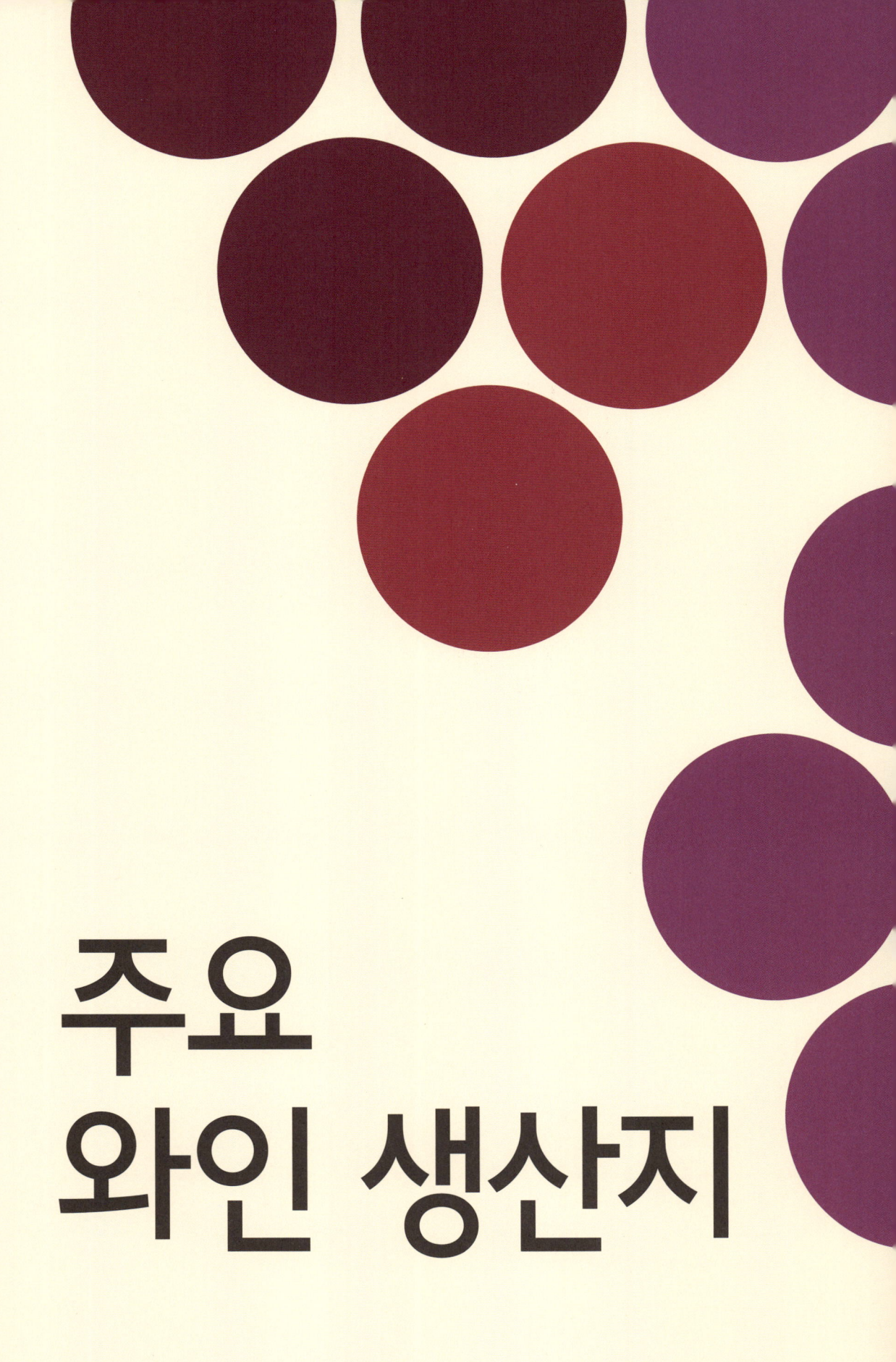

주요
와인 생산지

→ 와인은 생산지에 따라 각기 다른 맛과 풍미를 지닌다. 따라서 와인의 산지는 레스토랑이나 와인 숍에서 와인을 선택할 때 중요한 정보가 된다. 이 책을 꾸준히 따라온다면 228쪽의 '와인 시음회를 한 단계 업그레이드하는 방법'에서 경험하겠지만 프랑스에서 재배된 샤르도네와 미국 캘리포니아 또는 남아프리카 공화국에서 재배된 샤르도네는 맛이 다르다.

이는 포도원이 위치한 토양, 고도, 기후 등의 자연 환경과 와인을 양조하는 기술·전통과 깊은 관련이 있다. 비록 밀접한 포도원이라 할지라도 자연 환경과 양조 기술이 다 다르기 때문에 이들은 최대한 자신의 개성이 담긴 특색 있는 와인을 만들어 낸다. 예를 들어, 오스트리아의 그뤼너 벨트리너를 살펴보자. 이 품종은 첫 번째로 미네랄의 풍미가 느껴지는데, 이는 포도가 재배된 자갈과 황적토의 토양 때문이다. 또한 미래지향적인 지역의 특성상, 자연친화적이고 지속가능한 재배 방법이 관습으로 자리 잡아 오래도록 지속되고 있다. 하지만 그뤼너 벨트리너가 나파 밸리처럼 햇살이 내리쬐고 건조한 기후, 양질토인 토양에서 자란다면 와인의 맛은 달랐을 것이다.

와인을 생산하는 지역은 무수히 많다. 해마다 새로운 국가들이 와인 시장에 도전장을 내민다. 중국, 스웨덴, 영국 등 다양한 국가들은 증가하는 와인의 인기에 힘입어 새롭게 와인 시장에 뛰어들고 있다. 이 책에서는 주요 와인 생산 국가들과 그 나라의 주요 품종을 중심으로 다룰 것이다. 가장 매력적인 나라를 찾아보고, 다음번 와인을 주문할 때는 그 나라로 떠나보도록 하자.

와인 생산지의 특성을 결정하는 것들

▲

떼루아

→ 떼루아는 와인을 두렵게 만드는 단어 중 하나로 와인의 풍미를 표현할 때 자주 쓰인다. 앞서 정의한 바와 같이 떼루아는 프랑스어로서 와인의 맛에 영향을 미치는 포도원의 토양, 기후, 지형 등 자연환경을 의미한다. 포도는 모래, 점토, 석회석, 비옥한 양토(모래와 점토가 같은 양으로 혼합된 황갈색 토양 - 옮긴이) 등 토양의 광물질에 따라 특성이 달라질 뿐 아니라, 그 포도원만이 가진 미기후(지면에 접한 대기층의 미세한 기후 - 옮긴이), 고도, 위치에 따라서도 독특한 개성을 나타낸다. (참고로 토양의 광물질 성분이 와인의 풍미에 영향을 미친다는 이론은 아직까지 과학적으로 증명된 바 없다. 오히려 2013년 미국 UC 데이비스 대학교의 연구에 따르면, 포도의 껍질에 있는 미생물과 박테리아가 와인 생산지를 파악하고 와인의 풍미를 결정하는 데 더 큰 영향을 미칠 수 있다고 한다.)

떼루아의 영향을 확인하는 방법은 매우 간단하다. 프랑스 포도원 바따 몽라쉐와 비엥브뉘 바따 몽라쉐를 예로 들어보자. 두 포도원은 겨우 2미터 폭의 도로로 갈라져 있으나, 두 포도원에서 생산한 와인의 맛은 매우 다르다. 두 포도원 모두 완만한 석회질 토양의 경사지에 위치

의외의 사실

포도도 화상을 입는다는 사실을 알고 있는가? 이는 참으로 흉측한 모습이다. 가죽처럼 뻣뻣해진 껍질과 지나치게 단 과육에는 말벌이 꼬인다. 말벌이 파먹은 포도는 산소에 많이 노출되어 불쾌한 휘발산과 초산이 증가한다.

하지만, 비엥브뉘가 바따보다 낮은 고도에 자리하고 있다. 따라서 빗물에 떠내려온 흙이 비엥브뉘 포도원에 점차 두껍게 쌓인다. 이처럼 석회질 토양 위로 쌓이는 흙의 양이 달라지면 와인의 풍미 또한 달라진다. 물론 두 지역의 와인으로 떼루아의 영향을 논하기에는 이들 와인이 비싼 것은 사실이다. 하지만 이 외에도 많은 양조업자들이 동일한 포도원 내 각기 다른 지역의 포도를 사용해 와인을 만든다. 이들이 같은 해에 만든 와인을 비교해 떼루아가 와인에 미치는 영향을 확인해보도록 하자.

떼루아는 음식의 맛에도 영향을 미친다. 영국에 사는 한 친구가 있는데 그 친구는 떼루아라는 개념에 대해 항상 의구심을 품었다. 일반 루꼴라보다 훨씬 풍미가 강렬하고 톡 쏘는 맛이 강한, 이탈리아 아말피 해안에서 재배한 루꼴라에 미쳐 있었다. 그래서 묵었던 호텔에서 받은 루꼴라 씨앗을 런던에 돌아와 마당에 심었다. 어둡고 쌀쌀한 런던의 봄 날씨 속에서 마침내 루꼴라가 다 자랐다. 하지만 일반 슈퍼에서 산 것처럼 개성 없이 밋밋한 맛에 실망을 감출 수 없었다. 나는 웃음을 터뜨리며 "떼루아를 고려했어야지 이 친구야! 페트루스의 포도를 런던에 심는다고 최고급 와인이 되겠어?"라고 말했다.

기후

→ 포도가 무덥고 건조한 긴 여름을 겪었는지, 짧고 비가 쏟아지는 여름을 겪었는지에 따라 와인의 당도와 산도, 바디감과 심지어 알코올 도수까지 크게 달라진다. 따뜻한 기후에서는 바디감이 풍부하고 조화로우며 알코올 함량이 높은 와인이 만들어지고, 서늘한 기후에서는 알코올 도수가 낮을 뿐만 아니라, 신선한 과일향이 강하고 아삭한 산도가 느껴지는 와인이 탄생하는 편이다.

세계지도를 더운 지역과 추운 지역으로 잘라 나누듯 와인의 산도 딱 잘라 구분할 수 있다면 고민할 이유가 없을 것이다. 하지만 각 지역의 고도, 물과의 접근성에 따라 기계적인 구분은 아무런 소용이 없어진다. 해가 쨍쨍한 소노마 밸리와 안개가 자욱한 소노마 해안만 봐도 그렇지 않은가? 또한 조금 더 예외적인 경우를 생각해보면 기후가 따뜻한 지역도 유난히 더운 해가 있고, 반대로 기후가 서늘한 지역도 유난히 추운 해가 있다. 이 모든 변수를 고려해야 한다니 엄청나지 않은가? 하지만 이 모든 것을 생각하는 것이 내 일이기도 하다.

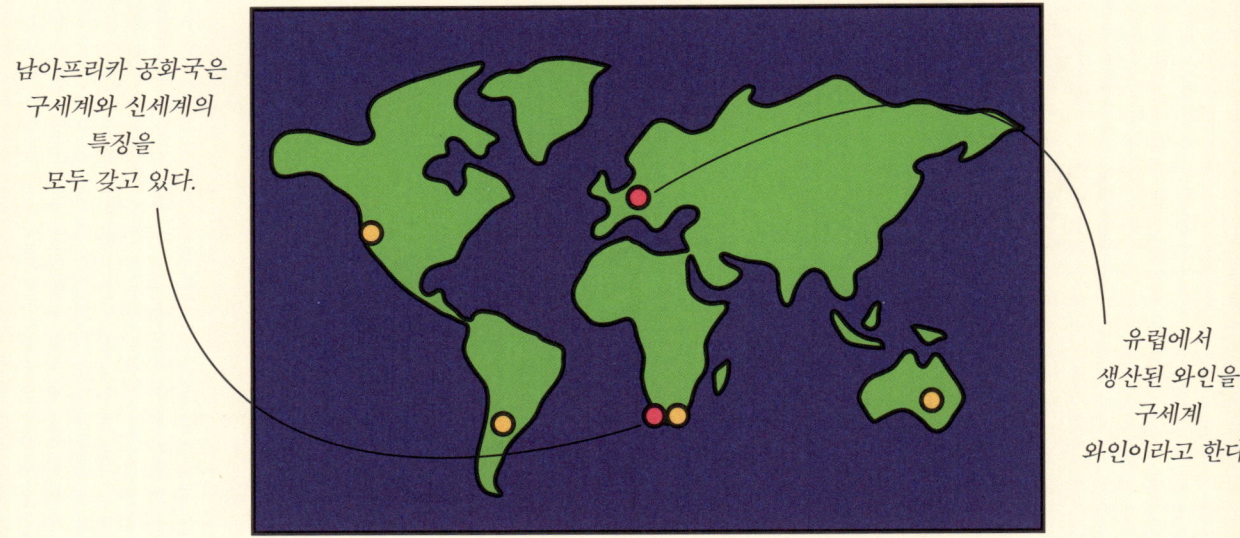

남아프리카 공화국은
구세계와 신세계의
특징을
모두 갖고 있다.

유럽에서
생산된 와인을
구세계
와인이라고 한다.

▲
구세계 와인, 신세계 와인

→ 기본적으로 유럽 외의 지역에서 만든 모든 와인을 신세계 와인이라고 한다. 한때 와인에 조예가 깊은 척하던 사람들은 구세계 와인이 월등히 우수하고, 신세계 와인은 저렴하고 품질이 떨어진다고 생각했다. 하지만 최근에는 그들조차도 전 세계적으로 훌륭한 와인이 생산되고 있다는 사실을 인정한다.

일반적으로 신세계 국가들은 기후가 따뜻하다. 호주, 미국 캘리포니아, 아르헨티나 등이 그 예다. 반면에 구세계 국가들은 기후가 서늘하다. 물론 모든 국가에는 예외가 있다. 특히 지구 온난화로 인해 모든 일반론이 깨지지 않았는가. 와인의 풍미에 대한 분석도 매년 바뀌고 있다. 예를 들어, 기록적으로 무더운 여름 탓에 요즘에는 보르도 우안의 와인 중에서도 캘리포니아 와인과 같이 알코올 도수가 15~16도에 이르는 와인을 찾아볼 수 있다. 일부 양조업자는 과실의 산도를 보존하기 위해 수확 시기를 앞당기기도 한다.

신세계 와인을 만들 때는 오크를 많이 사용하고, 포도의 당도가 높아 알코올 도수 또한 높다는 것이 일반적 생각이다. 하지만 이 또한 캘리포니아와 호주를 중심으로 변하는 추세다. 모든 신세계 레드 와인이 바디감이 가득하고 잼처럼 진득하다는 것은 말도 안 된다! 캘리포니아 포도의 풍미가 느껴지는 많은 와인들이 구세계 와인들보다 더 유럽스럽게 오크 풍미를 줄여 만들고 있기 때문이다. 또한 신세계 와인은 상대적으로 단순한 아로마를 지니고 토양의 특성이 약하게 드러난다.

구세계 와인들은 와인 법률의 제약을 많이 받는다. 신세계 와인 양조업자는 따뜻한 해에 수확한 포도즙에 덜 익은 포도를 첨가해 균형을 맞출 수도 있고, 피노 누아 포도즙에 빛깔이 어두운 품종을 더해 와인 빛깔을 고급스럽게 바꿀 수도 있다. 하지만 프랑스에서 이렇게 한다면 구속을 면치 못할 것이다.

구세계 와인과 신세계 와인의 풍미에 정확하게 양발을 걸치고 있는 나라가 있다. 소믈리에 사이에는 '블라인드 시음을 했을 때, 신세계 와인인지 구세계 와인인지 분간할 수 없다면 남아프리카 공화국 와인이다'라는 말이 있다. 이 지역의 와인은 따뜻한 지역 와인의 특징인 달콤함과 서늘한 지역 와인의 특징인 우아함을 두루 갖추었다. 환상적인 조합이라 할 수 있다.

알도에게 물어보세요

'이 지역의 와인은 비교적 믿을 만하다' 하는 지역이 있나요?

■ 인정하기는 싫지만 <u>보르도</u>가 가장 먼저 떠오른다. (에릭 리퍼트가 이 페이지는 못보고 지나쳤으면 좋겠다. 어찌나 보르도 와인을 예찬하는지, 르 베르나르댕에서 일한 첫째 날부터 티격태격 설전을 벌였을 정도다.)

■ <u>오스트리아 화이트 와인</u>은 가격이 아무리 저렴하더라도 놀랄 만큼 기본은 보장한다.

■ 캘리포니아 <u>소노마 해안</u>의 와인도 품질이 일관된 편이다. 물론 생산자에 따른 편차는 있다.

■ 아르헨티나 <u>멘도사 말벡</u>이라면 후회 없는 선택이다. 최고의 와인이라고 할 수는 없지만 실패하진 않을 것이다.

■ 프랑스 루아르 밸리, 특히 <u>상세르</u> 지역도 비교적 안정적으로 와인을 생산한다.

■ 이탈리아 <u>토스카나</u> 지역의 와인도 비싼 가격만큼 안전한 편이다.

■ <u>뉴질랜드의 소비뇽 블랑</u>은 절대 거짓말을 하지 않는다. 와인이 맘에 들지 안 들지는 두 번째 문제다.

아펠라시옹의 모든 것

➡️ 프랑스는 세계 최고급 와인을 논할 때 가장 먼저 언급되는 나라다. 아펠라시옹 체계를 세계 최초로 만든 나라이기도 하다. 아펠라시옹 체계를 확립했다는 것은 와인을 분석하고 연구할 때 떼루아가 근간이 된다는 뜻이다. 여기서 떼루아란 와인이 재배된 토양, 기후, 일조량과 10년이 넘는 기간 동안 와인이 보이는 일관성을 말한다. 처음에는 줄여서 AOC(Appellation d'Origine Controlee)라고 부르던 '원산지 통제 명칭'이 최근에는 AOP로 변경되었다(여기서 P는 프로테제, 즉 보호를 뜻한다). 이 인증 체계는 생산지, 품종, 생산량, 최소 알코올 함량, 와인의 전형성 등 엄격한 기준에 따라 주어진다. 즉, 프랑스에서는 원하는 품종으로 자유롭게 와인을 만들면, 와인 등급이 하락하거나 인증이 취소되는 것을 감수해야 한다. 이런 상황에서도, 젊은 내추럴 와인 양조업자를 중심으로 보란듯이 뱅 드 페이(지역 와인)나 가장 낮은 등급인 뱅 드 프랑스(프랑스 와인)를 생산하는 업자가 늘고 있다.

이탈리아는 프랑스의 AOP와 유사한 DOC(Denominazione di Origine Controllata)를 바탕으로 무수한 소규모 토착 포도 품종을 보호한다. 또한 DOCG(Denominazione di Origine Controllata e Garantita)라는 상위등급을 신설해 최고급 와인을 관리한다. 하지만 빠르게 변하는 이탈리아 정부를 와인 관련 법규가 따라가지 못하면서, 이 체계는 와인업계를 충분히 보조하지 못하게 되었다. 한 예로 프랑스의 카베르네 소비뇽, 메를로, 쉬라가 이탈리아 토스카나로 거래되었을 때, 테이블 와인 등급인 비노 다 타볼라로 분류되었다. 프랑스 품종이 이탈리아 법규에 등록되어 있지 않았기 때문이다. 이탈리아의 상징과도 같은 슈퍼 투스칸 와인도 프랑스 품종과 혼합해 만들어진다는 이유 때문에 팩에 든 벌크 와인 따위와 같은 등급으로 분류되었다. 이를 보완하고 분류를 세분화하기 위해 IGT(Indicazione di Geografica Tipica) 등급을 신설했다. IGT 등급은 광범위한 재배지까지만 표기할 수 있고, 그 이상의 세부적인 정보는 포함할 수 없다.

유럽의 아펠라시옹 시스템과 가장 유사한 미국의 공식 와인 생산지 표기 체계는 AVA(American Viticultural Areas)다. 상대적으로 포도 재배지를 구분하는 기준은 엄격하지 않은 편이다.

각국의 원산지 인증 제도가 반드시 와인의 품질과 가치를 의미하지는 않는다. 나라별 고유의 품종에 대한 국가적인 자부심이 반영된 제도라고 해석했으면 좋겠다.

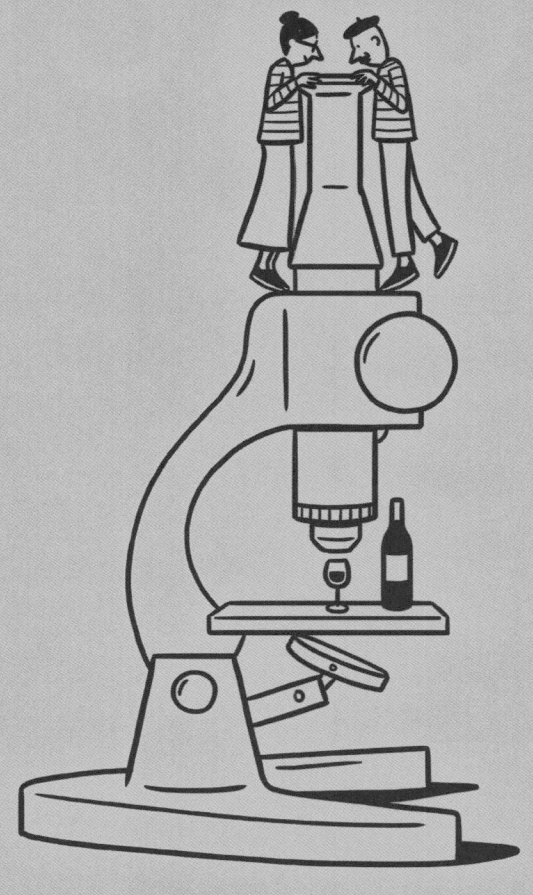

아펠라시옹

법에 명시된 와인의 생산지. 프랑스에서는 AOC 또는 AOP라고 불리며 특정한 와인 스타일을 의미하기도 한다.

와인의 전형성

해당 와인 산지와 양조 방식에서 나타나는 와인 고유의 특성.

와인 등급의 하락

포도원에서 오래된 포도나무를 없애고 어린 포도나무를 심으면 해당 포도원에서 생산한 와인의 등급이 강등되거나 등급 자체가 없어진다. 예를 들어, 바롤로 포도원에서 자란 포도일지라도 라벨에는 그렇게 표기하지 않는다. 하지만 일류 양조업자는 어린 포도나무에서 수확한 포도로 훌륭한 입문자용 와인을 만들기도 한다. 따라서 등급 하락이 항상 나쁘다고 할 수는 없다.

AVA

미국 와인용 포도 재배 지역. 프랑스의 AOC와 유사한 미국의 제도로 연방 정부에서 규정한 포도 재배 지역 구분 체계다.

France

프랑스

➡️ 와인은 고대 조지아에서 최초로 탄생했으며 그리스와 로마제국을 거쳐 발전했다. 하지만 포도의 재배와 와인 양조 기술을 수 세기 동안 연마해 새 천년을 이끈 곳은 다름 아닌 프랑스다. 오늘날 ==와인 문화를 선도하는 것은 물론이고, 예술의 경지로 와인을 빚는 나라로 프랑스를 꼽는 이유도 바로 이 때문이다.==

오늘날 세계에서 피노 누아, 카베르네 소비뇽, 쉬라, 샤르도네를 재배하는 양조업자가 있다면, 그는 아마 프랑스인일 것이다. 그리고 그 포도를 오크 배럴에 숙성하는 사람이 있다면, 그 역시 프랑스인일 것이다. 이렇게 만든 와인 한 병 한 병의 노력을 바탕으로 거대한 기업을 건설하는 사람이 있다면, 그는 틀림없이 프랑스인일 것이다.

프랑스에는 크게 11개의 주요 와인 산지가 있으며 각 지역마다 고유의 토양, 기후, 철학이 있다. 보르도와 부르고뉴의 고급 샤또에서부터 오베르뉴와 쥐라의 농부가 주도하는 번잡한 내추럴 와인 운동에 이르기까지, 모두가 시시각각 변하는 기후에 맞추어 모든 노력을 기울이고 있다. 우리가 마시는 와인은 그들의 관심과 자부심이 낳은 결과물이다.

프랑스는 전통을 고수하면서 동시에 진화하고 있다. 알렉산드레 샤르또뉴가 자신의 포도원을 완전히 이해하기까지 얼마나 오랜 시간이 걸렸는지 듣다 보면 깊은 감명을 받을 것이다. 프랑스 양조업자들은 포도원에 대한 애착이 강하고, 이를 다음 세대로 계속해서 물려주고 싶어 한다.

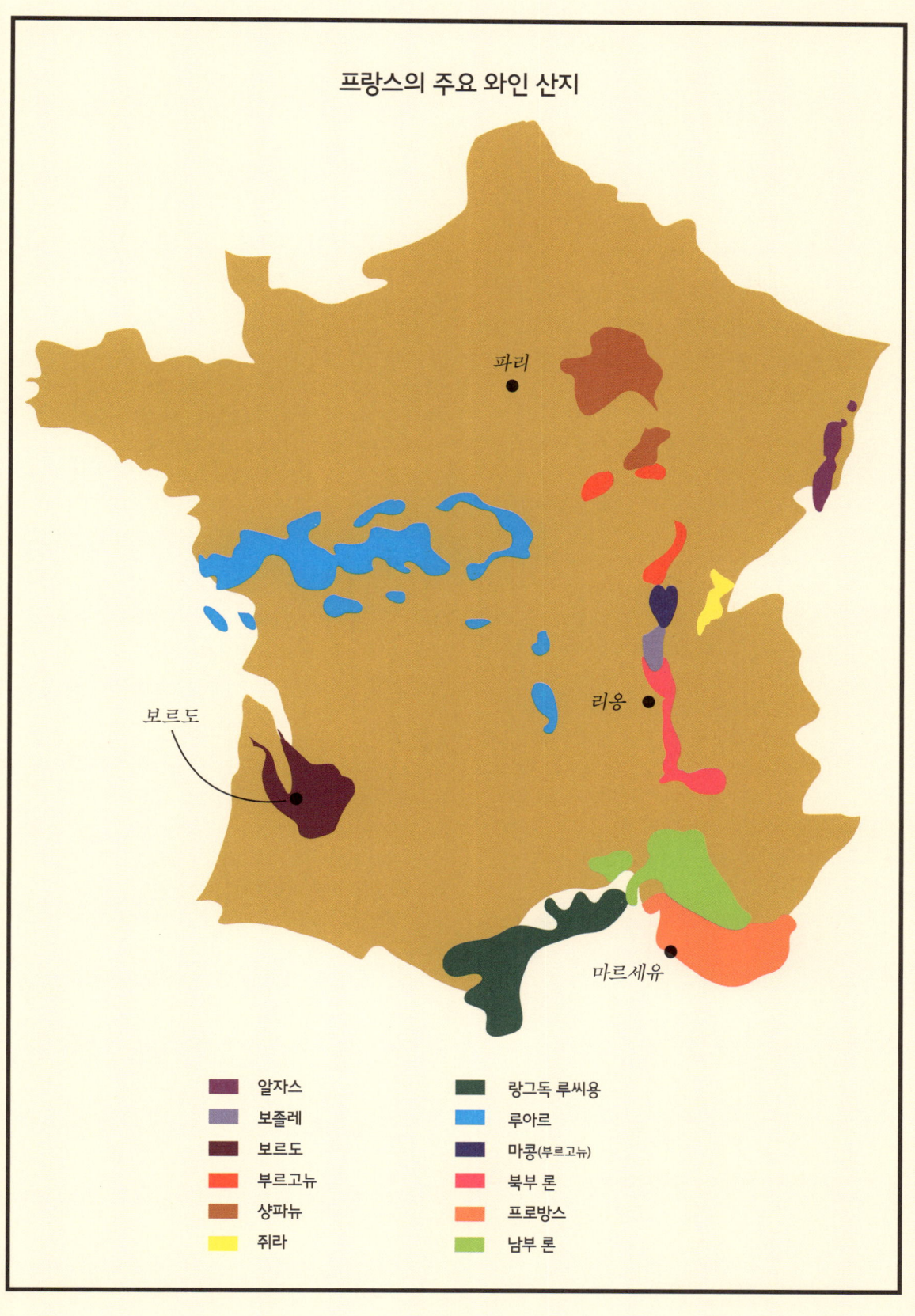

프랑스의 주요 와인 산지

파리

리옹

프랑스

보르도

마르세유

🟪	알자스	🟩	랑그독 루씨용
🟪	보졸레	🟦	루아르
🟫	보르도	🟪	마콩(부르고뉴)
🟥	부르고뉴	🟥	북부 론
🟫	샹파뉴	🟧	프로방스
🟨	쥐라	🟩	남부 론

● 알자스

→ **레드 와인**
피노 누아

화이트 와인
리슬링, 게뷔르츠트라미너,
실바너, 피노 그리,
피노 블랑, 머스캣

프랑스 와인의 전통적인 모습과 잔당에서 느껴지는 독일 와인의 편안함이 깃든 와인! 이것이 알자스 와인이다. 진한 풍미로 특히 음식과 잘 어울려 많은 사랑을 받는다.

프랑스 북동부에 위치한 알자스 지역은 독일 국경과 인접해 오래전부터 독일과 프랑스 사이에서 수차례 주인이 바뀌어 왔다. 그 결과 프랑스에서는 유일하게 독일과 같은 방식으로 와인 라벨에 산지가 아닌 품종을 표기한다. 이 지역에서 생산되는 와인의 90%는 화이트 와인이다. 과거에는 주로 달콤한 와인을 생산했으나, 근래에는 순수하고 드라이하며 아로마가 풍부한 와인을 만드는 편이다. 때로는 꿀이나 스모키한 향이 더해지기도 한다(실제로 2008년부터 알자스에서는 리슬링을 드라이하게 만들도록 규제하고 있다). 알자스 지역에는 51개의 그랑 크뤼가 있는데, 이는 와인의 라벨에 표기되어 있다. 이 지역의 그랑 크뤼 와인은 부르고뉴의 동급 와인보다 훨씬 가격 경쟁력이 있다. 이처럼 알자스 와인은 합리적인 가격을 자랑할 뿐 아니라 음식과도 매우 훌륭한 궁합을 보인다. 나의 르 베르나르댕 동료인 사라 토마스의 말처럼, 알자스 와인이야말로 리슬링은 너무 달콤해서 싫다고 하는 사람들의 편견을 깨트릴 최고의 와인이다.

● 부르고뉴

→ **레드 와인**
피노 누아

화이트 와인
샤르도네, 알리고테

장엄하고 웅장한 경관을 자랑하는 부르고뉴 지방은 레드나 화이트 가릴 것 없이 세계 최고의 와인을 생산한다.

한 폭의 그림 같은 구릉과 평지가 펼쳐진 부르고뉴는 수 세기 동안 지독할 정도로 와인의 품질에 집착해 왔다. 이러한 헌신적인 노력에 시대를 거듭한 경험, 비교적 서늘한 기후가 더해져 세계 최고의 와인을 탄생시켰다. 최고의 와인이란 단순히 와인이 얼마나 강렬한지를 의미하는 것이 아니다. 와인이 얼마나 섬세한 개성을 지녔는지, 얼마나 다양한 풍미를 복합적으로 뿜어내는지를 뜻한다. 완벽하게 융화된 타닌감과 매혹적인 과실의 풍미를 지니며 송로버섯 급의 품질을 자랑하는 궁극의 레드 와인이나, 신선한 아로마와 강렬한 스카치 캔디향, 우아한 청포도와 인동(자스민을 닮은 감미로운 향을 지닌 덩굴식물 - 옮긴이)의 풍미를 가진 훌륭한 샤르도네까지, 부르고뉴 와인이 엄청나게 비싼데도 수많은 사람들이 앞다투어 찾는 데는 분명 이유가 있다.

디종과 마콩 사이에 위치한 부르고뉴는 등급 체계가 매우 복잡하다. 프랑스어로 부르고뉴, 영어로 버건디라고 부르는 이 지역은 꼬뜨 도르, 꼬뜨 샬로네즈, 꼬뜨 마코네와 위성 아펠라시옹인 오쎄루아의 네 지역으로 구분되며, 보졸레까지 포함하면 총 다섯 개 지역으로 구분된다. 이렇게만 보면 매우 간단하다. 하지만 동쪽을 바라보는 꼬뜨 도르 포도원은 주로 레드 와인을 생산하는 꼬뜨 드 뉘와 레드와 화이트를 모두 생산하는 꼬뜨 드 본으로 다시 나뉜다. 가장 상위 계층의 일부 포도원은 프르미에 크뤼 또는 그랑 크뤼 등급으로 분류되고 그 외의 등급을 받는 포도원도 있다.

이렇게 체계가 복잡한데, 왜 다들 부르고뉴 와인을 공부하려 할까? 부르고뉴의 최상급이자 동시에 최고가인 피노 누아를 맛보거나, 오크 숙성을 거친 강렬한 샤르도네를 맛보게 되면 왜 사람들이 미로처럼 복잡한 이 지역의 세부 명칭을 해독하기 위해 애쓰는지 이해하게 될 것이다.

■ **그랑 크뤼**
grand cru, 와인 품질 분류 등급 중 하나로 프르미에 크뤼 (premier cru)보다 높은 등급이다.

크뤼의 모든 것

➡ 산지 등급을 뜻하는 크뤼라는 말의 기원을 알아보자. 1800년대 중반 와인 중개상들은 최고급 포도, 토양, 일조량 등 우수한 환경에서 꾸준하게 고품질 와인을 생산하는 포도원에 떼루아가 우수하다는 의미로 크뤼라는 용어를 붙여 분류했다. 보르도와 부르고뉴에서는 각각 자체적인 크뤼 등급 체계를 사용한다. 이 체계는 가장 높은 그랑 크뤼(훌륭한 산지 등급)와 그다음 등급인 프르미에 크뤼, 빌라주 와인, 지역 와인 순으로 나뉜다.

그렇다면 오래 전인 1855년에 높은 평가를 받은 샤또 와인에 지금 우리가 훨씬 많은 비용을 지불할 가치가 있는 것일까? 이는 전적으로 와인 양조업자에 달려 있다. 예를 들어, 다음과 같이 비유해보자. 일본 고베산 소고기는 세계 최고 등급으로 인정받는다. 하지만 셰프가 그 고기를 제대로 요리하지 못한다면 이는 아웃백 스테이크하우스에서 먹는 소고기와 다를 바가 없다.

프랑스처럼 엄격한 와인 등급 체계를 갖춘 나라는 드물다. 이탈리아도 단일 포도원에서 생산한 와인에 '크뤼'라는 단어를 붙이긴 하지만 품질을 의미하지는 않는다. 가장 유사한 체계가 있다면 'GG'라고도 부르는 독일의 그로스 게벡스와 오스트리아의 에어스테 라게다. 이 용어들은 다른 의미도 있다. 프랑스의 그랑 크뤼 등급은 정부 기관에서 정하지만 독일의 그로스 게벡스 등급은 사립 기관에서 정한다. 너무 자세한 이야기는 생략하도록 하겠다.

알도에게 물어보세요

부르고뉴의 크뤼 등급별 와인을 어떻게 즐겨야 하나요?

최고의 방법은 낮은 등급에서부터 서서히 올라오면서, 각 와인의 차이를 느낄 수 있는 경지까지 마셔보는 것이다. 일반적으로 구릉이나 평지에 위치한 등급 없는 포도원에서 생산한 부르고뉴 블랑 또는 루즈에서 시작해보자. 와인 맛이 괜찮다면 빌라주 등급으로 올라간다. 빌라주 등급은 특정한 마을에서만 생산한 와인을 의미하며, 이 마을의 포도원들은 주로 언덕 근처에 위치한다. 이 등급의 와인에서는 바디감을 더욱 뚜렷하게 느낄 수 있을 것이다. 예를 들어, 이 등급의 샤르도네는 이전의 부르고뉴 블랑만큼 가볍거나 감귤향이 강하지 않다. 가격 대비 품질이 우수한 와인이 많으며 특히 유명 양조업자가 만들었으나 등급이 내려간 와인들의 품질이 우수하다. 그다음으로는 등급 분류가 없는 단일 포도원을 뜻하는 리우디에서 생산한 와인을 마셔보자. 리우디까지 마셔봤다면 최상급 토양에서 만든 프르미에 크뤼, 그리고 그보다 상위 등급인 그랑 크뤼까지 도전해보자. 그랑 크뤼는 태양이 포도를 완벽한 각도로 내리쬐고 침식현상 때문에 비옥한 토양을 갖춘 언덕의 중턱에 위치한다. 이 등급의 와인은 가장 비싸기 때문에 처음에 마신 부르고뉴 블랑보다 가격표에 0이 세 개까지도 더 붙을 수 있다. 이렇게 모든 등급을 마셔봤다면 과연 그랑 크뤼가 그 정도 가치가 있는지 판단해보자!

프랑스

■ 크뤼
Cru, 1800년대부터 시작된 분류체계로 특출한 품질로 인정되는 프랑스의 포도원.

● 보졸레

→ 레드 와인
가메

| 화이트 와인
샤르도네

가볍고 즐겁게 적당한 가격으로 즐길 수 있는 레드 와인의 전형이자 정수다.

프랑스 중부이자 부르고뉴 바로 위쪽에 위치한 보졸레는 최근 10년간 대대적인 변화를 겪었다. 과거에는 병에 담자 마자 팔리는 저렴한 와인이라는 인식이 팽배했던 보졸레는 최근 인기가 높은 가메의 고향이기도 하다. 꾸밈없이 담백하지만 맛으로는 절대 뒤지지 않는 와인을 생산하는 이 지역은 직접 방문해볼 만큼 충분히 매력 있다.

물론 아직도 수많은 대형 네고시앙이 와인을 생산하지만 상당한 열정을 쏟아붓는 소규모 양조업자도 많다. 또한 내추럴 와인 운동 역시 이 지역에 뿌리내렸다. 잘 빚어진 와인 중 라벨에 '보졸레'라고 표기한 와인을 찾는는 어려울 것이다. 그 대신 모르공, 플뢰리, 레니에, 물랭 아 방 등의 이름을 지닌 10개의 보졸레 크뤼 와인 중 하나를 골라보도록 하자.

● 보르도

→ 레드 와인
카베르네 소비뇽,
메를로

| 화이트 와인
소비뇽 블랑,
세미용

바디감이 가득하고 풍미가 진하다. 수 세기 동안 왕들이 강렬한 보르도 와인을 즐긴 이유도 이 때문이지 않을까?

프랑스 남서쪽에 위치한 유서 깊은 이 지역의 와인은 혀끝에 오래도록 남는 뒷맛을 지닌다. 또한 와인 잔에 따랐을 때 그 빛깔이 매우 아름다운 것으로 유명하다. 훌륭한 클래식 와인의 기준으로 자리 잡았으며 예나 지금이나 숙성을 했을 때 더욱 빛을 발한다. 와인 평론가에게 인생 최고의 와인 10개를 꼽아달라고 하면 그중에 보르도 와인이 최소 2개는 있을 것이라고 장담할 수 있다. 이 지역은 포도의 재배에 도움이 되는 시원한 바닷바람 등 천혜의 떼루아를 지녔을 뿐 아니라, 1700년대 이전부터 와인을 만들던 경험을 바탕으로 그들만의 비법을 축적했다. 또한 항구와의 접근성이 좋았기 때문에 와인에 특히 까다로운 영국에 수 세기 동안 와인을 판매해왔다. 와인 관련 법규도 매우 엄격한 잣대로 제정되었으며 지금도 그 기준을 지키기 위해 전통적인 방법으로 와인을 만들고 있다.

보르도는 부르고뉴처럼 이해가 복잡한 지역은 아니다. 이 지방은 지롱드 강 어귀를 중심으로 좌안과 우안으로 구분된다. **카베르네 소비뇽이 주를 이루는 좌안**은 상대적으로 상업적인 지역으로 이 지역의 가장 유명한 샤또마저 거대 재벌기

꼬뜨 로아네즈

→ 보졸레 지역은 이미 우리에게 익숙하기에 신선함을 기대하기는 힘들다. 하지만 루아르 밸리의 꼬뜨 로아네즈에는 맛있고 편하게 즐길 수 있는 가메 와인을 생산하는 양조업자들이 여럿 있다. 나는 그중에서 특히 **도멘 세롤**의 와인을 좋아한다. 도멘 세롤의 와인은 고혹적인 매력과 합리적인 가격, 훌륭한 맛을 자랑한다. 개인적으로 추천하는 와인은 에끌라 드 그라니테로 약 21달러 정도에 구매할 수 있다.

보르도의 좌안과 우안

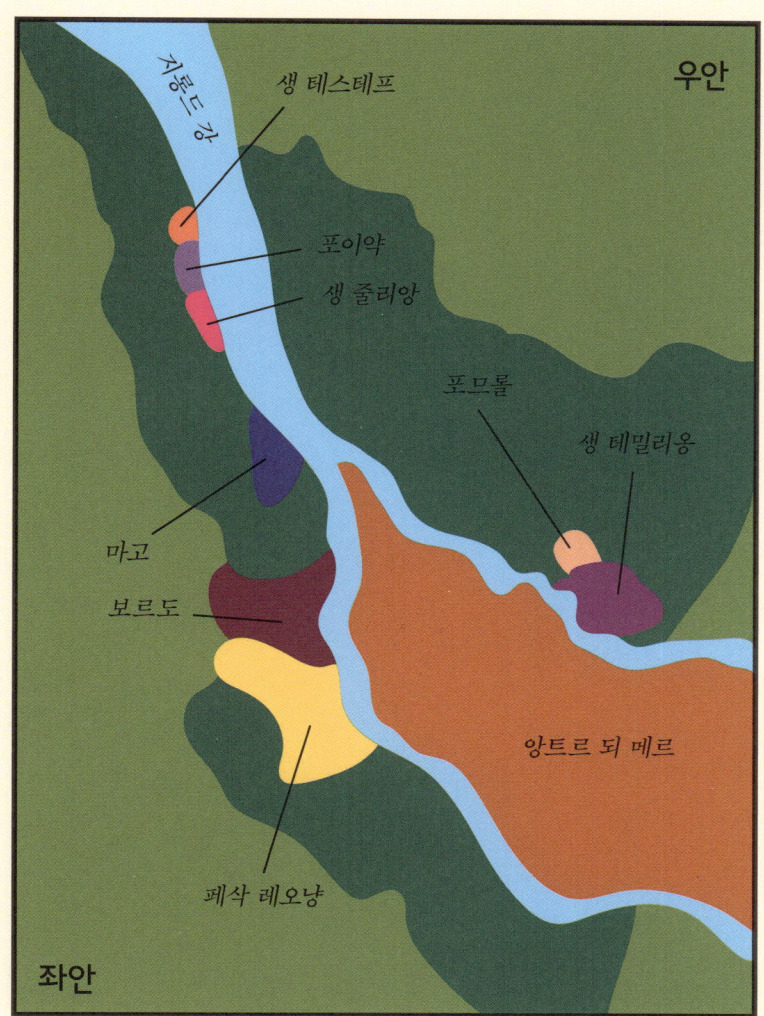

알도의 비법

저렴한 보르도 와인을 찾는 방법

보르도 와인의 매력에 빠져 조금 더 투자하기로 결심했다면 가까운 빈티지에 생산한 와인은 포기하자. 뮤지컬 <해밀턴> 티켓보다 낚아채기가 어려울 것이다. 대신 가격 대비 품질이 좋은 오래된 보르도 와인을 찾아보자. 최근 와인보다 훨씬 저렴한 경우도 많다. 보르도 와인은 해를 거듭할수록 맛이 좋아진다는 점을 생각하면 지금 당장 마실 수 있는 와인을 사는 것이나 다름없으니, 일석이조라 할 수 있겠다!

프랑스

업에 흡수되었다. 좌안의 대표적인 아펠라시옹으로는 생 줄리앙, 생 테스테프, 포이약, 마고, 페삭 레오냥이 있다. **메를로가 주를 이루는 우안**에는 손으로 직접 포도를 재배하는 소규모 농부들이 많다(나와 비슷한 속도로 농사를 짓는다고 볼 수 있다). 이 지역의 대표 아펠라시옹은 포므롤, 생 테밀리옹이 있다. 한편 **앙트르 되 메르** 지역을 주목할 필요가 있다. 이 지역은 관광객들이 주로 찾는 반대편의 샤또와 달리 그 지역만의 기풍을 고수하면서 합리적인 가격의 화이트 와인을 만든다.

보르도의 와이너리는 성을 의미하는 샤또라는 이름으로 불린다. 하지만 그 이름이 무색하게 일반적인 크기의 집인 경우가 많다. 메독 지역은 1855년에 와인 등급 체계를 확립했는데 그 이후 각 와이너리의 등급에는 별다른 변화가 없다. 하지만 일부 와이너리의 소유권이 수없이 바뀌어왔음을 감안한다면, 우리는 유명한 프르미에 크뤼만을 고집할 필요가 없다. 예를 들어, 샤또 퐁테 카네는 과거 가장 아래 등급인 5등급으로 분류되었다. 그러나 바이오다이내믹 농법으로 전환하고 미래지향적인 저장 기술을 도입한 이후 포이약의 떠오르는 별로 부상하고 있다.

*2020년부터
크리스탈 와인은
100%
바이오다이내믹
농법으로 생산된다.*

샹파뉴

→ **레드 와인**
피노 누아, 피노 뫼니에

화이트 와인
샤르도네

**추천하는
샴페인 하우스**

루이 로드레
도츠
돔 페리뇽
크룩
빌까르 살몽

**추천하는
개인 생산 샴페인**

아그라파르 에 피스
샤르또뉴 따이에
프레드릭 사바르
베레쉬 에 피스
삐에르 피터
크리스토프 미뇽
(50달러대 최고의 가성비)

샴페인이 생일이나 새해 전야 파티에만 마시는 와인이 아니듯, 샹파뉴 지역에는 호화롭고 상업성이 짙은 샴페인 하우스만 있는 것은 아니다. 혜성처럼 등장한 소규모 독립 와인 양조업자들이 샴페인계의 혁신을 일으키고 있다.

샹파뉴는 파리에서 동쪽으로 한 시간에서 한 시간 반 정도 거리에 있는 지역이다. 과거 로마인들은 이 지역의 차가운 기후 뒤늦게야 이 지역에서 와인 양조를 시작했다. 샹파뉴가 아닌 다른 지역에서 생산한 발포 와인은 간단히 스파클링 와인이라고 부른다. 또 샹파뉴 외 8개 지정 지역에서 생산한 발포 와인은 크레망이라고 한다. 일반적으로 샴페인은 피노 누아, 피노 뫼니에, 샤르도네를 배합해 만들지만, 기타 4개 품종도 규정상 블렌딩에 포함할 수 있다.

1980년대 중반, 엉셈 셀로스가 가문의 그랑 크뤼 포도원을 물려받으면서 대대적으로 상업성이 높았던 샹파뉴 지역에 혁신적인 변화의 바람이 불었다. 그는 당시 일반적이었던 저품질 대량 생산 기조를 거부하고 포도 자체에 주목하기 시작했다. 유기농 농법과 소규모 생산, 자연 발효 체계를 도입한 그는 숙성용 신규 오크통과 이산화황의 첨가량도 줄였다. 그때만 해도 사람들은 그를 업계의 이단아로 평했지만, 1994년 모든 부문에서 프랑스 최고의 와인 양조업자로 선정되는 유례없는 영광을 누렸다. 최근 샹파뉴 지역에는 그와 같은 독립 양조업자의 수가 훨씬 늘었을 뿐 아니라 대규모 샴페인 하우스도 엉셈 셀로스의 선례를 좇아가고 있다. 이는 음식과의 궁합이 좋은 샴페인을 즐기는 소비자에게는 다양한 와인을 즐길 수 있어 더없이 행복한 일이다.

소규모 포도 생산자마저도 사랑하는 기업형 샴페인 하우스

→ 나는 샹파뉴 지역을 1주일 동안 여행하면서 만나는 모든 포도 생산자에게 대규모 샴페인 하우스 중 어디를 가장 존경하는지 물었다. 그 결과, 농업계에서는 절대 불가능할 만장일치의 답변을 얻었다. 그들은 모두 존경하는 샴페인 하우스로 **루이 로드레**를 꼽았다. 루이 로드레는 포도의 반을 유기농으로 재배하며 미래지향적인 철학을 지녔다. 농부들과 끊임없이 교류하고 세미나를 개최하며 공정하게 임금을 지불한다. 그들은 와인 제조 책임자에 대한 무한한 존경심을 지니고 인간적으로도 훌륭한 됨됨이를 보인다. 철저히 돈에 따라 움직이는 샹파뉴 지역에서, 루이 로드레는 품질을 최우선으로 생각하는 흔치 않은 샴페인 하우스 중 하나다.

*샴페인을 몇 잔 마시다 보면
"부르고뉴 와인은 어리석은 생각을 하게
만들고, 보르도 와인은
그 생각을 입으로 뱉게 만들며,
샴페인은 행동에 옮기게 만든다"라는
말을 공감할 것이다.*

개인 생산 샴페인의 매력

➡️ 소형 독립 와인 숍에 가면 샴페인 라벨을 이해할 수 없는 경우가 많다. 샹파뉴의 소형 포도원을 중심으로 와인 양조의 흥미로운 변화가 일어나고 있기 때문이다. 이들은 대형 샴페인 하우스에서는 느낄 수 없는 기발함과 독특한 개성을 담아 샴페인을 빚는다. ==개인 생산 샴페인이란 자신이 소유한 포도밭에서 난 포도로 직접 와인을 양조해 판매하는 소규모 와인을 뜻한다.== 나 역시 초창기에는 일관된 품질을 지닌 대규모 샴페인 하우스의 샴페인을 즐겼으나 개개인의 열정이 담긴 개인 생산 샴페인에 점점 빠지게 되었다.

이렇게 생각해보자. 모엣 & 샹동이나 뵈브 끌리코처럼 고급스러운 샴페인 하우스는 자신들의 가격에 상응하게 훌륭한 품질의 샴페인을 일관되게 만들어야 한다. 따라서 다양한 산지의 포도를 배합해 소비자들이 즉시 그들의 샴페인을 구별할 수 있는 완벽한 배합 비율로 와인을 생산한다. 오늘날 항상 일관된 맛을 원하는 소비자들을 감안하면 당연한 현실이다.

샴페인 하우스에서 생산된 샴페인은 비교적 달콤한 편이다. 포도 생산자가 직접 수확하는 개인 포도원과는 달리, 샴페인 하우스는 다양한 산지의 포도를 배합하기 때문에 왕왕 완벽하게 익지 않은 포도도 섞여 있기 마련이다. 이러한 어린 포도의 거친 산도를 누그러뜨려 균형을 맞추기 위해 샴페인 하우스에서는 당분을 첨가한다.

나는 개인 생산 샴페인을 농산물 직판장에 나온 사과에 비유하고 싶다. 이런 샴페인은 대개 바이오다이내믹 농법으로 재배한 포도로 만든다. 비록 근사하게 피라미드처럼 쌓아 전시하지도 않았고 종종 갈색 반점도 보이지만 그 풍미만큼은 환상적이다. 또한 아직 설익은 상태에서 수확하거나, 각종 농약이나 왁스 코팅 처리를 하고 저 멀리 남아메리카에서 건너왔을 것이라는 생각에서도 자유로울 수 있다. 물론 어느 정도 비유적으로 이야기한 것이다.

개인 생산 샴페인은 당해의 기후에 따라 품질이 들쭉날쭉하기 때문에 좋은 샴페인을 구하려면 약간의 운도 필요하다.

일단 직접 경험해보기를 추천한다. 입문자급의 모엣 & 샹동 한 병과 샤르또뉴 따이에 생 안느 브뤼 한 병을 나란히 비교해가며 마셔보자. 개인 생산 샴페인의 진가를 발견할 수 있기를 바란다.

프랑스

91

○ 쥐라

→ **레드 와인** | **화이트 와인**
피노 누아, 풀사르, | 샤르도네,
트루소 | 사바냥

내추럴 와인, 그중에서도 화이트 와인을 좋아하는 사람에게 추천하는 지역이다.

부르고뉴 동쪽에 위치한 쥐라는 스위스와 국경이 맞닿은 지역이다. 제네바에서 차로 한 시간밖에 걸리지 않는 거리에 위치한다. 이 지역은 수많은 소규모 양조업자가 매우 독립적인 와인을 생산하는 곳으로 유명하다. 부르고뉴 와인이 점점 비싸지면서 이를 대체할 만한 와인을 찾는 사람들이, 토양의 광물질이 충분히 발현된 이 지역의 훌륭한 와인을 주목하고 있다.

사부아

→ 쥐라는 실험적인 화이트 와인으로 이미 성을 쌓았다. 하지만 최근 나의 관심을 사로잡은 지역은 쥐라 인근의 사부아로 이 지역의 토착 청포도 품종이 일품이다. 사부아의 도멘 벨뤼아르는 토착 청포도 품종인 그랭제로 주로 와인을 만드는데 독특한 개성이 돋보인다. 특히 레 페흘르 뒤 몽 블랑 스파클링 와인을 추천한다. 도멘 데 아르두아지에는 적포도 품종인 페르상과 같이 희귀한 토착종을 주로 사용하는데 이 품종은 좁고 가파른 소규모 재배지에서 주로 경작된다.

● 랑그독 루씨용

→ **레드 와인** | **화이트 와인**
그르나슈, 쉬라, 카리냥, | 그르나슈 블랑,
쌩소 | 머스캣

홍수처럼 쏟아지는 그저 그런 와인 속에서 건질 만한 강렬하고 가성비 좋은 와인을 찾는다면 이 지역을 주목하라.

광활한 면적을 자랑하는 랑그독 루씨용은 프랑스 남서쪽에 위치했으며 대용량 와인을 생산하는 지역이라는 꼬리표가 항상 따라다닌다. 하지만 석회질 토양과 화창한 프랑스 리비에라 기후 등 이상적 떼루아를 갖춘 이 지역의 포도원은 파워풀한 와인을 생산한다. 최근 10년간 다채롭고 흥미로운 프로젝트가 진행되면서 품질 대비 가격이 저렴한 와인들이 태어나고 있다. 하지만 괜찮은 와인 한 병을 만나기까지 상당한 양을 마셔봐야 한다. 미네르부아, 포제르, 생 쉬니앙, 꼬르비에르 같은 아펠라시옹에서 상당히 매력적인 와인을 생산한다. 주로 블렌딩한 와인으로 풍성한 풍미와 층층이 느껴지는 복합미가 일품이다. 라 그랑즈 데 뻬레에서 만든 와인을 마셔보기를 추천한다.

● 루아르

→ **레드 와인**
가메,
카베르네 프랑,
피노 누아

화이트 와인
소비뇽 블랑, 슈냉 블랑,
믈롱 드 부르고뉴
또는 뮈스까데

루아르는 내추럴 와인이 특히 유명한 지역이다. 합리적인 가격에 부담 없이 즐길 수 있는 맛있는 와인을 만날 수 있다.

파리 남쪽의 루아르 강 인근은 샤또가 밀집한 지역이다. 프랑스에서도 절경을 자랑하는 곳으로 유명하다. 루아르는 내추럴 와인 운동이 뿌리내린 지역이기도 하다. 길게 뻗은 루아르는 전혀 다른 네 개의 소지역으로 구분된다.

상세르와 푸이 퓌메로 잘 알려진 루아르 강 상류의 상트르 지역은 가벼운 레드 와인과 생동감 넘치는 로제 와인의 주재료인 피노 누아는 물론, 세계 최상급의 소비뇽 블랑을 생산한다.

가성비가 뛰어난 와인을 찾는다면 상트르 서부의 메네투살롱 지역의 소비뇽 블랑을 주목하자. 품질이 괜찮은데도 이 지역의 와인을 모르는 경우가 많다.

역사적인 도시인 투르 인근에는 투렌느 아펠라시옹이 있다. 이 지역은 드라이한 와인부터 스위트한 와인까지 다채로운 품종으로 와인을 생산한다. 슈냉 블랑으로 만든 부브레 와인과 몽루이 와인도 드라이(sec: 섹), 미디엄 드라이(demi-sec: 데미 섹), 스위트(moelleux: 므왈레)까지 당도가 다양하다. 이 와인들은 가격 대비 품질이 우수하며 높은 산도로 인해 숙성을 했을 때 풍미가 더욱 좋아진다.

시농과 부르괴이 마을은 카베르네 프랑으로 만든 레드 와인이 유명하며 이 와인들은 종종 피망의 풍미를 지닌다. 가메와 카베르네 프랑 품종이 일반적인 앙주와 소뮈르 지역은 슈냉 블랑도 재배하는데 그 품질은 가히 최고라 할 수 있다.

루아르 강을 따라 내려가면 뮈스까데 지역이 나온다. 이 지역의 토착 품종은 믈롱 드 부르고뉴이며 부르고뉴와는 전혀 관련이 없다. 이 지역의 와인은 본 드라이 등급으로 매우 드라이하다. 풍부한 떼루아의 영향과 궁극의 신선함이 느껴져 해산물과 특히 잘 어울린다. 특이하게도 아직까지 수요가 급증하지 않았기 때문에 괜찮은 가격에 와인을 쉽게 구할 수 있다.

● 마콩 & 샬로네즈

→ **레드 와인**
피노 누아

화이트 와인
샤르도네, 알리고테

부르고뉴 와인을 대신할 합리적인 가격의 와인을 찾는다면 이 지역이 답이다.

100달러를 넘지 않는 선에서 훌륭한 프랑스산 샤르도네와 피노 누아 와인을 마시고 싶다면 이 지역을 주목하자. 이들 지역에는 그랑 크뤼급 양조업자는 없지만 와인의 품질은 절대로 뒤쳐지지 않는다. 이 지역의 북부 지방에서는 AOP 인증을 받은 륄리, 메르퀴레, 몽타니부터 꼬뜨 샬로네즈까지 다양한 산지에서 훌륭한 샤르도네를 생산한다. 이 지역은 꼬뜨 도르처럼 복잡하지 않으면서도 즐겁게 즐길 수 있는 합리적인 가격의 와인을 생산한다.

전통적인 칵테일인 키르도 부즈롱 지역의 감귤향이 강하고 아삭한 알리고테 화이트 와인으로 만든다. 만드는 방법은 와인 한 잔에 크렘 드 카시스를 1티스푼 정도만 추가하면 된다. 지브리 마을은 이 지역에서 가장 돋보이는 레드 와인을 생산하며 특히 도멘 조블로의 와인을 추천한다.

꼬뜨 마꼬네 지역은 개성 넘치는 샤르도네를 생산하는 명소로 떠오르고 있다. 꼬뜨 드 본의 유명 와인 생산자인 라퐁 가문과 르플레브 가문이 이 지역에 투자를 이어가고 있기 때문이다.

프랑스

● 북부 론

→ **레드 와인** | **화이트 와인**
쉬라   비오니에,
                               마르싼느, 루싼느

매우 다양한 특색을 지닌 이 지역은 우아한 와인부터 강렬한 와인, 그리고 세계에서 가장 유명한 쉬라까지 다채로운 와인을 생산한다.

론 밸리는 북부 론과 남부 론으로 나뉘며 그중 북부 론의 규모가 더 작다. 북부 론은 개인적으로 내가 가장 좋아하는 와인 산지이기도 하다. 그 이유를 하나씩 말해보고자 한다. 우선 이 지역의 와인 산지 대부분은 소규모 와이너리로 구성된다. 가파른 언덕과 화강암 토양에 자리한 북부 론은 카리스마 넘치고 파워풀한 와인을 생산한다. 나는 종종 독특한 개성을 지닌 이 지역 와인을 '에지(edge)' 있다고 표현한다. 한 모금 마실 때마다 생각에 잠기게 하는 특유의 매력이 있다.

비오니에 품종은 콩드리유 아펠라시옹에서 사용되어 복숭아향이 강하고, 낮은 산도를 띠는 와인이 된다. 마르싼느와 루싼느 품종은 웅장한 에르미타주 블랑을 만드는 데 사용된

다. (참고로 내가 무인도에까지도 들고 갈 와인으로 꼽는 도멘 장 루이 샤브의 와인을 병에 담는 지역도 이곳이다.)

나는 북부 론의 레드 와인을 특히 사랑한다. 우리 집 지하실 와인 저장고에 있는 레드 와인 중 최소 50%를 차지할 정도다. 북부 론의 레드 와인은 특유의 진하고 응축된 풍미와 높은 산도, 과실의 향긋함을 동시에 지닌다. 이처럼 뚜렷한 개성을 지닌 쉬라 와인을 생산하는 지역은 가파르게 경사진 북부 론 지역이 유일하다. 꼬뜨 로띠는 향긋하고 우아한 와인을 생산하는 주요 아펠라시옹이다. 여기서 차로 한 시간 정도 남쪽으로 내려가면 기품 있는 와인을 생산하는 에르미타주와 강렬한 와인을 생산하는 크로나스 지역이 나온다. 도멘 자멧, 오지에, 티에로 알르멍, 노엘 베르셋의 와인부터 차근차근 시작해보기를 바란다.

앞서 말한 아펠라시옹의 와인은 꽤 비싸지만 인근 지역에는 합리적인 가격의 와인을 생산하는 곳이 있다. 생 조셉 지역의 도멘 모니어 페레올, 피에르 고농, 네고시앙 도멘 샤브를 마셔보자. 콜린 로다니엔느 포도밭에서도 충분히 본전은 뽑을 만한 와인이 생산된다. 도멘 자멧 또는 도멘 포리와 같은 생산자는 훌륭한 와인을 의미하는 그랑 뱅 급 와인의 바디감이 가볍고 저렴한 버전을 만든다.

◯ 남부 론

→ **레드 와인**
그르나슈, 쉬라, 쌩소

화이트 와인
그르나슈 블랑

그르나슈 품종의 대표 지역으로 소박한 와인부터 장엄한 와인까지 다양하게 생산한다.

북부 론의 와인은 한정된 물량으로 구매가 어려울 때가 있지만 남부 론은 반대다. 드넓은 남부 론 지역은 겨울철 차가운 북풍이 모래 토양을 거쳐 누그러지면서 보르도와 비견할 와인 생산량을 자랑한다. 이 지역의 와인은 주로 억세고, 타닌감이 견고하며, 가격도 합리적인 보급형 와인으로 보통 꼬뜨뒤 론 등급으로 분류된다.

샤또네프 뒤 파프는 이 지역의 대표적인 아펠라시옹으로 그르나슈를 주축으로 최대 13가지의 품종을 배합해 와인을 생산한다. 껍질이 얇은 그르나슈로 만든 와인은 옅은 빛깔을 띠며 알코올 도수가 16%에 이를 정도로 알코올 함량이 높다. 샤또네프 뒤 파프 우측으로 비탈을 따라 내려가면 지공다스 아펠라시옹이 나온다. 이 지역은 파워풀한 레드 와인으로 정평이 나 있다. 따벨은 로제 와인의 주요 산지다. 주로 그르나슈와 쌩소 품종을 사용한 풍미가 매우 진한 로제 와인을 만든다.

◯ 프로방스

→ **레드 와인**
무르베드르,
쉬라

화이트 와인
마르싼느, 루싼느, 그르나슈 블랑,
위니 블랑, 베르멘티노,
세미용, 클레레트

프로방스에는 로제 와인 외에도 훌륭한 와인들이 무수히 많다.

화창한 햇살과 넋이 나갈 정도로 아름다운 경치를 자랑하는 프랑스 남부의 프로방스 지역은 편하게 마실 수 있는 로제 와인으로 정평이 나 있다. 하지만 뒤집어 생각하면 이 지역의 진가는 아직까지도 완전히 드러나지 않았다. 이 지역에는 수많은 유명 와인 생산자도 즐비하지만, 다양한 가격대의 와인을 제공하는 독특한 개성의 와인 생산자들도 주목할 만하다. 저명한 부르고뉴 와인 생산자인 도멘 듀작이 소유한 트리엔느는 16달러에서 19달러 사이로 합리적인 가격대의 와인을 판매한다. 샤또 드 팜플론도 비슷한 가격이다. 나는 개인적으로 고급 로제 와인 중에서 방돌 아펠라시옹의 도멘 탕피에를 선호한다. 도멘 탕피에는 풍부한 과일의 풍미와 복합성이 특징이다.

도멘 탕피에의 방돌 와인 중 레드 와인은 상징성이 더욱 크다. 파워풀하지만 가벼운 대부분의 프로방스 레드 와인은 무르베드르 품종으로 만들어진다. 이 품종은 진한 풍미와 베이컨이 연상되는 훈연향을 지닌다. 무르베드르 와인은 어린 상태에서 마셔도 훌륭하며 숙성을 거치면 더욱 풍미가 살아난다. 약간 시원하게 식혀 해산물과 곁들여 마시는 것도 추천한다.

다양한 매력을 지닌 프로방스의 서부, 그중에서도 론 삼각주에 위치한 화려한 경관의 레 보 드 프로방스를 여행한다면 도멘 드 트레발롱은 반드시 들르도록 하자. 비록 저렴한 가격은 아니지만 놓치면 후회할 와인을 만날 수 있다. 만약 예산이 넉넉하지 않다면 슐루즈의 레 자미를 추천한다. 20달러대의 괜찮은 내추럴 와인이다.

프랑스

Italy

이탈리아

➡️ **이탈리아만큼 라이프스타일과 감성을 제대로 파는 나라도 없다. 이는 와인 세계에서도 예외없이 적용된다.**

이탈리아의 와인은 프로세코, 피노 그리지오, 키안티가 전부라고 알고 있는 사람이 많다. 하지만 매우 개성이 다양한 이탈리아에서는 익히 알려진 품종과는 전혀 다른 매력을 지닌 토착 품종이 무수히 많다. 이탈리아에는 공인 포도 품종만 350가지가 있으며 그 외에도 서류상 기록된 품종이 500개나 더 있다. 80년대와 90년대 이탈리아 와인 양조업자들은 자신들의 토착 품종을 배제한 채 대량 유통이 가능한 카베르네 소비뇽 같은 품종을 재배했다. 반면, 그들의 다음 세대 양조업자들은 수 세기 동안 이탈리아에서 가장 잘 자라온 토착 품종에 다시 주목해 와인업계를 재건하려 노력 중이다. 이탈리아 음식과 마

찬가지로 이탈리아 와인은 지역별 양조 스타일과 풍미가 다양해 각각의 개성을 발견하는 즐거움이 있다. 이탈리아만큼 포도 품종이 폭넓은 나라는 없다. 따라서 이탈리아의 모든 품종을 익히기 위해서는 막대한 노력과 시간이 필요하다. 이탈리아의 품종은 고대 로마시대부터 각 지역, 각 문화와 유기적으로 얽힌 채 지금까지 이어지고 있다. 특히 과거의 로마인은 유럽에 와인 양조 문화를 퍼뜨리며 큰 영향력을 행사했다.

이탈리아의 가장 유명한 와인 생산지는 피에몬테와 토스카나로 이 지역은 바롤로, 바르바레스코, 브루넬로 디 몬탈치노, 슈퍼 투스칸 등 세계적인 와인을 생산한다. 하지만 이탈리아의 웬만한 레스토랑에서 즐기는 간단한 하우스 와인도 상당히 만족스럽다. 이탈리아를 제대로 즐기는 방법은 널리 알려지지 않은 품종으로 만든 와인을 마셔보는 것이다.

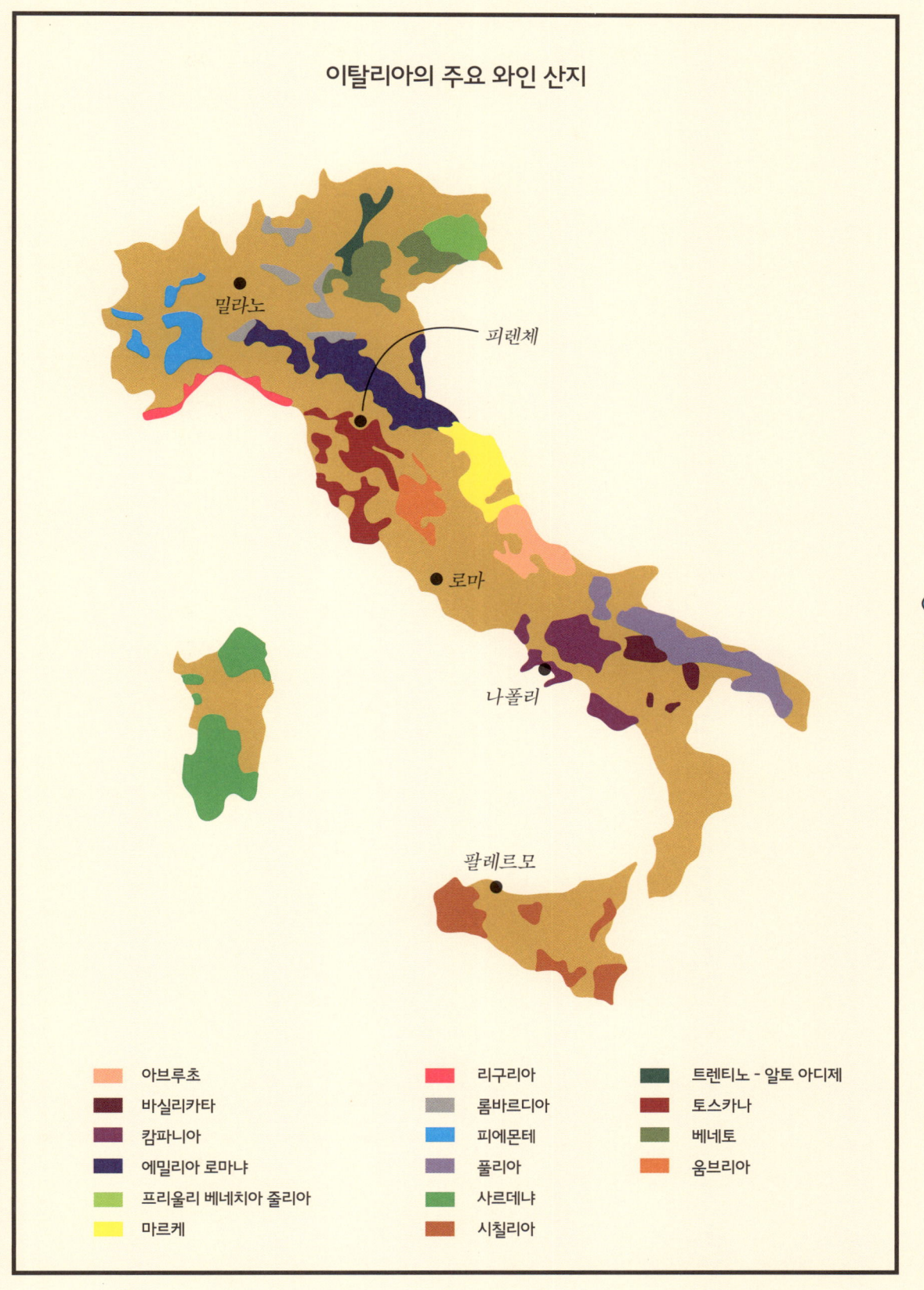

이탈리아의 주요 와인 산지

밀라노

피렌체

로마

나폴리

팔레르모

이탈리아

아브루초

바실리카타

캄파니아

에밀리아 로마냐

프리울리 베네치아 줄리아

마르케

리구리아

롬바르디아

피에몬테

풀리아

사르데냐

시칠리아

트렌티노 - 알토 아디제

토스카나

베네토

움브리아

캄파니아

→ **레드 와인** | **화이트 와인**
알리아니코 | 그레코, 피아노

캄파니아의 아삭하고 신선한 화이트 와인과 진한 레드 와인은 숙성을 거쳐도 맛이 훌륭하다.

이탈리아의 남부 지역에 위치한 만큼 무더운 날씨를 예상할 것이다. 하지만, 나폴리 우측의 높은 언덕에 자리 잡고 있어 개성이 강하고, 신선한 화이트 와인과 강건한 풀 바디의 레드 와인을 생산한다. 시로 피카리엘로의 피아노 디 아벨리노를 추천한다. 또한 진한 풍미의 타우라시도 꼭 마셔보도록 하자. 캄파니아의 알리아니코 품종은 높은 타닌과 산도로 남부 지역의 네비올로라고 불린다. 개인적으로도 캄파니아의 와인을 매우 좋아한다.

프리울리

→ **레드 와인** | **화이트 와인**
레포스코, | 리볼라 지알라,
메를로 | 소비뇽 블랑, 피노 그리지오,
 | 프리울라노

훌륭한 화이트 와인과 내추럴 와인을 찾는다면 이 지역을 주목하자.

이탈리아는 피노 그리지오를 제외하고 화이트 와인으로는 그다지 유명하지 않다. 그러나 베네치아 북쪽이자 오스트리아, 슬로베니아 국경과 맞닿은 프리울리는 꾸준히 명성을 쌓고 있는 지역으로 훌륭한 화이트 와인을 생산한다. 이 지역의 와인은 낮에 뜨겁고 저녁에 서늘한 해양성 기후 덕분에 독특한 개성과 신선함을 지닌다. 오크 배럴에서 발효를 거쳐 복합성을 더하기도 한다. 프리울리는 내추럴 와인과 스킨 컨택트 와인을 상당량 생산하며, 이탈리아의 내추럴 와인 운동에도 일정 부분 관여하고 있다. 프리울리의 레드 와인, 그중에서도 레포스코는 상대적으로 과일향이 뚜렷하고 마시기 편하다. 오렌지 와인이 인기를 끌고 있는 시기인만큼 주목할

만한 지역이라 할 수 있겠다. 흥미로운 사실은 슬로베니아와 이탈리아 프리울리 지역의 포도원 사이에는 역사적으로 교류가 많았다. 두 나라의 경계선이 포도원을 가로질렀기 때문이다.

롬바르디아

→ **레드 와인** | **화이트 와인**
키아벤나스카 | 피노 비앙코,
 | 피노 그리지오, 샤르도네

롬바르디아는 선명하고 뚜렷한 레드 와인과 고가의 스파클링 와인으로 유명한 지역이다.

롬바르디아 지역 중에서 가장 흥미로운 소지역을 꼽으라면 발텔리나를 선택할 것이다. 발텔리나는 이탈리아 북쪽 끝 경사가 가파른 알프스 계곡에 위치하지만 남쪽에서 불어오는 바람이 따뜻하게 데워주는 지역이다. 이 지역에서는 네비올로의 토착 클론인 키아벤나스카를 재배한다. 이 와인은 이 지역의 육류를 사용한 콜드 컷(햄, 소시지, 살라미 등 차가운 가공육을 얇게 자른 것 - 옮긴이), 치즈가 토핑된 리소토와 완벽한 궁합을 자랑한다. 이 지역에서는 구조감이 뛰어나고 풍미가 응축된 합리적인 가격의 와인을 많이 생산한다.

대표적인 생산자로는 그루멜로, 인페르노, 사쎌라, 발텔리나 슈페리오레가 있다. 이탈리아 최고의 스파클링 산지로 손꼽히는 프란차코르타는 프랑스의 샴페인에 대적할 만한 훌륭한 스파클링 와인을 만들지만 안타깝게도 가격마저 대적할 수준이다. 이 스파클링 와인에 배합된 품종은 샤르도네, 피노 누아, 피노 비앙코다.

● 피에몬테

→ **레드 와인**
네비올로, 바르베라,
돌체토

화이트 와인
모스카토,
코르테제

피에몬테는 바롤로, 바르바레스코, 흰 송로버섯으로 유명한 전설적인 지역이다.

이탈리아 북서부의 토리노에서 잠깐만 벗어나면 이탈리아에서 가장 유명한 와인 산지 피에몬테가 나타난다. 이 지역의 가장 대표적인 와인은 네비올로가 베이스인 바롤로 와인과 바르바레스코 와인이다. 이 두 와인은 그 어떤 포도 품종보다 아로마 성분이 많다고 과학적으로 증명되었다. 두 와인이 뿜어내는 아로마는 체리, 딸기, 타르, 꽃, 버섯, 흙 등 다채로우며 숙성을 거쳤을 때 마법 같은 풍미를 자아낸다. 어린 와인은 타닌감이 풍부해 너무 떫을 수 있기 때문에 와인이 너무 어릴 때는 마시지 않는 것이 좋다. 두 지역의 와인은 천천히 여유를 갖고 생각하면서 맛을 음미하면 좋을 와인이다. 훌륭한 음식과 곁들여 마시는 것도 추천한다. 또 다른 피에몬테의 명물인 가을철 흰 송로버섯이라면 더할 나위 없지 않을까?

바롤로와 바르바레스코 와인은 뛰어난 품질로 순식간에 가격이 치솟는다. 그럼에도 두 와인을 느껴보고 싶다면 한 단계 낮추어 네비올로 달바를 선택하도록 하자. 네비올로 달바는 대개 바롤로 지역에서 등급이 낮아진 어린 포도나무로 만든다.

나는 종종 밀라노의 북서부이자 피에몬테의 북부 지역의 겜메와 가티나라 와인을 구입한다. 네비올로의 토착 클론인 스판나로 만든 두 지역의 와인은 향긋함은 유지하면서 약간 더 가벼운 바디감을 지닌다. 또한 와인 수집가들이 주목하는 품종이 아니기 때문에 가격도 훨씬 저렴하다. 칸탈루포, 발라나, 프로프리에타 스페리노는 물론, 재미있게 생긴 병에 담긴 트라발리니까지 맛보도록 하자. 이 모든 와인은 적당한 숙성 기간을 거쳤을 뿐 아니라 가격도 합리적이다.

피에몬테의 토착 품종인 바르베라 역시 사람들이 주목하는 품종이다. 이 품종은 짙은 빛깔의 체리류와 과일향, 묵직한 바디감이 돋보이는 레드 와인으로 탄생하며 오크 배럴에서 발효를 거치기도 한다.

피에몬테의 와인 중 일상에서 편하게 마실 수 있는 품종은 돌체토다. 복잡하지 않고 목넘김이 쉬워 일과 후에 살라미와 파르메산 치즈를 곁들여 먹기 좋다.

또한 피에몬테를 이야기한다면 아스티 지역을 빼놓을 수 없다. 이 지역에서는 깔끔하면서도 과일향이 넘치는 스파클링 와인 아스티 스푸만테를 생산한다. 개인적으로는 잘 익은 딸기와 함께 먹는 것을 추천한다. 그렇다고 딸기를 와인 잔에 넣어 마시지는 말자! (스푸만테는 충분히 괜찮은 스파클링 와인이니 샴페인은 특별한 날을 위해 아껴두자.)

● 풀리아

→ **레드 와인**
프리미티보,
네그로 아마로

풀리아는 착한 가격의 묵직하고 강렬한 와인을 찾는 사람에게 추천하는 지역이다.

과거 풀리아는 포도 머스트 농축액을 생산했으며 다른 지역에서는 그들이 원하지 않더라도 법적으로 풀리아의 머스트를 써야만 했다. 토스카나에서 키안티 클라시코를 만들더라도 포도즙의 농도를 높이기 위해서는 풀리아의 머스트를 사용해야만 했다. 하지만 이 안쓰러운 이탈리아 남부 지역은 최근 수십 년간 EU에서 막대한 보조금을 받아 변화된 모습을 보이고 있다(이는 와인뿐만이 아니다). 풀리아는 매우 따뜻한 지역으로 이 지역에서 생산되는 와인은 바디감이 묵직하고 강건한 특징이 있다. 개인적으로는 상업성이 짙다고 생각하지만 빠듯한 예산으로 와인을 사려고 하는 사람에게는 제격이다.

이탈리아

■ **아로마 성분**
아로마라는 단어가 의미하는 것처럼 우리가 맡는 냄새를 뜻한다. 냄새를 관장하는 이 화학물질은 알코올이 증발하면서 생겨난다.

🔴 시칠리아

→ **레드 와인**
프라파토,
네로 다볼라,
네렐로 마스칼레제

화이트 와인
그릴로,
카타라토,
그레카니코,
지비보

시칠리아는 다양한 개성 탓에 간략하게 요약하기 힘든 지역이다. 하지만 숨겨진 보석 같은 와인을 합리적인 가격에 찾을 수 있다는 사실만은 명확하다.

나는 가성비가 훌륭하고 음식과 곁들이기 쉬운 시칠리아 와인을 좋아한다. 시칠리아는 이탈리아 남부의 화창한 섬이다. 지역별로 미세하게 다른 기후 덕택에 다채로운 와인을 생산한다. 이 지역의 바람은 자칫하면 뜨거운 햇살에 타버릴 수 있는 남부 아카테 밸리와 마르살라의 포도를 식혀줄 뿐 아니라, 곰팡이가 피는 것도 방지한다. 높은 고도로 인해 서늘한 기후를 보이는 에트나 산 지역에서는 포도가 천천히 익고, 이에 따라 낮은 당도와 견고한 산도를 지닌다. 여기에 이 지역의 화산토가 더해져 우아함과 강렬함을 두루 갖춘 와인이 탄생한다.

시칠리아는 광범위한 레드 와인과 화이트 와인은 물론, 암포라 토기에서 숙성한 독특한 와인도 생산한다. 마르코 데 바르톨리에서 생산한 와인은 깔끔하고 우아한 풍미가 일품이다. (첨언하자면 그는 암포라 토기를 직접 씻어내는 몇 안 되는 양조업자이며, 독특하게 암포라 토기를 땅 안에 묻는 것이 아니라 땅 위에 놓는다. 그는 그릴로 품종으로 만든 화이트 와인은 물론 마르살라 와인으로 가장 유명하다.) 훌륭한 지역 와이너리인 COS에서 만든 피토스(암포라의 일종으로 흙으로 만든 입이 큰 항아리 - 옮긴이)에 숙성한 와인도 마셔보도록 하자. 시칠리아 테누타 델레 테레 네레의 용감한 사람들은 에트나 산악지대 위에 위치한 단일 포도원에서 훌륭한 와인을 만들기도 한다. 참고로 에트나 산은 아직 열기를 내뿜는 활화산이다!

마르살라는 1773년 시칠리아에서
영국의 무역상 존 우드하우스가
값비싼 셰리 와인을
대체할 목적으로 만들었다.

🟢 트렌티노- 알토 아디제

→ **레드 와인**
테롤데고, 라그레인,
스키아바, 피노 네로

화이트 와인
피노 비앙코,
소비뇽 블랑,
노시올라

트렌티노에서는 훌륭한 레드 와인을, 알토 아디제에서는 이탈리아 최고의 화이트 와인과 피노 네로를 만나볼 수 있다.

이탈리아 북부에 위치한 트렌티노-알토 아디제 지역은 알프스 산맥의 영향으로 포도의 재배 기간이 짧으며 밤에도 서늘한 기후를 보인다. 이처럼 서늘한 기후는 와인의 풍미가 발달하는 데 결정적인 역할을 한다.

트렌티노는 토착 품종인 노시올라로 만든 화이트 와인뿐만 아니라 또 다른 토착 품종인 테롤데고로 만든 억센 레드 와인을 주로 생산한다. 또한 유명 스파클링 와인 제조업자인 페라리 트렌토로도 잘 알려져 있다.(페라리 자동차와는 아무런 연관이 없다니 참으로 안타깝다) 피노 비앙코로 만든 화이트 와인과 스키아바로 만든 레드 와인은 이 지역의 보급형 와인으로 우아하지만 부담 없이 즐길 수 있고 음식과의 궁합도 뛰어나다.

트렌티노보다 조금 더 북쪽에 위치한 알토 아디제는 거의 매끼마다 다른 품종의 와인을 마셔볼 수 있을 정도로 다양한 와인을 생산하는 지역이다. 특히 아디제 강 우측에 위치한 지역에서 재배하는 피노 네로는 세계 최상급으로 손꼽힌다. 토착 품종인 라그레인으로 만든 와인은 진한 풍미와 강한 특성이 있어 메를로와 비슷하게 느껴지기도 한다. 트라민이라는 작은 마을은 최고의 게뷔르츠트라미너 와인을 생산하는 것으로 유명하다. 이 품종은 양조업자들 사이에서도 다루기 까다롭기로 꼽힌다. 포도원의 맹수라고 할 만큼 두꺼운 껍질에서 생성된 높은 타닌이 와인의 향긋함을 뒤덮고 알코올 함량을 높이기 때문이다. 무엇보다 이 품종으로 매년 일관된 맛의 와인을 생산하는 것은 거의 불가능에 가까울 정도로 어렵다. 하지만 트라민에서는 오래도록 게뷔르츠트라미너 품종을 재배한 경험을 바탕으로 맛과 품질 모두 안정적인 와인을 생산한다.

또한 알토 아디제는 인접한 오스트리아 슈타이어마르크의 영향을 받아 소비뇽 블랑의 교과서라고 할 수준의 와인도 생산한다. 이 지역의 소비뇽 블랑도 잊지 말고 마셔보도록 하자!

🔴 토스카나

→ 레드 와인	화이트 와인
산지오베제, 카나이올로, 카베르네 소비뇽, 메를로	트레비아노 토스카노

치열한 마케팅으로 떠오른 값비싸고 파워풀한 레드 와인으로 대표되지만, 그 와중에 숨겨진 보석을 찾는 재미가 있는 지역이다.

많은 사람들이 인생의 버킷 리스트로 토스카나 여행을 꼽는다. 그들이 토스카나를 꼽았을 때는 단순히 맛있는 음식만을 보고 선택하지는 않았을 것이다. 나는 이 책에서 키안티를 생산하는 무수히 많은 세부 지역까지 상세하게 다루지는 않겠다. 이럴 때야말로 스마트폰을 활용해서 간편히 검색해 보기를 바란다. 하지만 키안티의 가장 기본적인 특징은 산지오베제 품종을 베이스로 사용한다는 것이다. 전통적으로 키안티는 산지오베제에 카나이올로와 청포도 품종인 트레비아노를 소량 더해 상쾌한 풍미를 끌어 올렸다. 그후 1980년대부터는 산지오베제에 전 세계적으로 널리 쓰이는 카베르네 소비뇽, 메를로를 배합해 진하고 파워풀한 와인을 생산하기 시작했다. 마침내 1990년대에 이르러서는 국제적으로 상업성을 높이기 위해 오크 배럴을 사용하기 시작했는데 안타깝게도 이때부터 지역의 독특한 개성을 잃게 되었다.

오늘날 이 지역에는 아직도 전통적인 양조 방식을 고수하는 업자들이 남아 있다. 키안티 클라시코 급 최고의 와이너리 중 하나인 몬테베르티네의 피안 델 치암폴로 와인이 대표적이다. 또한 음식과 곁들이기 좋은 몬테라포니 와인도 장인 정신과 우아한 풍미가 느껴지는 동시에 합리적인 가격을 자랑한다. 마지막으로 키안티 클라시코의 펠시나와 키안티 루피나의 파토리아 셀바피아나도 추천한다.

토스카나를 상징하는 브루넬로 디 몬탈치노는 브루넬로라고 불리는 산지오베제의 복제 품종으로 만든다. 이 품종으로 만든 와인은 매우 강렬하기 때문에 음식을 저절로 찾게 된다. 브루넬로 와인의 왕이라고 하면 솔데라를 꼽을 수 있고, 카사노바 델레 세르바이에도 훌륭한 품질을 자랑한다. 하지만 품질이 우수한 만큼 가격도 비싸단 점을 명심하자. 따라서 이 둘보다 조금 더 낮은 등급의 로쏘 디 몬탈치노부터 시작하는 것을 추천한다. 적당히 돈을 쓰며 기분을 내고 싶거나 집에서 스테이크와 함께 곁들일 때 제격이다.

이들과 멀리 떨어지지 않은 곳에 몬테풀차노 마을이 있다.

이 지역은 널리 알려진 비노 노빌레 디 몬테풀차노 와인을 생산한다.

토스카나 연안의 볼게리 마을에서는 이탈리아 와인 중 가장 유명한 사시까이아를 생산한다. 제2차 세계대전 당시 인치사 가문은 자신들이 좋아하던 보르도 와인을 구할 수 없게 되자 카베르네 소비뇽을 직접 재배하기 시작했다. 1960년대 후반까지만 해도 자신들이 직접 마시기 위한 용도였다. 하지만 점차적으로 많은 와이너리에서 세계적인 품종인 카베르네 소비뇽, 메를로, 쉬라, 카베르네 프랑을 재배하고, 오크에서 숙성한 파워풀한 와인을 생산하기 시작하면서, 일명 '슈퍼 투스칸' 컬트 와인이 태어나게 되었다. 그리고 이 슈퍼 투스칸 와인은 매우 비싸게 팔려나갔다. 개인적으로는 슈퍼 투스칸 와인 대부분이 지나친 마케팅으로 탄생되었다고 생각하지만 두터운 팬층을 보유한 것은 명백한 사실이다.

🟢 베네토

→ 레드 와인	화이트 와인
코르비나, 몰리나라, 론디넬라	글레라, 피노 그리지오

베네토는 프로세코와 피노 그리지오의 바다 속에서 독특한 개성을 지닌 아마로네까지 즐길 수 있는 지역이다.

베네토는 『로미오와 줄리엣』의 배경인 베로나 인근에 위치한 지역이다. 최근에는 가볍고 목 넘김이 편한 스파클링 와인 프로세코로 잘 알려져 있다.

이 지역에는 과일향이 선명한 DOC 와인 발폴리첼라가 있다. 이 와인은 간결한 이탈리아 음식 대부분과 잘 어울린다. 이탈리아 레드 와인 중 가장 강한 아마로네와도 형제격이다. (나파 밸리산 까베르네 소비뇽의 이탈리아 버전이라고 할 수 있다. 풍미는 조금 다르지만 와인의 농축미 측면에서 동일하다.)

이탈리아에서 대량 판매를 목적으로 생산하는 피노 그리지오 와인은 대부분 베네토에서 재배한다. 베네토의 피노 그리지오는 부드러워 편하게 마실 수 있지만 때로는 바디감이 엷어 묽게 느껴지기도 한다. 완벽한 와인이라고 마케팅하는 경우가 많지만 그 정도까지의 가치를 전달하지는 못한다.

이탈리아

Spain

스페인

→ 개성 만점의 젊은 스페인 양조업자들은 멸종 위기의 오래된 품종을 재발굴하고, 버려지다시피 한 포도원을 활성화해 자국 와인업계에 활기를 불어넣고 있다.

스페인은 포도 재배 면적이 세계에서 가장 큰 주요 와인 생산국이다. 다만, 대부분의 와인을 증류해 브랜디를 만드는 데 사용하기 때문에 순수 와인 생산량은 프랑스와 이탈리아의 뒤를 이어 3위를 기록한다.

지역별 특색 있는 지리적 환경 덕분에 스페인에는 다양한 포도 품종과 다채로운 풍미의 와인이 생산된다. 예를 들어, 마드리드의 기후는 낮에는 따뜻하고 밤에는 차가우며, 대서양 연안 갈리시아의 기후는 습도가 높고 서늘하다. 안달루시아 지역은 백색 점토와 석회암 토양이 있으며, 아찔한 경사지가

펼쳐진 카나리아 제도는 화산 활동의 영향으로 다듬어지지 않은 토질을 볼 수 있다. 이처럼 각기 다른 스페인의 자연 환경은 다양한 와인의 매력을 발견하는 즐거움을 선사한다. 또한 스페인 와인의 최대 장점은 상대적으로 저평가된 탓에 가격마저 훌륭하다는 것이다.

스페인의 전통적인 와인 생산지는 리오하, 페네데스, 헤레스, 리베라 델 두에로 등이 있다. 하지만 나는 무엇보다도 스페인과 포르투갈에서 일어나고 있는 대대적인 변화에 주목하고 있다. 이른바 신흥 와인 양조업자들이 놀라울 정도로 특색 있는 와인을, 놀라울 정도로 합리적인 가격에 내놓고 있다. 이처럼 이베리아 반도에서는 나마저도 신선함과 새로움을 느끼는 와인, 품종, 산지를 쏟아내고 있다. 그 매력을 내가 어찌나 자주 이야기했는지 동료들이 놀릴 정도다. 하지만 멈출 수 없는 것을 어찌한단 말인가! 스페인은 그 정도로 무한한 매력을 지닌 와인 생산지다.

스페인의 주요 와인 산지

마드리드

바르셀로나

스
페
인

안달루시아		마드리드
아라곤		무르시아
카스티야이레온		나바라
카탈루냐		리베라 델 두에로
갈리시아		리오하
		발렌시아

● 안달루시아

→ **화이트 와인**
팔로미노 피노,
페드로 히메네스

안달루시아는 모든 면에서 스페인의 새로운 모습을 볼 수 있는 지역으로 특히 다채롭고 생기 넘치는 화이트 와인이 일품이다.

안달루시아는 카디즈 인근 지역으로 독특하게 반짝이는 백색의 풍부한 석회질 토양을 지니고 있다. 이러한 석회질 토양은 셰리 와인을 만들 때 사용하는 팔로미노 품종이 자라기에 최적의 환경이다. 팔로미노 포도의 강하고 독특한 특성은 레반테의 뜨겁고 건조한 바람과 대서양에서 불어오는 습한 바닷바람인 포니엔테가 교차하면서 만들어진다. 또한 포니엔테 바람은 열기를 식히고 포도의 당분과 산도가 적절한 균형을 유지하는 데 도움이 된다. 견과류향과 은은한 향신료 아로마가 풍기는 피노와 만자니야 스타일의 셰리 와인은 이 지역의 이베리코 햄, 올리브와 환상적인 궁합을 자랑한다. 만약 매우 복합적인 풍미를 즐기는 사람이라면 수년 간 숙성을 거쳐 탄생하는 올로로소 스타일의 셰리 와인을 추천한다.

안달루시아의 와인업계에서는 최근 변화의 바람이 불고 있다. 와인 양조업자들은 셰리 와인과 같은 비산화 화이트 와인을 실험적으로 제조하고 있으며, 거의 멸종한 1800년대의 희귀 품종을 다시 재배하고 있다. 그 결과, 드라이하고

감귤향이 강하며 날카로운 특성 탓에 업계에서는 '신경과민'이라 별명을 붙인 화이트 와인을 만들어냈다. 이는 부르고뉴의 샤르도네와 필적할 수준이다. 내가 일하고 있는 와인 바에서는 알베르토 오르테의 아틀란티다 블랑코를 많이 판매하고 있다. 이 와인 역시 거의 멸종 위기에 있던 청포도 품종 비지리에가를 되살려 만든 와인으로 가격 대비 품질이 매우 우수하다. 이 품종은 비옥한 석회질 토양에서 잘 자라며 화이트 와인으로 만들었을 때 부르고뉴 와인 급의 품질을 뽐낸다.

● 카탈루냐

→ **레드 와인**
템프라니요,
그라나차(그르나슈),
까리예나

화이트 와인
마카베오,
자렐로,
빠레야다,
샤르도네

카탈루냐는 대규모로 생산하는 까바부터 독특한 개성의 레드 와인까지 만날 수 있는 다양하고 역동적인 지역으로 주목할 가치가 있다.

스페인의 북서부 지역이자 바르셀로나 인근에 위치한 카탈루냐는 스파클링 와인인 까바로 가장 잘 알려져 있다. 이 지역의 까바 생산량은 엄청난 수준으로 일부 생산자는 DO 까바 또는 DOC 까바에서 탈퇴하고 단순히 '스파클링 와인'이라고 표기하고 있다. 까바는 주로 상기 화이트 와인의 품종으로 만들지만, 최근 샤르도네도 생산량이 늘어나고 있으며 피노 누아도 서서히 증가하는 추세다.

가파른 경사지인 프리오라트 지역의 와인은 파워풀하고 알코올 함량이 높은 편이다. 특히 그라나차 품종으로 만들었을 때 이러한 특성이 도드라진다. 이 지역은 더 우아하고 떼루아의 영향이 잘 반영된 와인을 만들기 위해 과거의 양조 스타일로 돌아가고 있다. 떼루아 알 리미트의 와인을 한 모금 마셔보면 이 지역이 새롭게 포지셔닝하려는 방향을 이해할 수 있을 것이다. 페네데스 지역 또한 희귀한 청포도 품종인 수몰 블랑을 재배하는데 이 품종의 경작지는 겨우 약 48,500m²밖에 남지 않았다. 스페인 와인계를 새롭게 개척하

환상적인 스파클링 와인

→ 바르셀로나 인근에 위치한 페네데스는 스페인의 주요 스파클링 와인 생산지다. 개인적으로 꼭 언급하고 싶은 생산자는 라벤토스 아이 블랑의 페페 라벤토스다. 그는 용감하게도 널리 알려진 스페인의 원산지 호칭 체계인 DO 까바를 탈퇴하고 훨씬 더 높은 자신만의 품질 요건을 세웠다. 그렇게 탄생한 이 와인을 마셔보길 바란다. 합리적인 가격에 환상적인 경험을 할 것이다.

고 있는 대표적인 와이너리 에레탓 몽루비는 이 품종으로 만든 와인을 생산한다. 그 수는 겨우 연간 900병에 한정된다.

🔵 갈리시아

→ **레드 와인** | **화이트 와인**
　멘시아 | 알바리뇨,
　　　 | 고델로,
　　　 | 도냐 블랑카

갈리시아는 흥미롭지만 저평가된 지역이며 조금은 옛날 방식으로 와인을 생산한다.

갈리시아는 대서양 인근 스페인 북서부 지역으로 최소한 신흥 양조업자 사이에서는 가장 주목받는 지역이 되었다. 리아스 바이사스 지역의 대표 품종은 알바리뇨이며 이 지역에는 화강암 기반의 포도원이 대서양 연안까지 널리 퍼져 있다. 이 지역의 와인은 상쾌하고 톡 쏘는 산미와 짭쪼름한 뒷맛이 섞여 있어 바다를 연상시킨다. 같은 알바리뇨 품종으로 만들어도 머나먼 섬에서 만든 와인과 연안에서 생산한 와인은 매우 상반된 풍미를 지닌다. 이 지역 와인 중, 라벨에 '소브레 리아스'라고 표기된 와인을 찾아보자. 이 용어는 와인을 만들 때 앙금 접촉 시간을 늘렸다는 뜻이다. 이렇게 만든 와인은 과거 슈퍼마켓에서 보던 가벼운 와인과 달리 훨씬 파워풀하며 풍미와 아로마가 도드라진다. 퓔리니 몽라쉐나 뫼르소 급의 부르고뉴 화이트 와인보다 저렴한 대체재를 찾는다면 고델로나 도냐 블랑카로 만든 화이트 와인 또는 이 둘을 배합한 와인을 살펴보자.

적포도 품종인 멘시아에 대한 의식도 바뀌고 있다. 과거에는 가볍고 다소 허브향이 강해 카베르네 프랑과 크게 다르지 않다고 여겨졌지만, 최근에는 양조업자에 따라 다양한 스타일의 와인으로 매우 합리적인 가격에 태어나고 있다. 발데오라스에서 만든 멘시아 와인은 보졸레 와인을, 리베이라 사크라에서 만든 와인은 북부 론을 연상시키며, 리아스 바이사스에서는 조금 더 풋풋한 풍미의 와인을 생산한다. 이 지역에서 주목할 매력적인 양조업자로는 라울 페레즈가 있다. 그가 만든 리베이라 사크라의 카스트로 칸다즈 멘시아를 추천한다. 또한 입문 가격대 와인으로는 비에르조의 울트레이아 생 자크를, 최상급에서는 울트레이아 드 발투일레를 추천한다. 이 최상급 와인은 독특하게도 자연적으로 생성된 플로르 효모(발효가 일어나는 동안 와인 표면을 덮는 효소 - 옮긴이)를 활용해 만든다.

스
페
인 📍

열성팬을 거느린
카나리아 제도

→ 팬층이 두터운 와인 생산지 중 하나다. 특히 '섬에서 만든 와인'을 극찬하는 사람들이나 화산지 토양의 독특한 풍미를 좋아하는 사람들에게 인기가 많은 지역이다. 한때는 관광객을 대상으로 싸구려 저품질 와인을 파는 지역으로 알려져 있었으나, 최근 들어 엔비나떼 타가난 같은 와인 개선 활동을 벌이고 있다. 이 활동은 와인을 생산하기 까다로운 오래되고 험준한 경사지의 포도원을 인수해 살려내는 작업이다. (인터넷에 '카나리아 제도 포도원'이라고 검색해보자. 손이 닿지 않은 미개척 상태로 포도원이라는 생각이 들지 않을 것이다.) 이렇게 태어난 와인은 매우 품질이 훌륭하며 포도의 배합 또한 매우 생소할 것이다. 이 와인은 주로 화이트 와인인 리스탄 블랑코나 레드 와인인 리스탄 네그로를 베이스로 만든다. 보데가 후안 프란시스코 파리냐 와인도 추천한다.

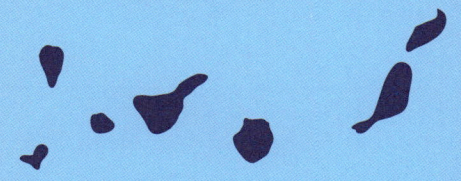

리베라 델 두에로

→ **레드 와인**
템프라니요(틴토 피노, 틴토 델 토로)

리베라 델 두에로는 우아하고 전통적인 와인 생산지로 바디감이 가득하고 풍미가 진한 레드 와인을 생산한다.

리베라 델 두에로는 두우루 강을 따라 길게 뻗은 와인 산지다. 스페인에서 가장 유명한 와인인 베가 시실리아의 고향이다. 고원지대가 펼쳐진 곳으로 높은 고도의 영향을 받아 쌀쌀한 밤공기가 따뜻한 기후를 누그러뜨린다. 따라서 와인은 진하게 농축된 느낌과 파워풀한 특징이 있을 뿐만 아니라 높은 산도로 인해 섬세하고 선명한 풍미를 뿜어낸다. 리베라라고도 불리는 이 지역은 빛깔이 진하고 싱싱한 레드 와인을 생산한다. (리베라보다 규모가 작은 토로에서는 더 파워풀하면서도 가격이 저렴한 와인을 생산한다.) 리베라 지역은 신세대 양조업자들이 스페인에 일으킨 트렌드 변화의 바람으로 정체성의 혼란을 겪고 있다.

리오하

→ **레드 와인**
템프라니요,
그라나차(그르나슈)

화이트 와인
비우라(마카베오)

리오하의 오크 숙성 레드 와인은 보르도에 온 듯한 착각을 일으킨다. 사실 물리적으로도 그렇게 멀리 떨어져 있지 않다!

리오하는 보르도, 바롤로 와인과 어깨를 나란히 하는 유서 깊은 클래식 레드 와인 산지다. 리오하 와인은 템프라니요와 그라나차를 배합해 만드는데, 이 배합 과정에 숙성에 필요한 산도가 더해진다. 참고로 이 지역의 양조 기술은 수 세기 전 보르도 지역에서 유래한 후 리오하의 전통으로 자리 잡았다. 이 지역은 미국 오크 나무를 많이 사용하는 편으로 특유의 바닐라 아로마가 와인에 충분히 녹아 있다. 리오하는 크리안자 등급으로 알려진 빛깔이 어둡고 과실 풍미가 가득하며 강렬한 와인도 생산한다. 알코올 함량이 높은 편인데, 보통 숙성을 거쳐 맛을 부드럽게 한다. 비록 리제르바와 그랑 리제르바 등급은 일반적으로 고가이지만, 에레 로페스 데 에레디아와 보데가스 에르마노스 페시냐 같은 개성 넘치는 와인은 합리적인 가격에도 구할 수 있다. 크리안자, 리제르바(3년간 숙성), 그랑 리제르바(5년 이상 숙성) 등급의 와인을 비교하며, 와인이 숙성을 거쳐 어떻게 변하는지 느껴보자. 또한 이 지역은 비우라 품종 베이스의 화이트 와인도 생산한다. 이 화이트 와인은 상쾌함부터 오크 풍미까지 다양한 매력을 지닌다.

또 다른 추천 와인!

→ 구할 수만 있다면 갈리시아 지역의 엔비나떼 루사스 리베이라 사크라를 꼭 마셔보도록 하자. 이 와인은 현재 스페인에서 가장 인기 있는 와인이다. 어찌나 인기가 많은지 미국에 수입되기도 전에 이미 품절되는 경우가 많다. (이래서 항상 와인 숍 직원과 친하게 지내야 한다!) 이 와인은 살충제를 전혀 사용하지 않고 손으로 직접 수확한 포도로 만든다. 이산화황도 필요시에만 첨가하는 등 저장 과정에서도 개입을 최소화한다. 이러한 특징으로 현재 두터운 팬 층을 보유하고 있다.

스페인 포도 품종 완전 정복

→ 인간의 본성 때문일까? 우리는 똑같은 와인만 계속해서 찾는 경향이 있다. 하지만 장담하건대 널리 알려지지 않은 품종으로 만든 와인을 맛보기 시작하면 색다른 만족감은 물론 비용도 절약될 것이다. 그리고 스페인만큼 이런 경험을 제대로 할 수 있는 나라도 없을 것이다. 스페인 와인은 너무나 다양해 한마디로 정의하는 것이 불가능하다. 심지어 같은 품종이라 할지라도 상당한 수준의 다양성을 보여준다. 스페인의 알바리뇨는 감귤향이 강하고 상큼하며, 도냐 블랑카는 감귤향이 강하지만 파워풀하다. 비우라는 원만하고 튀지 않으면서 약간 산화된 느낌이 있고, 감탄사가 절로 나오는 고델로는 부르고뉴 샤르도네의 우아함을 선사하면서도 퓔리니 몽라쉐처럼 사악한 가격을 요구하지는 않는다. 스페인에서 주목할 만한 품종은 아래와 같다.

알바리뇨

감귤류의, 신선한, 부드러운 허브향이 나는

싸구려 슈퍼마켓 화이트 와인이라는 꼬리표를 달고 있지만 조만간 훌륭한 품질로 잠재력을 터뜨릴 것이다. 포도에 따라 다양한 질감이 느껴지고 진한 풍미를 지니기도 하나, 다소 풍미가 결핍된 것들도 있다. 일부는 향긋하고 미네랄 풍미가 가득하고, 대서양 인근에서 자란 알바리뇨에서는 이색적인 짭쪼름함은 물론 또렷한 선명도가 느껴진다. 로드리고 멘데스와 라울 페레즈의 동업자인 보데가스 포르하스 델 살네스 와이너리를 추천한다. 또한 난클라레스 이 프리에토, 라울 페레즈가 만든 아딸리에와 최고급 한정판 스케치를 추천한다.

도냐 블랑카

쌉쌀한 아몬드향의, 실크같은, 미디엄 바디

주로 고델로와 블렌딩하는 도냐 블랑카는 중성적인 특성을 지닌 화이트 와인 품종이다. 과거에는 주로 증류의 목적으로 사용되었다. 하지만 최근에는 와인으로 사용하는 양이 증가하고 있다. 와인으로 만들었을 때 향과 풍미가 감추어져 있고 매우 조밀한 것이 특징이다. 최소 3년간 숙성을 거쳐야 독특한 개성을 드러낸다.

고델로

감귤류의, 뚜렷한, 풋사과 풍미가 나는

고델로는 가실리아 지방에서만 자라는 청포도 품종이다. 적판암과 점토 토양의 특성을 온전히 품고 있다. 양조 방식에 따라 훌륭한 리슬링처럼 느껴지기도 하고, 더 나아가 퓔리니 몽라쉐를 연상시키기도 한다. 고델로는 특히 발데오라스 지역에 집중되어 있다. 라파엘 팔라시오스의 로우로 고델로를 추천한다.

가르나차

붉은 과일향이 나는, 섬세한 타닌, 균형 잡힌

가르나차는 스페인 각지에서 고르게 재배되지만 아직까지 큰 주목을 받지 못했다. 템프라니요보다 독특한 개성이 있는 품종으로 적절한 산도를 지녀 숙성에 적합하다. 스페인의 가르나차는 파워풀한 샤또 네프 뒤 파프 와인에 사용된 지중해의 영향을 받은 그르나슈와는 다르다. 스페인의 가르나차는 피노 누아처럼 순수하고 경쾌한 느낌을 준다. 최근 가장 이목을 끄는 와인을 꼽으라면 마드리드 서부의 서늘한 경사지인 시에라 드 그레도스 지역에서 생산한 코만도 지다. 또한 젊은 2세대 와인 양조업자의 작품인 라 브루하 데 로자스 역시 훌륭한 와인으로 21달러의 합리적인 가격을 자랑한다. 시에라 드 그레도스 지역에서는 계속해서 개성 넘치는 와인이 쏟아져 나올 것이니 항상 주목하도록 하자.

멘시아

짙은 빛깔의 과일향, 향신료, 쌉쌀한

매우 다채로운 개성을 지닌 품종이다. 적포도 품종인 멘시아로 만든 와인은 각종 음식과 훌륭하게 어울려 언제 선택하더라도 후회를 남기지 않는다.

템프라니요

과일향이 나는, 신선한, 완숙한

스페인의 포도 중 가장 유명한 품종이다. 특히 리오하 지역에서 인기가 높다. 리오하에서는 그라나차(프랑스에서는 그르누슈라고 함), 그라시아노, 카리냥이라고도 부르는 마수엘로와 배합해 사용한다. 리오하 와인의 참 매력은 훌륭하게 숙성된 와인을 저렴한 가격에 살 수 있다는 것이다. 이 세상 사람들이 그 진가를 알아채기 전에 충분히 즐기도록 하자.

트레이샤두라

강렬한, 향긋한, 미네랄향이 나는

트레이샤두라는 상당히 매력적인 청포도 품종이다. 향긋하고 톡 쏘는 풍미와 함께 조개껍데기 같은 광물성이 느껴져 다소 꺼리는 사람도 있지만 그만큼 마시는 즐거움을 선사한다. 이 품종을 완벽히 이해하고 와인을 만드는 대표적인 사람은 리베이로 지방 로드리게스 바스케스 와이너리의 루이스 로드리게스다. 그는 겸손한 마음과 개척 정신으로 훌륭한 업적을 달성했으며 스페인 와인 업계의 반짝이는 별로 성장하고 있다. 그가 만든 레드 와인도 마셔보도록 하자.

스페인

Portugal

포르투갈

➡️ **포르투갈은 와인계의 잠자는 거인이다.**

내가 가장 좋아하는 와인 산지는 스페인이다. 그다음 차례로 포르투갈을 소개하고자 한다. 포르투 와인의 주요 산지인 **도우루** 지역은 세부 지역별로 다양한 미기후와 고도 차이가 있어 매력적인 레드 와인과 화이트 와인이 생산된다. 레드 와인으로는 투리가 나시오날, 투리가 프랑카 품종이 사용되며, 화이트 와인으로는 라비가토, 고우베이오 품종이 사용된다. 드라이 와인을 선호하는 최근 추세로 인해 포트 와인의 인기는 감소하고 있다. 양조업자들은 앞 다투어 드라이한 레드 와인과 화이트 와인을 만들고 있다. 대표적인 사례로 전통 있는 와이너리인 니에푸르트를 들 수 있다. 이 지역의 떠오르는 와인 생산자로는 루이스 시브라가 있는데 그는 도우루 지역의 훌륭한 떼루아를 온전히 담기 위해 개입을 최소화해 와인을 생산한다.

비뉴 베르데 또한 변화의 흐름을 겪고 있다. 과거엔 아린투나 로우레이로 품종으로 오프-드라이한 당도의 발포 와인을 주로 만들었다. 지금은 비뉴 베르데의 상징인 미세한 기포는 유지하면서, 편암과 화강암의 토양을 충분히 반영한 단일 포도원 단위의 와인을 생산하는 추세다. 비뉴 베르데는 특히 여름철에 마시기 좋은 와인이다. 또한 **바이라다** 지역의 바가 품종으로 만든 와인도 주목할 필요가 있다. 바가로 만든 와인은 네비올로와 마찬가지로 타닌 함유량이 높다.

포르투갈 내륙의 산지 내에 자리 잡은 다웅은 가장 개성이 뚜렷한 와인을 생산한다. 멘시아라고도 부르는 자엥 품종으로 만든 와인은 프랑스 북부 론 지방의 쉬라 와인을 연상시킨다. 반면 **알렌테주** 지방에서는 스튜와 잘 어울리는 풍미가 진하고 마시기 편한 와인을 생산한다. 이 지역은 과거부터 암포라 토기를 이용한 와인을 많이 생산했으며 비뉴 베르데를 능가하는 최대 와인 산지다. 또한 대규모 슈퍼마켓용 와인을 생산하던 과거에서 벗어나 단일 포도원을 중심으로 개성 있는 화이트 와인을 생산하는 추세로 빠르게 변하고 있다.

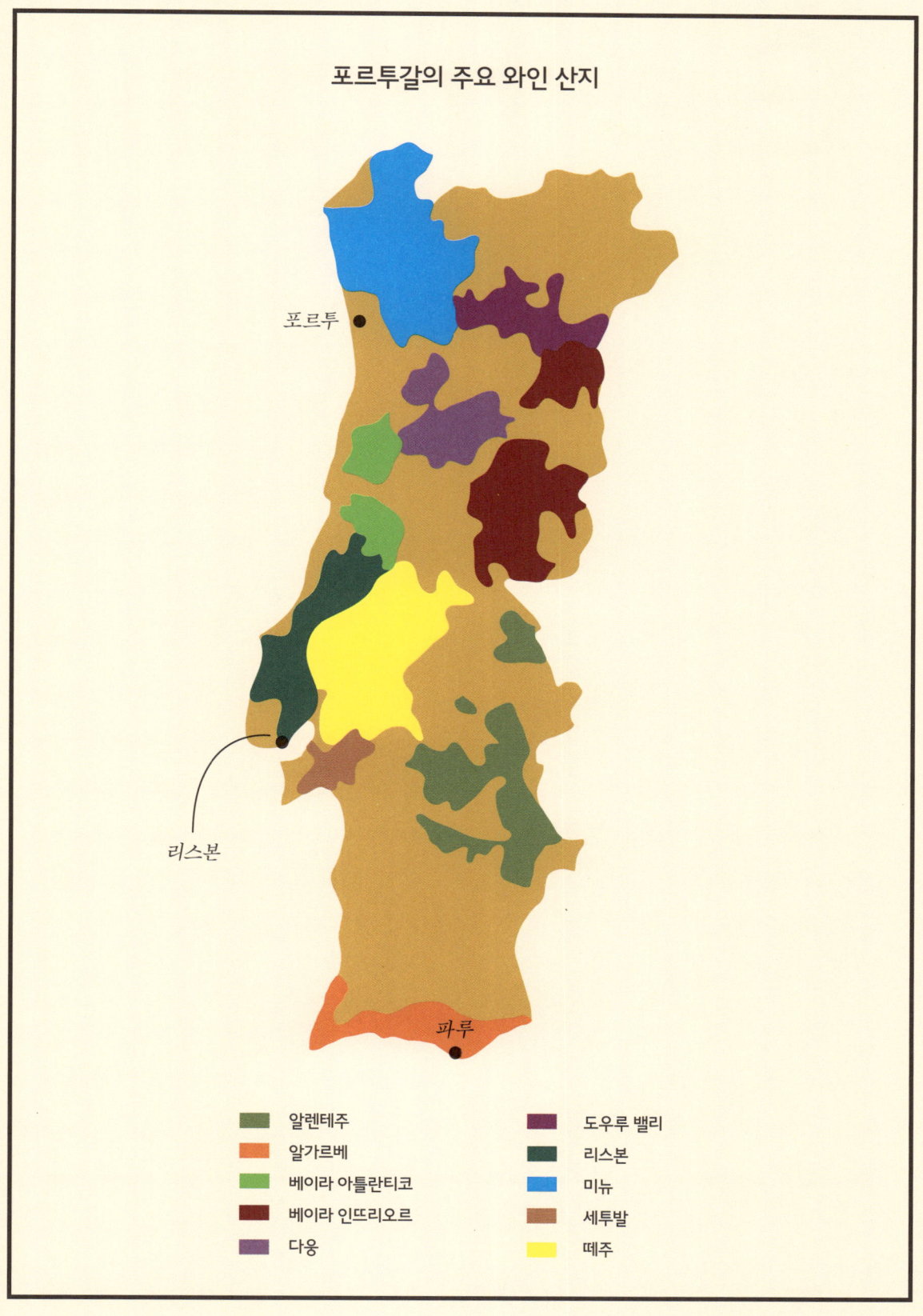

포르투갈의 주요 와인 산지

포르투

리스본

포르투갈

파루

🟩 알렌테주	🟪 도우루 밸리
🟧 알가르베	🟩 리스본
🟩 베이라 아틀란티코	🟦 미뉴
🟥 베이라 인뜨리오르	🟫 세투발
🟪 다웅	🟨 떼주

Germany

독일

➡️ **독일은 리슬링의 주요 산지로 양파처럼 겹겹이 매력 가득한 나라다. 다양한 기후와 토양을 바탕으로 개성 넘치는 와인을 생산한다.**

독일산 와인은 명확도와 선명도로 유명하다. 이러한 특성은 깔끔한 와인 제조 공정에서 기인한다. 숙성 용기로 스테인리스스틸 탱크를 사용하든, 고전적인 오크 통을 사용하든 청결하게 와인이 생산된다. 또한 지하 저장고 역시 수술실을 방불케 하는 최첨단 시설을 갖추었든, 전통적인 방식의 진흙 바닥 저장고이든 깨끗하게 유지한다.

감히 리슬링을 빼놓고 독일 와인을 논한다는 것은 불가능하다. 독일은 드라이(트록켄)든 오프-드라이(할브트록켄)든 당도와는 상관없이 최상급의 순수한 리슬링 와인을 생산한다. 특히 프랑스의 그랑 크뤼와 동급인 파워풀한 GG(그로스 게벡스) 와인은 드라이한 당도로만 생산하도록 법적으로 규정되어 있다. 이는 독일 리슬링 와인의 정수를 보여준다. 오늘날 미국은 은은한 달콤함이 느껴지는 전통적 오프-드라이 와인을 선호한다. 반면, 유럽 시장은 드라이 와인에 열광한다. 이러한 추세로 인해 독일 와인업계가 들썩거렸음은 말할 필요도 없다.

개인적으로 드라이한 리슬링의 선명함과 광물성, 복합적인 풍미를 선호한다. 하지만 놀랍게도 많은 사람들은 다소 오프-드라이한 특성이 있는 카비네트 스타일의 리슬링을 좋아하지 않는다. 하지만 카비네트(정상적인 수확 시기에 딴 포도로 만든 가볍고 세미 드라이한 와인 - 옮긴이) 와인은 태국과 한국 음식, 스시를 비롯한 요리와 매우 잘 어울리며 숙성을 거쳤을 때 풍미도 상당히 훌륭하다. 심각할 정도로 가격이 비싸지는 경우도 없다.

반면 달콤한 슈패트레제와 아우스레제 스타일 와

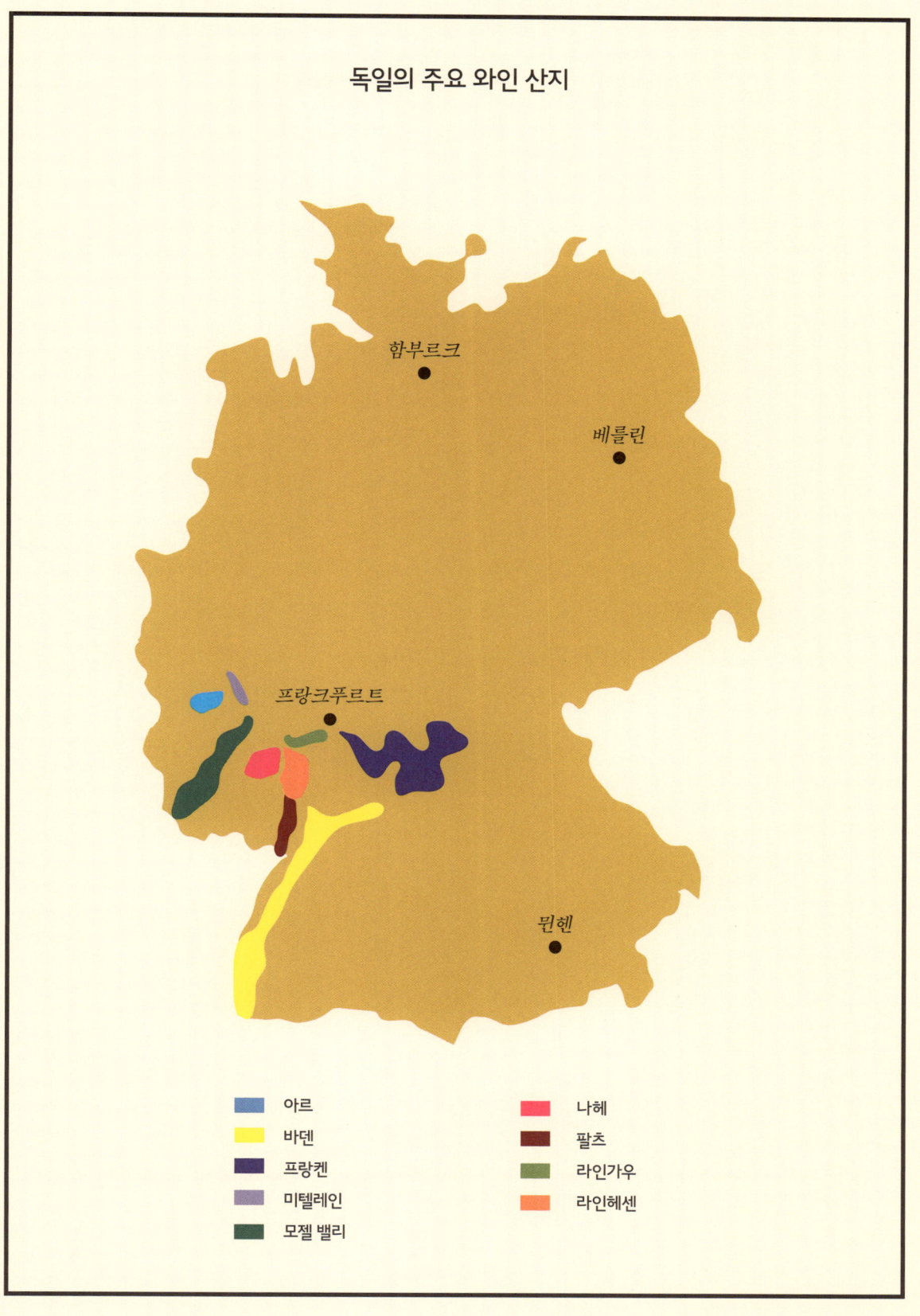

독일의 주요 와인 산지

함부르크

베를린

독일

프랑크푸르트

뮌헨

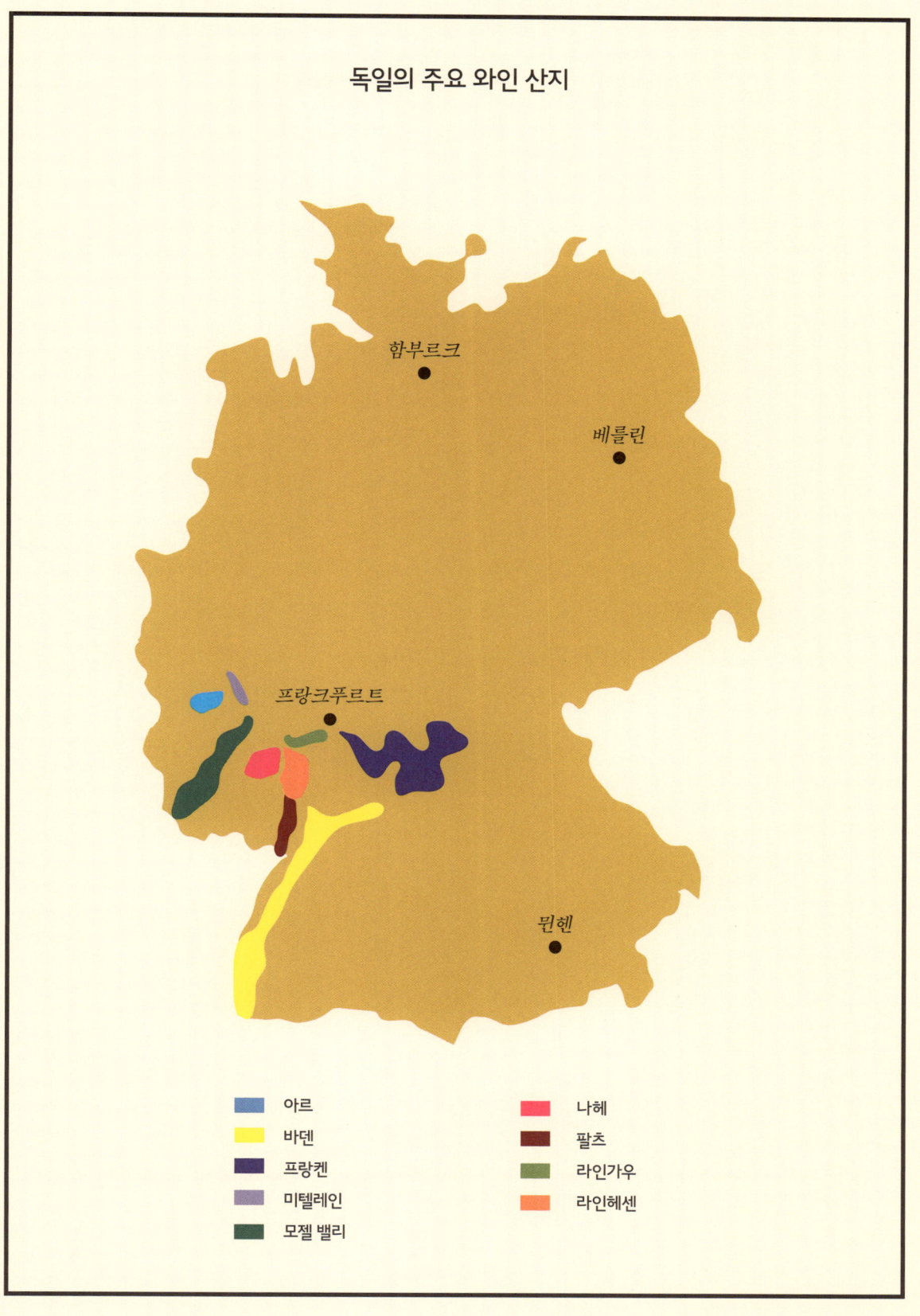

■ 아르
■ 바덴
■ 프랑켄
■ 미텔레인
■ 모젤 밸리

■ 나헤
■ 팔츠
■ 라인가우
■ 라인헤센

인은 다소 유행이 지난 편이다. 그래서 나는 70년대, 80년대에 생산된 슈패트레제, 아우스레제 와인을 꾸준히 사 모으고 있다. 이 와인들은 오래될수록 더욱 드라이해지고, 환상적인 복합미를 보여주기 때문이다.

독일에는 리슬링 와인만 있는 것이 아니다. 피노 누아의 클론이자 만생종인 슈패트부르군더는 흑후추의 풍미를 지니며 주목할 만한 가치가 있다. 피노 누아는 옛날부터 독일과 깊은 관련이 있는데, 클로드 부주오의 시토회 수사들이 라인가우의 수도원에서 피노 누아 와인을 생산해왔던 것이다. 최근 세계적으로 기후가 따뜻해짐에 따라 독일은 위도 상 북쪽에 위치한 지리적 수혜를 누리고 있다. 대표적으로 프랑켄, 아르, 라인가우, 팔츠, 라인헤센, 바덴 지역을 들 수 있다. 이 지역의 피노 누아는 부르고뉴의 피노 누아와는 비교 불가다. 지역별 토질 구조의 차이가 와인의 특성에 큰 영향을 미치기 때문이다. 예를 들어, 독일의 피노 누아에서는 갓 불을 꺼버린 벽난로처럼 차가운 훈연의 향이 명확하게 느껴지고, 더불어 흑후추의 톡 쏘는 향도 미세하게 느껴진다. 꼭 마셔보기를 바란다. 특히 푀르스트, 켈러, 베네딕트 발테스, 아우구스트 케젤러의 와인을 추천한다.

지면상 독일의 모든 산지를 나열할 수는 없지만 독일에는 매력적인 와인을 생산하는 다양한 산지가 있다. 다만 와인 라벨에 적힌 긴 독일어 이름에 지레 겁먹지 않았으면 한다!

● 모젤 밸리

→ **화이트 와인**
리슬링

모젤 밸리의 북부 지방은 세계에서 가장 가파른 경사지에 포도원이 밀집해 있다. 차가운 기후 아래 포도가 가장 알맞게 익을 수 있는 각도로 태양이 내리쬔다. 양조업자들은 깨끗하고 맑은 최상급 리슬링 와인을 생산한다. 가장 비탈진 지역에 브레머 칼몬트라는 포도원이 있는데 무려 65도의 가파른 경사를 자랑한다. (등산을 좋아하는 오스트리아 사람인 나조차도 이 포도원을 오를 때는 꽤나 벅차다.) 이 지역에서 선호하는 양조업자는 프란쩬과 슈타인이다.

모젤 계곡의 측면에는 두 지류가 있다. 첫 번째 루버 지역은 카르트호이저호프, 맥시민 그륀하우스와 같은 명문 와이너리가 있는 지역이고, 두 번째 자를란트는 상대적으로 서늘한 지역이다. 두 번째 지역은 서늘한 기후의 영향을 받아 산도가 높은 와인을 생산하는데, 산도를 누그러뜨리기 위해 은은한 잔당이 느껴지도록 한다. (해가 거듭할수록 날씨가 따뜻해짐에 따라 양조업자들은 와인을 더 드라이하게 발효하는 추세다.) 개인적으로는 플로리안 라우어의 와인을 추천한다. 광물성이 많이 느껴진다는 측면에서 샤블리 와인의 아로마가 풍부한 버전이라고 할 수 있다. 이 지역의 와인은 대체적으로 잔당의 함유량이 높은 편으로, 오프-드라이에서 스위트 정도의 당도가 많다.

또한 자를란트 지역에는 리슬링 생산업자 중 가장 유명한 샤츠호프베르크 포도원의 에곤 뮐러가 있다. 그의 와인은 격이 다른 수준을 자랑한다. 그는 드라이한 와인을 선호하는 최근 트렌드는 아랑곳하지 않고 자신의 아버지와 동일한 방식으로 와인을 양조한다. 따라서 그의 와인은 대부분 잔당의 함유량이 많다. 그의 트로켄베렌아우스레제는 귀부병이 걸린 포도를 건포도에 가까울 정도로 말린 후 만든 것이다. 세계에서 가장 비싼 화이트 와인으로 손꼽힌다. 몽라쉐 와인보다 가격이 비쌀 뿐 아니라 더 오랜 기간 숙성할 수 있다. 연간 100병밖에 생산하지 않을 정도로 희귀해 와인 애호가라면 누구나 버킷 리스트에 적어 놓는 와인이다.

● 나헤

→ **화이트 와인**
리슬링

나헤는 비교적 소규모 와인 산지로 이 지역의 대표적인 생산자는 된호프, 셰퍼 프뢸리히, 마틴 테쉬다. 이 지역의 와인은 모젤 와인과 라인가우 와인의 특성을 골고루 가지고 있으며 가성비도 매우 훌륭하다. 나헤의 리슬링은 모젤 와인의 독특한 풍미와 라인가우 와인의 바디감을 닮았다. 와인의 생산량보다는 와인의 품질에 초점을 맞춘 지역이라 할 수 있다.

● 라인가우

독일

→ **레드 와인**
슈패트부르군더

화이트 와인
리슬링

많은 사람들이 독일 와인하면 우선적으로 이 지역을 떠올릴 정도로 독일의 전통적인 와인 생산지다. 라인가우는 모젤보다 기후가 따뜻해 상대적으로 파워풀하고 바디감이 묵직한 와인을 생산한다. 또한 타우누스 산맥의 규암 토질이 충분히 반영된 광물성이 높은 와인을 찾아볼 수 있다. 요셉 라이츠 또는 그의 선대 와인 총 책임자인 에바 프리케가 만든 와인을 마셔보자.

USA

미국

➡️ 최근 20년간 미국 내 와인 수요가 급증하면서 미국은 세계 각지의 와인을 수입하는 세계 최대 와인 소비국이 되었다. 동시에 국제무대에서 뒤쳐지지 않는 훌륭한 와인 생산국이기도 하다.

실제로 알라스카를 포함한 미국의 50개 주 모두 와인을 생산한다. 물론 그 품질에 대해서는 각자 이견이 있을 수 있다. 엄격한 법률로 와인 양조 과정을 전반적으로 제한하는 유럽과 달리, 미국은 창의적이고 실험적인 와인을 자유롭게 생산할 수 있다. 이처럼 유럽과 미국 사이에는 적지 않은 차이가 존재한다. 유럽은 재배 가능한 품종을 법적으로 엄격히 제한한 반면, 미국은 이러한 제약이 드물어 20년 사이에 매우 다양한 품종이 재배되고 있다. 또한 미국의 와이너리는 대부분 우편 배송 목록과 별도의 와인 클럽을 갖추고 있어 소비자는 산지에서 직송으로도 와인을 구매할 수 있다. 중간 유통업자가 전혀 필요 없는 것이다.

미국 와인은 종종 포도의 특징이 과하게 추출되어 바디감이 묵직하고 뚜렷하다는 평가를 듣지만 이 또한 변하고 있다. 차세대 와인 양조업자들은 세계 각국에서 배워온 경험과 지식을 바탕으로 과거에 비해 훨씬 균형 잡힌 와인을 생산한다. 캘리포니아의 펫-낫과 독창적인 산타바바라 와인, 오리건의 개성 넘치는 샤르도네가 대표적이다. 또한 뉴욕의 핑거 레이크스와 햄튼 지역의 와인 품질 향상도 주목할 필요가 있다. 이처럼 미국은 다방면에서 개성 있는 와인을 끊임없이 생산하고 있다.

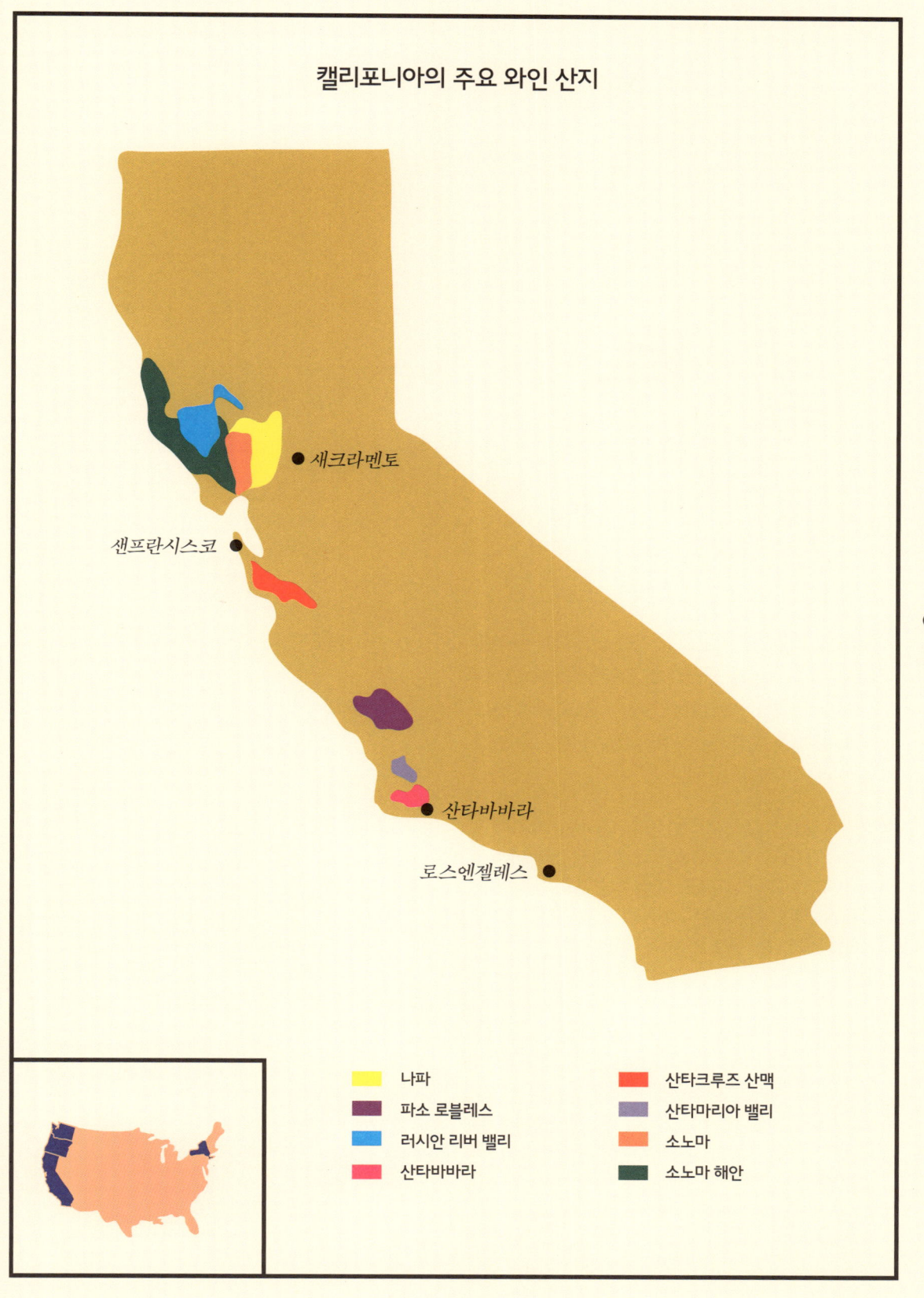

캘리포니아의 주요 와인 산지

새크라멘토

샌프란시스코

미국

산타바바라

로스엔젤레스

나파
파소 로블레스
러시안 리버 밸리
산타바바라

산타크루즈 산맥
산타마리아 밸리
소노마
소노마 해안

캘리포니아

→ **레드 와인**
카베르네 소비뇽, 피노 누아,
메를로, 진판델, 쉬라

| **화이트 와인**
샤르도네,
소비뇽 블랑

캘리포니아의 화창한 태양 아래 상쾌함과 우아함이 깃든 와인들을 생산하고 있다. 크리미하고 버터 같은 풍미와 오크향이 진한 샤르도네와 바디감이 묵직하고 뚜렷한 카베르네 소비뇽을 만날 수 있다.

캘리포니아는 방대한 와인 생산량을 자랑하는 와인계의 거인이다. 사람들은 흔히 캘리포니아 와인하면 나파와 소노마를 먼저 떠올린다. 두 지역은 1900년대 초부터 포도를 재배하기 시작했다. 하지만 캘리포니아 와인의 대부분은 뜨겁고 평평한 센트럴 밸리에서 생산된다. 특히 이 지역의 이앤제이 갤로는 막대한 규모로 와인 산업을 성장시켰다. 반면 젊은 양조업자들은 비교적 서늘한 기후와 특히 안개가 많은 지역을 찾아 이동하는 중이다. 이는 미국 와인은 뜨거운 햇살을 너무 많이 받아 묵직한 특성이 과하게 표출된다는 편견을 깨뜨리기 위해서다. 이러한 지역에서는 서늘해진 저녁 공기의 영향으로 놀라울 만큼 신선한 와인이 생산된다. 예를 들어, 나파에서 재배한 피노 누아는 화상을 입어 밋밋하기만 하고 힘과 영혼이 없는 와인이 된다. 하지만 안개가 자욱한 소노마 해안이나 고도가 높은 산타크루즈 산맥에서 재배한 피노 누아는 독특한 개성과 영혼이 느껴지는 와인으로 태어난다. 이는 캘리포니아 와인의 한 단계 진일보한 모습이라 할 수 있다.

북부 해안

나파

→ **레드 와인**
카베르네 소비뇽, 메를로

| **화이트 와인**
샤르도네,
소비뇽 블랑

나파 밸리는 1970년대 후반 '파리의 심판'이라 불리는 사건 이후 세계적으로 유명한 와인 산지로 거듭났다. 당시 미국 와인은 블라인드 시음회에서 프랑스 와인을 제치고 최고의 와인으로 선정되었다. 오늘날 나파 와인은 진하게 농축된 풍미와 선명한 개성으로 알려져 있다. 대표 와인으로 스택스 립, 오크빌, 루더포드, 마운트 세인트 헬레나, 마운트 비더, 로스 카네로스가 있다. 나파 밸리는 항상 날씨가 화창하기 때문에 소규모 지역 단위로 봤을 때는 빈티지마다 특성이 일관된다. 하지만 전 지역을 통틀어 보면, 안개, 일조량, 고도의 차이가 있기 때문에 다양한 개성을 보인다.

대표적인 양조업자인 캐시 코리슨, 엔필드, 마시칸, 스카이, 스토니 힐의 다양한 와인을 추천한다.

러시안 리버

→ **레드 와인**
피노 누아

| **화이트 와인**
샤르도네

러시안 리버 지역은 따뜻한 기후의 영향으로 비교적 바디감이 묵직한 와인을 생산한다. 재배 지역마다 차이는 있지만 잔당에서 느껴지는 와인의 달콤함으로 좋은 평가를 얻고 있다. 이 지역의 와인은 숙성이 매우 잘 되는 편이다. 조셉 스완 빈야드 피노 누아 뀌베 드 투아를 추천한다. 부드러우면서도 진한 풍미와 환상적인 균형감을 느낄 수 있다.

소노마 해안

→ **레드 와인**
피노 누아

화이트 와인
샤르도네

소노마는 나파의 인근 지역보다 덜 관광지화된 지역으로, 세그웨이 투어나 기념품 가게 등을 찾아보기 힘들다. 소노마 해안 AVA는 태평양에 맞닿아 있으며 최고의 와인 양조업자들이 포진해 있다. 이 지역은 서늘한 기후와 안개의 영향으로 샤르도네와 피노 누아를 재배하기 최적의 조건을 갖추고 있다.

이 지역 와인 양조의 선구자라고 할 수 있는 허쉬 에스테이트 와인은 반드시 기억하도록 하자. 또한 아르노-로버츠 와인도 마셔보기를 추천한다.

중앙 해안

산타크루즈 산맥

→ **레드 와인**
피노 누아,
카베르네 소비뇽

화이트 와인
샤르도네

실리콘 밸리와 태평양 연안 사이에 위치한 산타크루즈 산맥은 해발 600미터의 고도에 위치했으며 나파 지역에 비해 와인 규정이 느슨한 편이다. 와인 가격도 상대적으로 저렴해 방문할 가치가 있는 지역이다. 이 산악 지역에서는 캘리포니아 컬트 와인 중 가장 저평가된 릿지 몬테 벨로를 생산한다. (참고로 릿지 몬테 벨로는 앞서 언급한 1976년 파리의 심판 와인 시음회에서 5위를 차지했다. 이 블라인드 시음회에서 캘리포니아 와인은 세계 최고의 와인으로 선정되는 기염을 토했다.) 더 색다른 경험을 하고 싶다면 랜들 그라함이 갖가지 독특한 품종으로 와인을 생산하는 보니 둔 빈야드를 방문하도록 하자. 충분히 마셔볼 가치가 있는 와인이다!

산타바바라

→ **레드 와인**
피노 누아

화이트 와인
샤르도네

산타바바라는 영화 〈사이드웨이〉의 촬영지이기도 하다. 영화가 흥행한 직후 메를로 와인의 매출은 폭락했고, 피노 누아로 만든 로제 와인의 인기는 이카루스처럼 치솟았다. (다행히 이카루스처럼 태양에 불타 추락하는 일은 없었다.) 산타바바라 지역에는 유명한 AVA 산타마리아 밸리와 AVA 산타리타 힐스가 자리 잡고 있다. 만약 최고의 가성비를 자랑하는 피노 누아와 샤르도네를 맛보고 싶다면 산타바바라 지역을 주목할 필요가 있다.

산타바바라는 캘리포니아 내에서도 가장 주목받는 와인 산지 중 하나이다. 젊은 창업자들과 투자자들이 역동적인 사업을 추진하고 있으며 자연 기후 또한 피노 누아와 샤르도네를 생산하기에 완벽한 조건을 뒷받침한다. 태평양 해안에서 들어오는 서늘한 밤안개는 늦은 아침 뜨거운 태양이 내리쬘 때까지 머무른다. 수많은 와인 양조업자들은 서늘함과 뜨거움이 일관되게 공존하는 자연 기후에 매료되어 이 지역을 선택해왔다. 세계적인 소믈리에 라자 파는 화이트 와인과 레드 와인을 모두 생산하는 산디 와이너리와 피노 누아 와인을 생산하는 도멘 드 라 꼬뜨를 운영하고 있다. 또한 부르고뉴의 유명한 도멘 몽띠유의 에띠엔 몽띠유 역시 산타바바라에 땅을 구입했다. 좋은 징조라 할 수 있다.

오 봉 클리마와 클렌드넌 패밀리 빈야드의 짐 클렌드넌은 이 지역의 전통적인 와인 양조업자다. 패밀리 빈야드에서 생산한 더 핍 피노 누아는 최상급 산지에서 생산했음에도 가성비가 훌륭한 와인이다. 타토머에서 생산하는 화이트 와인도 빼놓을 수 없다. 드라이한 리슬링을 전문적으로 생산할 뿐만 아니라, 개인적으로는 오스트리아를 제외하고 최고의 그뤼너 벨트리너 와인을 만든다고 생각한다.

미국

워싱턴

→ **레드 와인**
카베르네 소비뇽,
메를로, 쉬라

화이트 와인
리슬링, 슈냉 블랑,
샤르도네

워싱턴은 대표적인 대규모 와인 생산지지만 일부 특색 있는 산지도 빼놓을 수 없다.

워싱턴의 와인 산지는 대부분 캐스케이드 산맥의 동쪽에 위치한다. 산맥이 해안의 습기와 비를 막는 역할을 하기 때문이다. 또한 사막 같은 재배 환경을 보완하기 위해 강을 통한 관개 농법이 발달했다. 이 지역의 대표적인 와인은 보르도 스타일의 블렌드 와인이지만 쉬라 와인의 품질도 훌륭한 편이다. 대규모로 리슬링 와인을 생산하는 것으로 유명하며 대표적인 양조업자로는 샤또 생 미셸이 있다.

오리건

→ **레드 와인**
피노 누아

화이트 와인
피노 그리지오,
샤르도네

오리건은 캘리포니아 와인을 대체하는 상업성이 옅은 지역이다. 피노 품종으로 잘 알려져 있으며 훌륭한 샤르도네 와인의 생산도 늘고 있다.

오리건은 종종 캘리포니아와 잘못 비교된다. 하지만 오리건은 비교적 서늘하고 강수량이 많아 전혀 다른 농사법을 사용해야 한다. 실제로 오리건의 많은 포도원은 바이오다이내믹 농법을 사용한다. 캘리포니아의 피노 품종이 과일향이 뚜렷하고 둥그스름하고 원만한 풍미를 지닌 반면, 오리건의 피노는 흙냄새와 향신료의 풍미가 훨씬 강하고 파워풀한 경향이 있다. 이 지역의 피노 그리지오도 상당한 인기를 누리고 있으며 샤르도네 와인은 매우 독특한 개성이 있다.

오리건에서 가장 유명하고 생산량이 높은 AVA는 윌라메트 밸리로 그 아래 여러 세부 AVA가 있다. 이브닝 랜드 빈야드와 링구아 프랑카의 샤르도네를 마셔보자. 링구아 프랑카는 마스터 소믈리에 래리 스톤과 최고의 부르고뉴 와인 생산자인 도미니끄 라퐁이 협업해 만든 개성 있는 와인이다. 전통적인 스타일의 오리건 피노 와인을 만드는 양조업자로는 벅스트롬과 크리스톰, 부르고뉴 양조업자인 도멘 드루앵과 역사적인 포도원 아이리 빈야드 등이 있다.

뉴욕

→ **레드 와인**
카베르네 프랑,
메를로

화이트 와인
리슬링, 슈냉 블랑,
샤르도네

뉴욕에서도 로제 와인과 리슬링 와인이 생산된다는 것을 알고 있는가? 믿기 힘들겠지만 사실이다!

뉴욕의 와인 생산지는 상반된 두 지역에 밀집되어 있다. 화려한 햄튼 지역은 열정적인 양조업자들의 특색 있는 슈냉 블랑과 카베르네 프랑, 트렌디한 로제 와인을 생산한다. 대표적인 양조업자로는 월퍼 에스테이트, 포마녹, 채닝 도터즈가 있다.

반면, 북쪽의 서민적인 시골마을인 핑거 레이크스 지역은 서늘한 기후와 열기를 머금는 호수의 영향으로 인상적인 리슬링 와인을 생산한다. 특히 닥터 콘스탄틴 프랭크, 헤르만 제이 위머, 라비네스, 바운더리 브레이크스의 와인을 추천한다. 뉴욕에서 가장 주목할 만한 레드 와인 양조업자는 클레멘트 와인즈다. 드라이한 와인을 좋아하는 사람에게는 엠파이어 에스테이트 리슬링을 추천한다.

오리건과 워싱턴의 주요 와인 산지

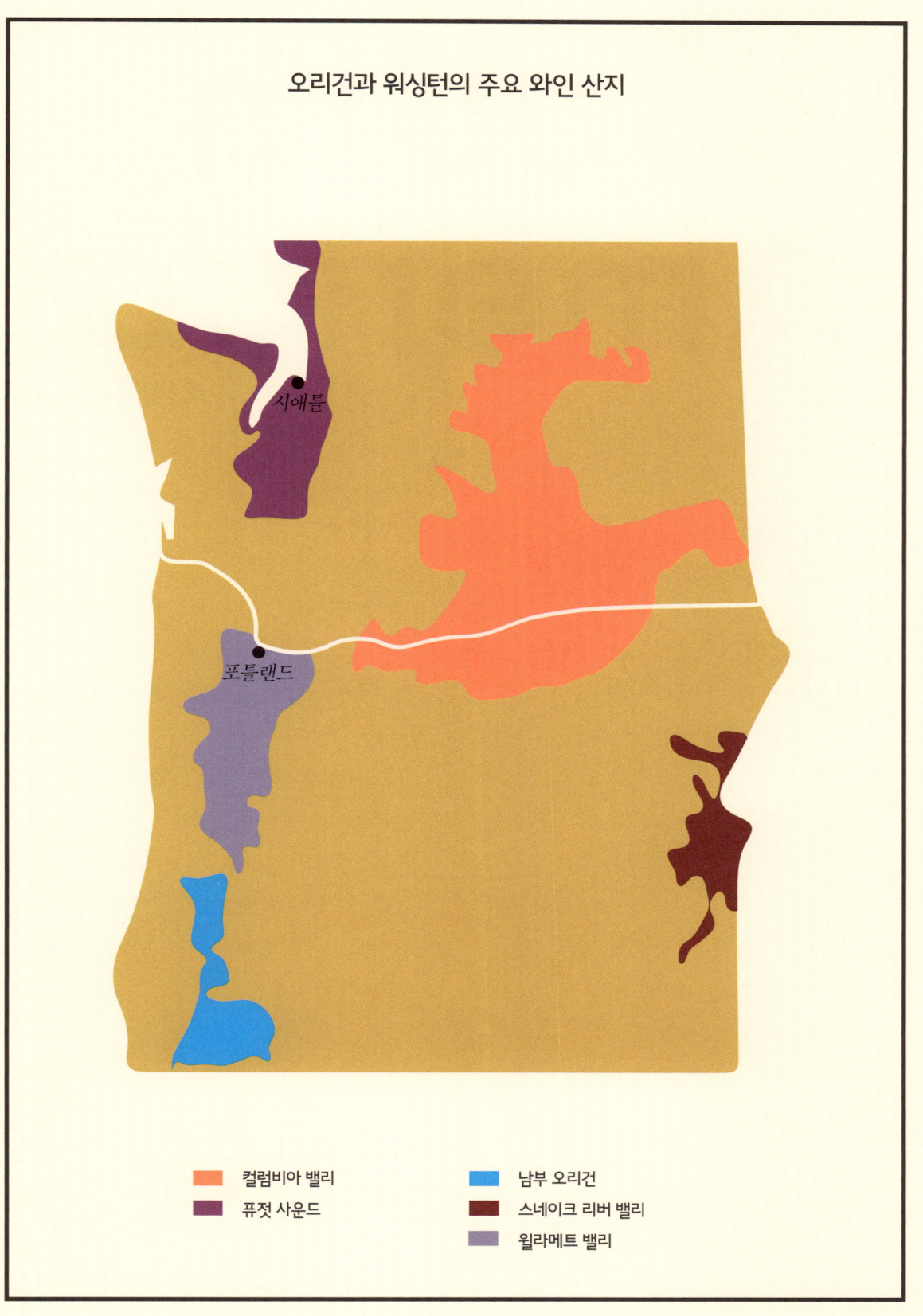

시애틀

포틀랜드

미국

🟧 컬럼비아 밸리	🟦 남부 오리건
🟪 퓨젓 사운드	🟥 스네이크 리버 밸리
🟪 윌라메트 밸리	

South America

남아메리카

➤ <u>아르헨티나</u>와 <u>칠레</u>를 중심으로 와인 혁명이 일어나고 있다.

남아메리카는 안데스 산맥에서 쓸려온 비옥한 토양과 따뜻한 기후, 무더위를 식히는 높은 고도의 지형이 결합되어 잔당이 많아 달콤하고 고전적인 와인을 생산한다. 저렴한 토지와 노동력, 그리고 비수기에 할 일이 필요했던 프랑스 양조업자들이 이 지역에 대규모로 투자하기 시작했다. 프랑스가 겨울에서 봄을 지날 때면 남아메리카는 한여름과 가을이기 때문에 시기적으로도 적합했다. 게다가 1800년대 후반 유럽 포도원을 쓸어버린 필록세라가 칠레

까지는 미치지 못했기 때문에 포도나무를 접목하지 않았다는 장점도 있었다.

남아메리카 역시 대부분의 신흥 와인 생산국과 마찬가지로 고유의 전통을 버리고 국제적인 사랑을 받는 와인을 생산해왔다. 따라서 이 지역의 와인은 바디감이 묵직하고 뚜렷하며 오크 풍미가 진했다. 하지만 최근 들어서는 와인의 균형을 바로 잡고, 토착 품종을 재발굴하며, 정체성을 회복하려 노력하고 있다. 아르헨티나의 레드 와인은 농축미와 강렬한 과일향, 특유의 보라색 빛깔이 주요 특징이다. 칠레의 레드 와인은 황홀할 정도로 매혹적인 유칼립투스 풍미가 일품이다.

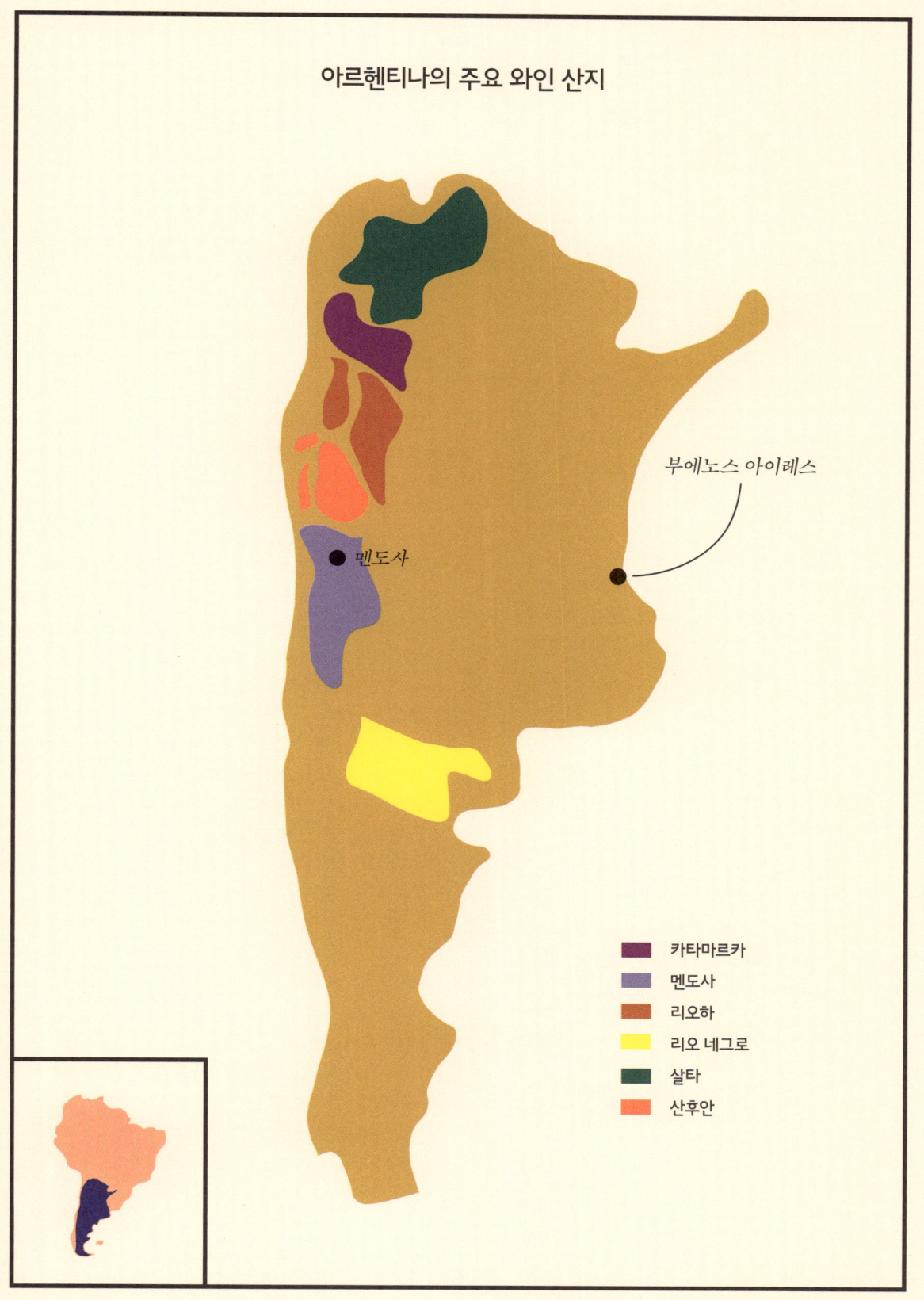

아르헨티나의 주요 와인 산지

부에노스 아이레스

멘도사

남아메리카

카타마르카
멘도사
리오하
리오 네그로
살타
산후안

아르헨티나

→ **레드 와인**
말벡, 카베르네 소비뇽,
보나르다

화이트 와인
토론테스, 샤르도네

아르헨티나는 파워풀하고 합리적인 가격의 말벡과 풍미가 살아 있는 토론테스 와인을 주로 생산한다.

1990년대 후반 아르헨티나는 와인의 생산과 음용 문화를 대대적으로 바꾸었다. 껍질이 분홍색인 토착 품종을 사용해 농부의 개성이 녹아든 가벼운 테이블 와인을 생산하는 방식을 버리고 심각하고 진지한 양조 문화를 도입했다. 사막 같은 기후와 모래로 뒤덮인 토질은 어느 정도 건강한 재배환경을 형성했다. 아르헨티나의 말벡은 캘리포니아의 카베르네 소비뇽과 같은 역할을 했다. 짙은 색조와 선명함, 톡 쏘는 향신료 풍미와 강렬함 등 유사한 특성을 보였으며 가격은 훨씬 민감하게 움직였다. 아르헨티나의 와인이 오크를 다소 과하게 사용하는 경향이 있었다면, 최근에는 이러한 모습을 버리고 과거 전통적인 모습으로 돌아가고 있다.

숨이 막힐 정도의 절경을 자랑하는 북부 **살타** 지방! 이곳은 해발 3,000미터의 높이에 포도원이 자리 잡고 있어 세계에서 가장 높은 와인 산지로 꼽힌다. 대표적인 와이너리인 보데가 콜로메를 중심으로 품질이 훌륭한 와인을 생산한다. 이 지역에서는 극단적으로 높은 고도의 영향으로 껍질이 두꺼운 포도가 생산된다. 이러한 포도로 만든 와인은 포도의 보랏빛이 잘 스며 있으며 과즙이 많고 섬세하다. (이 와인을 한 시간만 마신다면 치아가 온통 보랏빛으로 물들 것이다.) 살타의 토론테스 화이트 와인은 신선하고 꽃향기가 강하며 감귤과의 풍미가 강해 토론테스 와인 중 최고로 손꼽힌다.

멘도사는 아르헨티나의 가장 유명한 와인 산지로 대규모 와이너리가 많고 말벡 와인을 주로 생산한다. 멘도사의 말벡은 세부 와이너리별로 특성이 다르다. **루한 데 꾸죠**의 말벡은 파워풀하고 향신료의 풍미가 주도적인 반면, 아름다운 경치를 자랑하는 드높은 **우꼬 밸리**의 말벡은 부르고뉴 스타일에 가깝다. 이 지역을 여행했을 당시 나의 이목을 잡아 끈 것은 보나르다라는 토착 적포도 품종이었다. 비록 와인 양조업자들은 보나르다를 선호하지 않지만 개인적으로는 간결하고 재미있으며 부담없이 즐길 수 있는 맛있는 와인이라고 생각한다. 그리고 매우 저렴한 가격에 구할 수 있다.

파타고니아를 따라 남부 지역으로 내려오면 최초의 슈퍼 투스칸 와인을 만든 가문의 후계자 피에로 인치사 델라 로케타를 만날 수 있다. 그는 미래지향적으로 사고하는 이탈리아 양조업자로 바이오다이내믹 농법을 사용해 다양한 종류의 피노 누아 와인을 만든다. '이산화황 무첨가'를 뜻하는 그의 Zin Azufre를 마셔보자. 그는 최근 들어 뫼르소와 부르고뉴 지역의 유명인사인 장-막 홀로와 함께 샤르도네 와인 작업도 시작했다. 그들이 만든 와인은 비록 비싸지만 내가 마셔본 결과 최고급 코르통 샤를마뉴를 훨씬 저렴한 가격에 아르헨티나에서 만나는 느낌이다.

예전부터 아르헨티나는 자신만의 와인을 만들자는 기조가 전해져왔다. 때문에 상업화된 칠레에 비해 소규모 와이너리의 수가 월등히 많다. 최근의 트렌드는 **투풍가토 산**이나 우꼬 밸리와 같이 고도가 높은 산지에서 양조업자의 주관보다는 떼루아를 충분히 담은 새로운 유형의 말벡 와인을 생산하는 것이다. 근래의 와인은 상대적으로 신선함과 움켜쥐는 맛이 도드라지며 이는 불과 5년 전까지만 해도 생각조차 할 수 없던 특징이다. 아르헨티나에서 가장 진보적인 양조업자로 손꼽히는 우꼬 밸리의 마티아스 미쉘리니가 생산한 와인을 마셔보도록 하자!

칠레의 주요 와인 산지

산티아고

- 🟥 아콩카과
- 🟨 아타카마
- 🟫 비오-비오 밸리
- 🟪 카차포알
- 🟦 콜차과
- 🟩 코킴보
- 🟦 쿠리코
- 🟩 이타타 밸리
- 🩷 마이포 밸리
- 🟧 마예코

칠레

→ **레드 와인**
카베르네 소비뇽, 메를로,
카르메너르, 파이스

화이트 와인
샤르도네,
소비뇽 블랑

칠레는 상업적인 와인부터 혁신적인 와인까지 다양함을 경험할 수 있는 곳이다.

최근 수십 년간 칠레는 해외 투자자에게 매력적인 투자처였다. 고원지대의 높은 지형과 풍부한 일조량, 관개 농법을 할 수 있도록 농업용수를 넉넉하게 공급할 수 있기 때문이다. 그리고 1800년대 전 세계 수많은 포도원을 휩쓴 필록세라가 지구의 남쪽인 칠레까지는 이르지 못했다. 때문에 칠레의 포도나무는 접목을 하지 않은 상태로 아름답게 유지되었다. 이러한 노하우가 쌓이고 쌓여 일부 영향력 있는 가문의 투자가 이어졌다. 그러면서 국제적인 품종을 사용한 상업성 높은 와인과 프랑스의 영향을 받은 와인이 봇물처럼 쏟아져 나오기 시작했다.

다행이도 차세대 양조업자들이 남쪽의 안데스 산맥과 추운 태평양 연안으로 옮겨가면서 칠레의 와인이 변하고 있다. 그들은 관개 작업을 하지 않는 건지 농법과 바이오다이내믹 농법, 오래된 포도원을 살리는 일을 중점적으로 추진하고 있다. **마울레, 비오-비오, 이타타**는 이처럼 새로운 움직임을 잘 보여주는 지역이다. 대표적인 예로 페드로 파라의 와인을 들 수 있다. 특히 화강암 토양에서 재배한 쌩소 베이스의 레드 와인인 이마지나도르를 꼭 마셔보도록 하자. 독특한 개성과 깊이를 느낄 것이다.

2000년대 중반, 부르고뉴인을 비롯한 일부 선구적인 와인 양조업자들은 오래된 품종인 카리냥으로 와인을 생산했고 파이스 품종도 주목하기 시작했다. 두 품종은 비노 피페뇨라는 이름의 직설적인 성격을 띤 농장 와인으로 탄생했다. 합리적인 가격에 즐길 수 있는 이 와인은 대개 접목을 하지 않은 오래된 포도로 만들기 때문에 매우 희귀하다. 나는 칠레의 레드 와인이 주는 순수하고 농축된 과일향과 허브향, 유칼립투스 풍미를 사랑한다. 새로운 칠레 와인의 시대가 눈앞에 펼쳐지고 있다!

📍 남아메리카

South Africa

남아프리카 공화국

➡ 남아프리카 공화국은 대규모 슈냉 블랑 와인 양산지의 대명사이지만 개성과 영혼이 깃든 와인도 생산한다.

남아프리카 공화국의 와인 양조 역사는 1600년대로 거슬러 올라간다. 하지만 과거에는 주로 증류주에 첨가할 목적으로 와인을 만들거나 수익 창출을 주 목적으로 피노타지 와인을 대량 생산했다. 최근 남아프리카 공화국에는 대대적인 변화의 바람이 불고 있다. **스텔렌보스, 파를, 프란슈후크**처럼 화려한 지역들은 절경의 포도원과 아름다운 테이스팅룸을 갖추고 있다. 하지만 다른 와인 생산국과 마찬가지로 세대교체를 맞고 있는 남아프리카 공화국은 젊은 와인 양조업자들을 중심으로 기본으로 돌아가려는 움직임을 보인다. 이들은 기후가 서늘한 지역을 선택하고 포도 재배에 각고의 노력을 기울이고 있다. 워커 베이의 하네스 스톰이 대표적인 예다. 그는 마치 부르고뉴 와인을 연상시키는 최상급 피노 누아와 섬세한 샤르도네 와인을 생산한다. **스와틀랜드**에서는 바덴호스트의 와인을 주목할 필요가 있다. 이들이 만든 패밀리 화이트 블렌드는 가벼운 버전의 에르미타주 화이트 와인을 떠오르게 한다. 새디 패밀리 와인 역시 추천하는 와인이다.

남아프리카 공화국의 주요 와인 산지

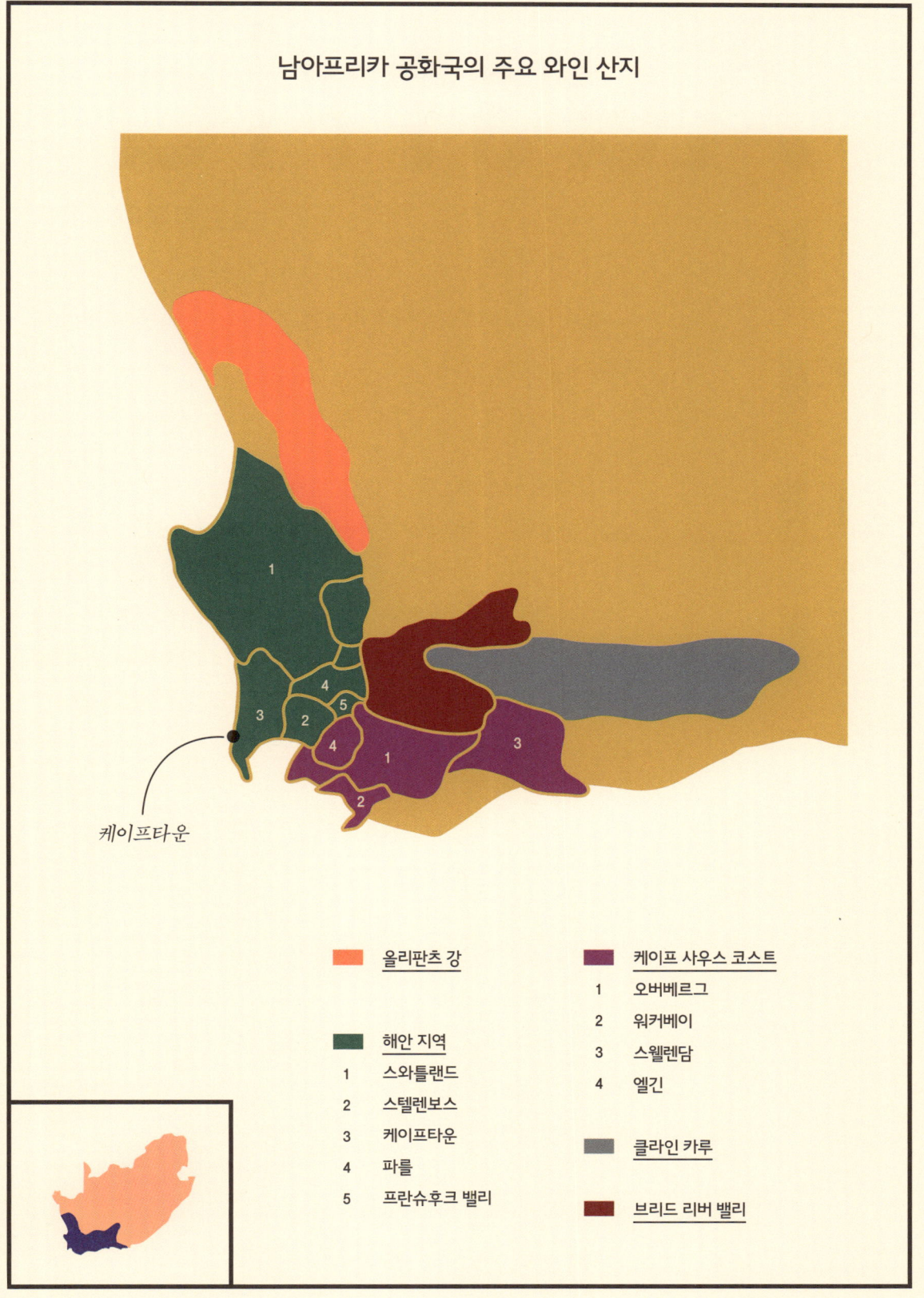

케이프타운

남아프리카 공화국

올리판츠 강

해안 지역
1 스와틀랜드
2 스텔렌보스
3 케이프타운
4 파를
5 프란슈후크 밸리

케이프 사우스 코스트
1 오버베르그
2 워커베이
3 스웰렌담
4 엘긴

클라인 카루

브리드 리버 밸리

Austria

오스트리아

레드 와인
츠바이겔트,
블라우프랑키쉬,
생로랑

화이트 와인
그뤼너 벨트리너,
웰치리슬링,
리슬링 이탈리코,
리슬링,
샤르도네,
소비뇽 블랑

➡ 오스트리아는 지속 가능한 농법으로 만든 드라이한 와인을 주로 생산한다.

오스트리아의 와인업계는 최근 30년간 두 차례의 큰 변화를 겪었다. 첫 번째로 대중 시장을 겨냥한 대량 생산 체계에서 품질 향상으로 초점을 바꾸었다. 두 번째로, 최근에는 세대교체를 통한 변화가 진행 중이다. 아버지와 할아버지에게 양조를 배운 젊은 세대들이 가업을 물려받으며 자신의 해외 인턴십 경험과 지식을 적용하고 있다. 그 결과 전통적인 양조 방식에서 탈피한 창의적인 와인이 탄생했다. 주요 특징으로는 스테인리스스틸 탱크의 활용, 적은 알코올 함량, 가벼움이 있다. 오스트리아는 최근 유기농 농법과 바이오다이내믹 농법 등을 활용한 지속 가능한 와인을 생산해 주목을 받고 있다. 오스트리아는 예전부터 친환경적인 재배 과정을 유지해 온 편이다. 바이오다이내믹 농법의 아버지로 불리는 루돌프 슈타이너도 오스트리아 출신이다! 와인 라벨에 포도 재배 농법을 굳이 자랑하지는 않지만, 포도에 농약을 뿌리는 농가를 찾기란 쉽지 않다.

오스트리아 와인은 대체적으로 드라이하다. 그뤼너 벨트리너는 비주류였던 오스트리아를 90년대에 와인업계에 널리 알린 상징적인 품종이다. 노르스름한 포도알이 상쾌함부터 강렬함까지 다양한 특성을 지닌다. 널리 재배되는 웰치리슬링(리슬링과는 무관하다) 품종 역시 개성이 다양한 와인으로 탄생한다. **슈타이어마르크** 지역의 웰치리슬링 와인은 파삭하고 가벼우며, **노이지들러 호수** 인근에서는 스위트 와인을 만들 때 주 품종으로 사용된다. 노이지들러 지역은 달콤한 와인을 생산하기 위해 필수적인 잿빛곰팡이가 자라기 최적의 자연환경이다. 이 지역의 와인은 프랑스의 소테른 와인과 헝가리의 토카이 와인에 필적할 수준이다.

오스트리아의 주요 와인 산지

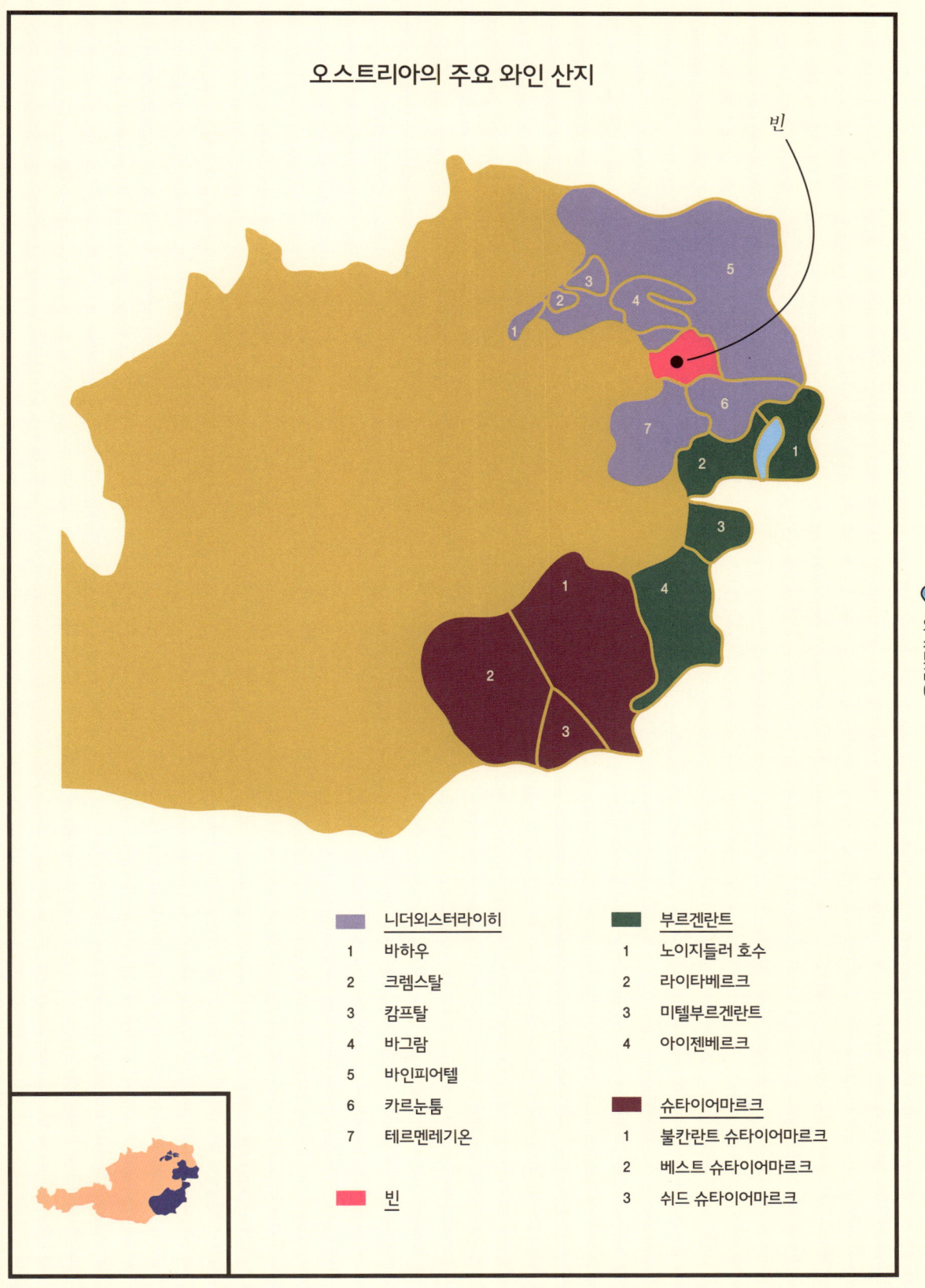

오스트리아

	니더외스터라이히		부르겐란트
1	바하우	1	노이지들러 호수
2	크렘스탈	2	라이타베르크
3	캄프탈	3	미텔부르겐란트
4	바그람	4	아이젠베르크
5	바인피어텔		
6	카르눈툼		슈타이어마르크
7	테르멘레기온	1	불칸란트 슈타이어마르크
		2	베스트 슈타이어마르크
	빈	3	쉬드 슈타이어마르크

(내가 관심을 갖고 있는 이 지역의 와인은 크라허의 와인이다. 하지만 내가 그들과 협업해 와인을 만들고 있기 때문에 다소 편향된 시각임을 감안하길 바란다.)

　오스트리아의 가장 전통적인 와인 산지는 **바하우 밸리**지만 **크렘스탈**과 **캄프탈** 지역도 동급의 훌륭한 와인을 생산한다. **빈**의 바로 남쪽에 위치한 **테르멘레기온**에서는 토착 청포도 품종인 로트기플러와 자르판들러를 사용한 와인을 생산한다. 이 지역의 풍부한 석회질 토양은 인상적인 자르판들러 와인의 근간이 된다. 대표적으로 슈타들만 와인을 추천한다.

　앞서 언급한 슈타이어마르크는 경사진 구릉 지형 때문에 오스트리아의 토스카나라고도 불린다. (하지만 토스카나보다는 훨씬 파릇파릇하다.) 이 지역의 경사지는 샤르도네(모리용이라고도 부름)와 소비뇽 블랑이 자라기 최적의 조건이며, 과일의 특성이 고스란히 드러난 순수한 와인을 생산한다. 또한 풋풋한 산도도 미세하게 뿜어낸다. 이는 상세르 와인의 레몬 같은 산도가 아닌 풋사과에 가까운 산성이다. 슈타이어마르크가 주목 받는 이유는 새로운 와인 스타일을 선보이는 와이너리가 많기 때문이다. 테멘트에서 생산하는 단일 포도원 소비뇽 블랑과 카타리나 라크너-티나허가 자신의 이름을 따서 만든 와인이 있다. 크리스토프 뉴마이스터 와인은 수정처럼 맑은 선명도가 돋보이는 굉장히 훌륭한 와인이다. 포도의 경작이 좋지 않은 해에는 양조업자가 직접 티스푼을 들고 포도의 썩은 부분을 일일이 도려내어 건강하고 결점이 없는 포도의 상태를 유지한다. 물론 상상을 초월하는 노동력이 요구되는 작업이다. 하지만 그 노력은 와인의 맛에 고스란히 담겨 있다. 또한 최근에는 기온 상승으로 인해 개성 있는 레드 와인의 생산도 늘어나는 추세다.

　부르겐란트 지역은 블라우프랑키쉬 품종을 사용한 레드 와인의 주요 생산지다. 블라우프랑키쉬는 빛깔이 짙은 베리류와 향신료를 연상시키는 과즙이 풍부한 와인으로 태어난다. 어떻게 만드느냐에 따라 꼬뜨 로띠와 부르고뉴 피노 누아 와인의 중간 정도의 특징을 보인다. 이 지역에서 주목할 와인으로는 롤란드 벨리히의 모릭 블라우프랑키쉬가 있다. 더불어 앞으로 미래가 기대되는 한네스 슈스터, 바흐터-비슬러, 마르쿠스 알텐부르거, 파울 악스, 프릴러도 추천한다. 또한 클라우스 프레징아의 내추럴 레드 와인 뀌베도 잊지 말고 맛보도록 하자.

DAC
(Districtus Austriae Controllatus):
오스트리아의
원산지 명칭 체계로
와인을 만들 때
사용한
포도의 원산지를
알려준다.

Australia

호주

레드 와인
쉬라즈,
카베르네 소비뇽,
피노 누아,
그르나슈

화이트 와인
샤르도네,
리슬링,
세미용

➡ 호주는 옐로우 테일의 쉬라즈 와인에서 성큼 벗어나 환상적인 샤르도네와 리슬링, 카베르네 소비뇽 와인을 만들고 있다.

호주는 1830년대부터 와인을 생산하기 시작했다. 국제적으로 볼 때 비교적 와인 역사가 짧지만, 호주의 와인은 사회적으로 비중 있는 사업이다. 호주 사람들은 바디감이 묵직하게 농축된 원기 왕성한 자국의 쉬라즈 와인을 있는 그대로 사랑하고 자랑스러워 한다. 현재 호주의 와인 시장은 네 개의 거대한 회사가 잠식하고 있다. 하지만 수많은 소규모 양조업자가 서늘한 기후를 찾아 이동하고 있으며 개성이 다양한 와인을 생산하고 있다. 안타깝게도 이렇게 생산된 와인은 아직까지 활발히 수출되고 있지는 않다.

호주의 쉬라즈(프랑스어로는 쉬라라고 한다)는 뜨거운 **바로사 밸리**는 물론 서늘한 **야라 밸리**와 **질롱**, **애들레이드 힐즈**에서 모두 잘 자란다. 호주에는 쉬라즈만 있는 것이 아니다. 쉬라즈 외 다양한 품종들이 호주에서 재배되고 있다. **헌터 밸리**의 세미용, **에덴**과 **클레어 밸리**의 리슬링, **바로사**의 그르나슈, **마가렛 리버**의 카베르네 소비뇽, **타스마니아**와 **야라 밸리**와 **모닝턴 반도**의 피노 누아가 있다. 참고로 클레어 밸리의 웬도우리 와이너리는 장기 보존 가치가 있는 쉬라즈 와인을 생산한다.

호주 와인을 구매할 때 알아두면 좋은 사실이 있다. 호주는 대부분의 지역에서 코르크 마개보다는 스크루 캡을 사용한다. 스크루 뚜껑이라고 해서 옐로우 테일 와인의 품질을 지레 짐작하지 않기를 바란다.

호주의 주요 와인 산지

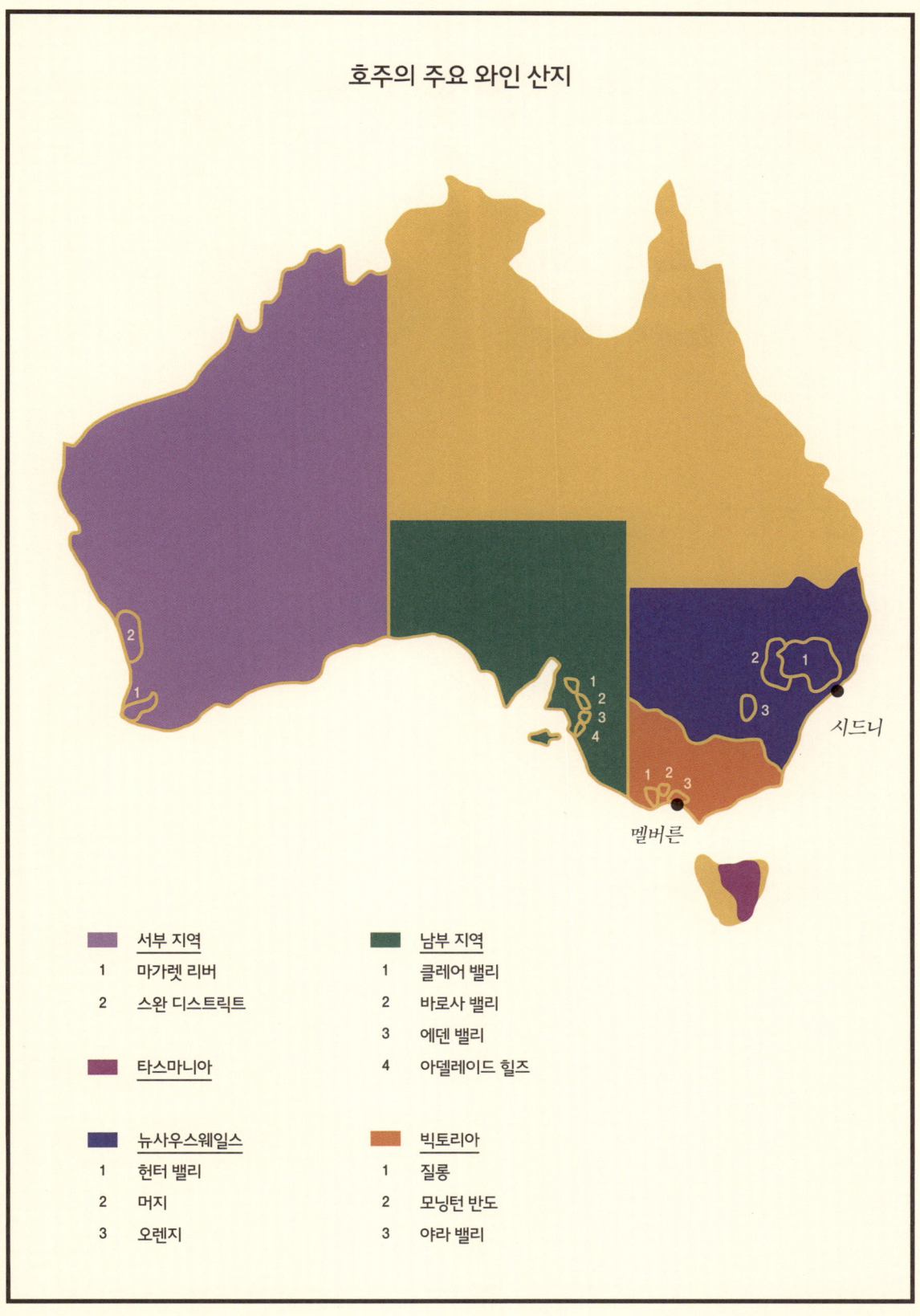

호주

시드니

멜버른

서부 지역	남부 지역
1 마가렛 리버	1 클레어 밸리
2 스완 디스트릭트	2 바로사 밸리
	3 에덴 밸리
타스마니아	4 아델레이드 힐즈
뉴사우스웨일스	빅토리아
1 헌터 밸리	1 질롱
2 머지	2 모닝턴 반도
3 오렌지	3 야라 밸리

New Zealand

뉴질랜드

레드 와인
피노 누아

화이트 와인
소비뇽 블랑,
샤르도네

→ 강한 개성과 당당함이 느껴지는 소비뇽 블랑은 뉴질랜드의 상징이다.

프랑스의 루아르 밸리에서 생산한 양질의 소비뇽 블랑은 산뜻함과 향긋함이 도드라진다. 반면 뉴질랜드의 소비뇽 블랑은 과실의 진한 풍미를 강하게 뿜어낸다. 블랙커런트, 고양이 오줌(향을 맡아보면 어떤 의미인지 알 것이다), 이색적인 과일향 등 다채로운 풍미가 풍부해 프랑스 소비뇽 블랑의 사촌이라고 부를 만하다.

소비뇽 블랑은 뉴질랜드에서 가장 많이 재배하는 품종으로 전 세계 어느 레스토랑이나 바를 가더라도 쉽게 접할 수 있다. 뉴질랜드가 전 세계 와인의 겨우 1%밖에 생산하지 않는 작은 나라라는 사실을 감안한다면, 국제적으로 퍼진 뉴질랜드의 소비뇽 블랑은 꽤나 큰 의미를 지닌다.

말보로 지역의 클라우디 베이 와이너리에서 생산한 소비뇽 블랑은 신뢰도 높은 와인 잡지 〈Wine Spectator〉의 호평을 받으며 뉴질랜드 와인을 단숨에 세계적으로 알렸다. 근래에는 클라우디 베이 외에도 수많은 양조업자들이 생산하는 직설적이고 풍미가 넘쳐흐르는 소비뇽 블랑을 만나볼 수 있다. 이들은 응축된 풍미와 진한 개성으로 막대한 인기를 얻고 있다.

기후가 차가운 **센트럴 오타고** 지역에서는 와인 애호가들이 사랑하는 피노 누아를 생산한다. 압도적인 향신료의 향과 농축된 질감이 주요 특징이다.

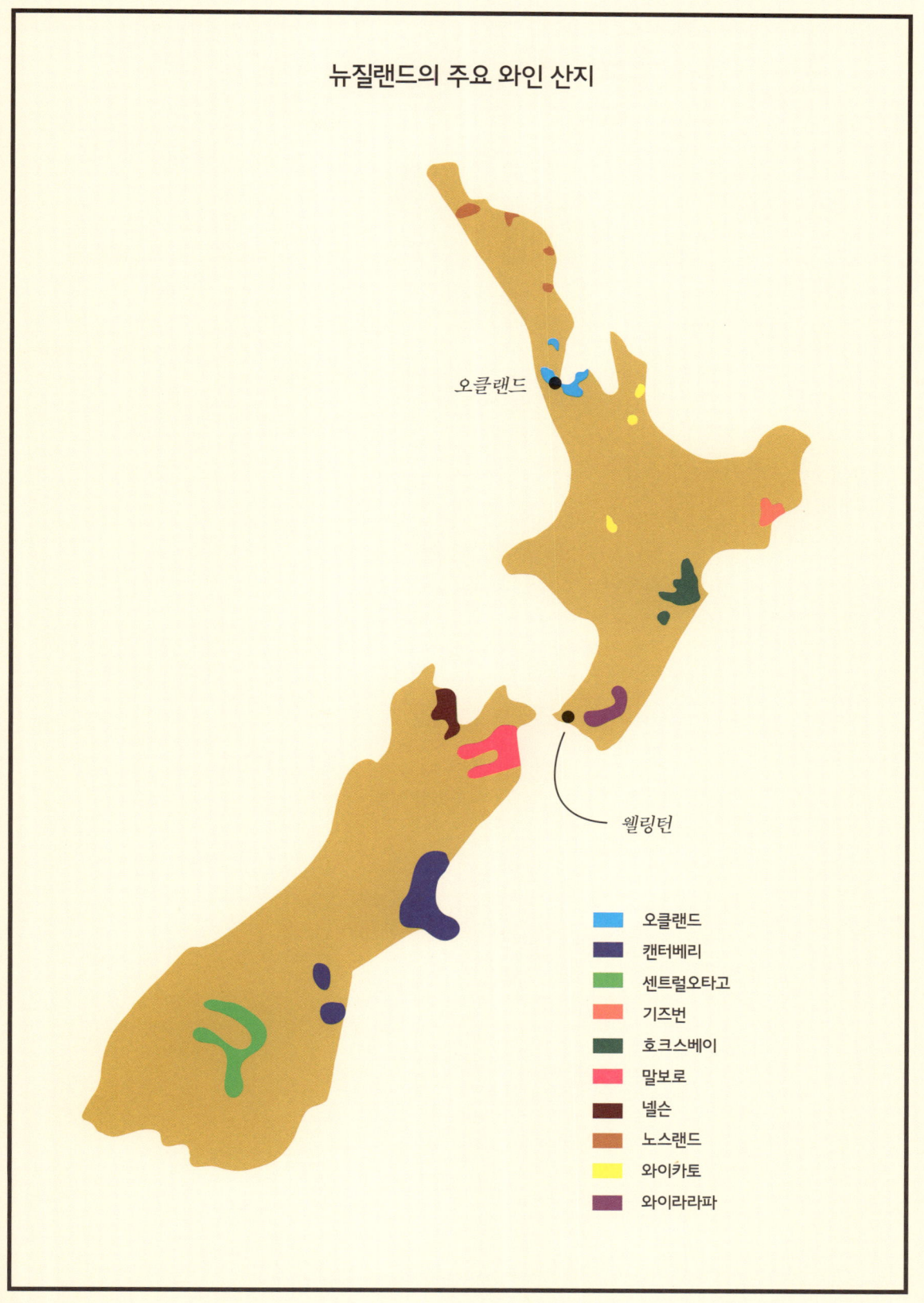

뉴질랜드의 주요 와인 산지

오클랜드

웰링턴

뉴질랜드

오클랜드
캔터베리
센트럴오타고
기즈번
호크스베이
말보로
넬슨
노스랜드
와이카토
와이라라파

놓쳐서는 안 될 와인 산지

→ 해를 거듭할수록 와인을 즐기는 사람들이 늘어나고 있다. 그러다 보니 요즘 와인의 가격이 상승하는 것은 자연스러운 현상이다. 그래서인지 과거에는 이따금 기분 낼 겸 구입하던 와인들이 이제는 범접하기 힘든 대상이 되어버렸다. 와인에 대해 전문적으로 글을 쓰는 에릭 아시모프는 최근 인터뷰에서 이런 이야기를 했다. "80년대에서 90년까지만 해도 기분을 내고 싶을 때는 보르도의 1등급 와인이나 부르고뉴의 그랑 크뤼 급 와인을 마셨습니다. 물론 큰 마음 먹고 구매하는 것이었지만 그래도 살 수는 있었어요. 저는 지금 와인 비평가로 〈뉴욕 타임즈〉에 글을 쓰고 있습니다. 제가 하는 일에서는 최고의 위치까지 올랐다고 생각해요. 하지만 이제는 과거에 마셨던 그 와인들이 너무 비싸서 살 수가 없네요."

다행스러운 점은 169쪽에서 다루겠지만 와인은 비싸다고 무조건 좋은 것은 아니란 사실이다. 세계에는 아직까지 빛을 보지 못했거나, 이제야 떠오르고 있는 수많은 와인 산지가 있다. 따라서 열린 마음을 갖고 일단 마셔보는 태도가 필요하다. 그리고 <mark>소믈리에들에게 어떤 와인에 관심이 있는지 질문하자.</mark> 그들은 항상 적당한 가격의 와인을 마시면서 자신들이 시대를 앞서간다는 사실에 자부심을 갖는다. 하지만 앞으로 이야기할 지역에만 너무 집착하지는 말자. 끊임없이 공부하고 끊임없이 마셔보자!

프랑스

사부아
개성 만점의 화이트 와인

보르도 우안
합리적인 가격의 메를로-카베르네 프랑 블렌드 와인

꼬뜨 로아네즈
편하게 마실 수 있는 맛좋은 가메

마르사네, 지브리
꼬뜨 드 뉘의 피노 누아를 대체할 적당한 가격의 와인

마콩
적당한 가격의 화이트 와인

그리스

산토리니
산토리니의 샤블리라 할 수 있는 아시르티코 와인

마케도니아
시노마브로로 만든 매우 진하고 파워풀한 레드 와인

스페인

안달루시아
비산화 방식의 화이트 와인, 부르고뉴를 연상하게 하는 비지리에가

카나리아 제도
깜짝 놀랄 만한 품질의 컬트 '아일랜드 와인'

갈리시아
멘시아, 알바리뇨 베이스의 다채로운 와인, 훌륭한 가성비는 덤!

페데네스
DO 까바를 탈퇴한 라벤토스 아이 블랑에서 만든 환상적 스파클링 와인

포르투갈

도우루
다양한 매력이 넘쳐나는 와인 산지

다웅
네비올로를 빼닮은 바가 와인을 추천(바이라다 지역에서도 생산함), 쉬라를 빼닮은 자엥 와인도 주목할 것

알렌테주
편하게 마실 수 있는 풍미가 진한 레드 와인

비뉴 베르데
슈퍼마켓 와인에서 단일 포도원 와인으로 변화 중

칠레

마울레, 이타타, 비오-비오
피노 피페뇨라 불리는 비싸지 않은 농장 와인

독일

라인가우
부르고뉴에 대적할 슈패트부르군더(피노 누아) 와인

모젤
프란쩬, 라우어, 에바 프리커가 생산한 리슬링 와인

아르헨티나

투풍가토
높은 지형에서 만들어낸 특색 있는 와인

우꼬 밸리
떼루아를 잘 살린 새로운 스타일의 말벡

와인계의 숨은 영웅들

훌륭한 와인과 철학으로 감탄을 자아내는 이들을 소개한다.

 ### 도미니끄 모로

샴페인 마리 꾸르땅(프랑스 샹파뉴)
모로의 우아한 샴페인은 출시한 지 20년이 지난 지금도 가장 혁신적인 샴페인으로 평가받는다. 단일 포도원에서 단일 연도에 수확한 단일 포도 품종만 사용해 샴페인을 만들었으며, 이 포도는 바이오다이내믹 농법으로 재배되었다.

 ### 엘리자베타 포라도리

아지엔다 아그리콜라 엘리자베타 포라도리(이탈리아 폰타나산타)
엘리자베타는 가문의 포도원을 물려받은 후 상업적인 품종과 대량 생산 농법을 버리고, 트렌티노를 연상시키는 와인을 만드는 와이너리로 탈바꿈시켰다.

 ### 라울 페레즈

보데가스 이 비네도스 라울 페레즈(스페인 비에르조)
페레즈는 스페인의 여러 지역에서 와인을 생산하며 모두 환상적인 품질을 자랑한다.

 ### 줄리앙 수니에르

(프랑스 보졸레)
줄리앙 수니에르는 내추럴 와인을 생산하며, 100% 가메 품종으로 훌륭한 모르공과 플뢰리를 만든다.

 ### 미하엘 모오스브루거

슐로스 고벨스버그(오스트리아 캠탈)
그의 리슬링과 그뤼너 벨트리너에는 양조 과정의 개입을 최소한으로 제한하고 유기농 농법을 도입한 흔적이 고스란히 담겨 있다.

 ### 라자 파

도멘 드 라 꼬뜨(미국 캘리포니아 산타리타 힐즈)
라자 파는 소믈리에이자 작가로서 다양한 와인 양조 사업을 진행 중이다. 그가 만든 우아한 피노 누아 와인은 프랑스의 최상급 피노 누아를 떠오르게 한다.

 ### 기욤 당제르빌

도멘 뒤 펠리칸(프랑스 쥐라)
전직 은행원 출신인 기욤 당제르빌은 아버지에게서 전설적인 부르고뉴 볼네의 포도원을 물려받아 성공적으로 운영하고 있다. 그는 현재 쥐라 지역에서도 환상적인 와인을 생산하고 있다.

 ### 아리아나 오끼핀티

오끼핀티 와이너리(이탈리아 시칠리아)
아리아나는 차세대 와인 애호가들에게서 열광적인 사랑을 받고 있다. 주변 사람까지 밝게 만드는 긍정적인 태도와 자신의 성격을 똑 닮아 표현력이 좋은 와인은 모든 사람들의 인정을 받는다.

 ### 모니크 & 테사 라로쉬

도멘 오 무안느(프랑스 루아르)
모니크와 테사는 모녀지간으로 비록 크게 주목을 받지는 못했지만 꾸준히 양질의 와인을 만들어왔다. 최근 들어 그들은 최상의 와인을 생산하고 있다.

주목할 와인 산지, 양조업자

내추럴
와인에
대해서

➤ 오늘날 내추럴 와인만큼 와인 애호가들을 편 가르는 주제는 없다. 전문가가 아닌 일반인마저도 내추럴 와인에 대해서는 확고한 의견을 갖고 있다. 내추럴 와인에 대한 논쟁은 좌파와 우파를 가르는 극단적인 파벌 싸움처럼 정치적인 수준에 이르렀다. 그렇다면 나는 어느 쪽일까? 솔직히 말해 나는 항상 내추럴 와인을 비판해왔다. 물론 와인을 만드는 사람들을 존중하며 이를 좋아하는 젊은 소믈리에들

과 동료들의 취향, 의견은 인정한다. 하지만 와인의 풍미를 급격하게 변화시키는 휘발성(휘발산에서 비롯됨), 여기에서 오는 사과즙과 콤부차 같은 풍미, 때때로 느껴지는 쥐의 오줌 같은 지린내는 내추럴 와인에 대한 나의 관심을 떨어뜨린다. 내추럴 와인은 분명 흥미로운 트렌드다. 이 트렌드가 어떻게 발전해 나갈지 면밀히 지켜보고 싶다.

➤ 앞서 42쪽에서 정의한 바와 같이 내추럴 와인이란 유기농 농법이나 바이오다이내믹 농법으로 재배한 포도로 소량 생산하는 와인이다. 그리고 이를 만드는 생산자들은 대부분 자유로운 영혼을 지니고 있다(가장 만족스러운 부분이다).

내추럴 와인의 양조 과정에는 어떠한 첨가물도 제거물도 없다. 일반적으로 와인을 양조할 때 단계마다 빈번하게 사용하는 화학 첨가물이나 보조제를 사용하지 않는다. 또한 포도즙을 발효할 때도 자연적으로 발생한 효모만을 사용해, 여과와 같은 개입을 최소화한 채(가능하면 전혀 없이) 발효한다. 와인은 때 묻지 않은 생명체로 인식되어 병 속에 담긴다. 비록 불완전하지만 그렇기 때문에 완전한 존재가 되는 것이다.

내추럴 와인 지지자들은 기존 대다수 양조 방식의 가장 큰 문제점으로 이산화황(SO₂) 첨가를 이야기한다. 하지만 이산화황이 발효 과정에서 자연적으로 생성된다는 사실은 말하지 않는다. 이산화황은 사과, 그린 아스파라거스, 말린 과일에도 있으며 심지어 감자튀김에도 존재한다. 아직까지 병에 넣기 직전에 이산화황을 소량 첨가하는 것만큼 효과적인 방부 방법은 없다. 우리는 이 덕분에 안전하게 세계 각지로 와인을 수출할 수 있다. 이산화황은 효모와 산소, 색소와 당분을 비롯해 시간이 흘렀을 때 와인에 부정적인 영향을 미칠 수 있는 모든 성분을 묶어내는 역할을 한다. 또한 와인이 우아하게 숙성될 수 있도록 돕는다. (참고로 황 성분이 두통을 유발한다는 것은 잘못된 속설이다. 두통은 히스타민과 티라민 같은 생체 아민 때문에 생겨나거나 과음으로 발생한다. 과음으로 인한 두통은 어쩔 도리가 없다!)

이산화황을 첨가하지 않은 와인은 한층 더 풍부한 과일향을 머금으며 처음 한두 잔까지는 상대적으로 마시기 편하다. 하지만 마개를 열어둔 채 시간이 흐르면 과일의 시든 맛이 나기 시작한다. 이 문제에 대해 도멘 드 라 그랑 꾸흐의 장 루이 뒤트레브와 이야기를 나눈 적이 있다. 그는 완벽한 보졸레의 스타이자 생기 넘치는 와인 양조업자다. 그는 개인적으로 마실 목적으로 이산화황이 없는 와인을 만들기는 하지만, 마지막 잔은 그다지 맛이 좋지 않다고 말했다.

내가 내추럴 와인을 비판하는 이유도 이처럼 맛이 일관

되지 않기 때문이다. 고객의 만족도와 재방문에 나와 동료들의 생계가 달려 있는 만큼 매번 맛이 들쑥날쑥한 와인을 옹호하는 것은 힘든 일이다.

또 다른 문제는 콤부차를 연상하게 하는 일부 내추럴 와인의 특성 때문에 와인의 품종을 예측하기가 힘들다. 최근 이 책의 공동저자인 크리스틴과 친구들에게 소비뇽 블랑으로 만든 내추럴 와인을 내놓은 적이 있다. 그들은 그 와인을 어떤 품종으로 만들었는지 도무지 대답하지 못했다. 소비뇽 블랑은 가장 향이 뚜렷한 품종이 아닌가! 게다가 와인의 생산지 역시 알아내지 못했다. 이산화황을 넣지 않아 생긴 의도하지 않은 부작용이라 할지라도 와인의 품종과 생산지를 예측할 수 없다는 것은 와인 시음의 큰 즐거움을 빼앗는 일이다. 내가 지금 까칠한 할아버지처럼 너무 빡빡하게 이야기하고 있는가.

은밀한 실험

불현듯 와인을 마시는 즐거움을 시험해봐야겠다는 생각이 든 적이 있다. 크리스틴과 나는 르 베르나르댕의 실력 있는 젊은 소믈리에 사라 토마스와 몇몇 식도락가를 데리고 시장 조사차 저녁을 먹으러 갔다. 내가 매우 좋아하는 퀸스에 위치한 태국 음식점이었다. 우리는 스파클링 와인과 2015년산 산디 벤트록 산타바바라 샤르도네에 이어 사라가 가져온 내추럴 와인, 독일산 드라이, 오프-드라이 리슬링을 차례대로 마셨다. 흥미롭게도 우리가 지금 내추럴 와인을 마셨다고 이야기했을 때 모두 눈을 번쩍하며 놀라워했다. 그들은 내추럴 와인이 독특하고 개성 있으며 새롭다고 말했다. 하지만 나는 내추럴 와인에서 강한 휘발성과 쥐 오줌 같은 지린내를 느꼈고, 그 사실을 이야기했다. 그러다 문득 내가 내추럴 와인에 대해 맹목적인 반대를 하면서 대화의 여지를 닫고 있는 것은 아닌가 자문해 보았다. 그런데 식사가 모두 끝난 뒤 나는 작지만 흥미로운 사실을 발견했다. 우리가 마신 모든 와인은 텅텅 비어 있었지만 내추럴 와인은 그렇지 않았다. 나는 모두에게 다음과 같이 마지막 질문을 던졌다. "같은 와인으로 한 병 더 마실 생각이 있나요?" 돌아온 대답은 "아니요"였다!

내가 생각하는 최고의 와인은 애피타이저를 끝내며 한 병을 비우고, 바로 한 병 더 추가하게 되는 와인이다.

편중된 흐름

이렇게 내 입장을 결론지었다면 오만하게 상황은 끝났을 것이다. 궁금증이 가시지 않아 더 공부하고 싶다는 생각이 들었다. 나는 내추럴 와인계의 몇몇 선구자에게 연락해 질문을 던졌다. 가장 먼저 연락한 사람은 친구이자 최고의 소믈리에이며 떠오르는 양조업자인 라자 파였다(그는 앞서 언급한 산디 샤르도네를 만들었다). 나는 그가 최근 인스타그램에 펫-낫(페티앙 나튀렐)을 올리는 것을 주목하던 차였다. 2015년 내추럴 와인에 관심을 갖기 시작한 라자는 내추럴 와인을 개성 있고, 비싸지 않으며, 편하게 마실 수 있는 와인이라고 표현했다. 또한 "완전 엉망인 내추럴 와인도 무수히 많아. 하지만 내추럴 와인을 좋아하는 트렌드가 지속될 것이기 때문에 품질은 그만큼 향상될 거야"라고 말했다.

친구 사이기 때문에 조금 더 곤란한 질문을 던지기로 했다. 이 책에서 다룬 클래식 와인인 홀로, 도멘 드 라 로마네 꽁띠, 에곤 뮐러, 샤또 라투르처럼 품질이 안정적인 와인을 더 이상 선호하지 않는지 물었다. 그는 당연히 클래식 와인을 아직까지 매우 좋아한다고 말하며 고전 와인을 모르면 와인 전문가가 될 수 없다는 말에도 공감했다. 그리고 마지막으로 "내추럴 와인은 특수전공 분야 같아. 기본을 모른다면 제대로 이해할 수가 없지"라고 덧붙였다.

나는 뒤이어 내추럴 와인계의 유명인사 중 한 명인 앨리스 페링 기자에게 연락했다. 나와는 견해와 미각이 매우 다르지만 내가 몹시 존경하는 인물이다. 나는 앨리스가 나와 대립되는 의견을 가지고 있을 것이라고 생각했고, 이산화황을 전적으로 안 좋게 볼 것이라고 생각했다. 하지만 뜻밖의 대답을 했다. 앨리스는 내추럴 와인을 '유기농으로 재배한 포도로, 그 어떤 첨가물과 제거물 없이, 극소량의 이산화황을 첨가해 만드는 와인'이라고 간략하게 정의했다.

내가 내추럴 와인의 휘발성을 단점이라고 지적한 반면, 앨리스는 매력적인 특성이라고 표현했다. "내추럴 와인은 표현력이 풍부한 점이 좋아요. 그리고 항상 맛이 새로울 것이라는 점도 좋아요. 저는 내추럴 와인이 선사하는 모험을 즐깁니다. 한 병 안에서도 지루할 틈이 없어요. 내추럴 와인을 즐길 때 가장 중요한 것은 정서적인 교감을 갖는 일이에요"라고 앨리스는 말했다.

앨리스 역시 최근 내추럴 와인이 점점 '콤부차 와인' 또는 '밝고 시큼하며 거의 발포성을 지닌 와인'으로 나아가는 것을 우려했다. "사람들이 '이게 뭐야? 콤부차잖아!'라고 말하는 것을 볼 때마다 늙은이가 된 것 같아요. 저도

콤부차를 좋아해요. 하지만 콤부차에서 지린내가 난다고 생각해봐요. 너무 역겹지 않나요?"

앨리스는 자신의 저서 『The Battle for Wine and Love』에서 모든 와인이 '파커화(Parkerization)'되는 현실을 한탄했다. 파커화란 전 세계의 양조업자들이 영향력 있는 비평가 로버트 파커에게 높은 평점을 받기 위해 하나같이 포도의 성질을 고도로 추출해 빛깔이 진하고 알코올 함량이 높은, 농축된 레드 와인을 생산하는 흐름을 말한다. (참고로 로버트 파커가 미국 와인을 세계적으로 알리는 데 지대한 공을 세웠다는 사실은 반드시 인정하고 넘어가야 한다.) 앨리스는 과거의 파커화 현상처럼 근래의 내추럴 와인이 한정된 모습에 갇힌 채 다양한 스타일, 풍미, 아로마를 잃어가는 상황에 우려를 표현했다. 우리와 대화를 함께한 크리스틴은 '액션화(Actionization)'라는 용어를 만들어 설명했다. 액션화란 바이스 미디어의 요리 채널인 먼치스에 출연하는 액션 브론슨의 영향을 받아 밀레니얼 세대가 뱅 드 스와프 스타일의 와인을 즐기는 현상을 말한다. '뱅 드 스와프'는 다소 탁하지만 사과즙의 풍미가 느껴지는 벌컥벌컥 마시기 좋은 와인이다. 앨리스는 덧붙여 "사람들은 '내추럴 와인'을 브랜드로 만들려 할 거예요"라고 예측했다.

비록 '파커화' 현상이 심각하게 변해 20년 뒤 '액션화'현상을 낳았지만, 앨리스는 스스로 '시장 개선'이라고 부르는 근래 와인업계의 흐름에서 희망을 느끼고 있다. 내추럴 와인이 기존 양조업자에게 영향을 미치고 있는 것이다. "최근 많은 업자들이 자연 발효로 돌아가고 있어요. 불과 10년 전까지만 해도 드문 일이었죠. 그리고 실력 있는 양조업자들이 모두 이산화황의 사용량을 줄이고 있어요. 내추럴 와인이 훌륭한 와인의 개념을 재정립하고 있는 것이죠. 근본적으로 온전한 상태로 되돌리고 있는 중이에요"라고 말했다.

가장 흥미로운 것은 우리가 어떤 결론도 내리지 않고 이야기를 마무리 지었다는 것이다. 따라서 그후에도 곰곰이 대화를 곱씹어볼 수 있었다. 앨리스는 모두가 와인을 접하는 시작점이 매우 다르다는 사실에서 많은 것을 깨달았다고 했다. "저는 와인과 관련된 정규 교육은 많이 받지 못한 반면, 이를 대체할 다양한 경험을 했기 때문에 훨씬 열린 마음으로 다채로운 풍미를 받아들였어요. 하지만 요즘에는 내추럴 와인밖에 모르는 젊은 친구들이 많죠. 샤블리 와인과 뫼르소 와인이 어떻게 다른지도 몰라요. 그리고 더 심각한 사실은 알려고도 하지 않는다는 것이에요!"라고 말했다. 마치 내 마음속에 들어갔다 나온 것 같은 이야기였다. 앨리스에게 영감을 받은 나는 알도 솜 와

인 바에서 계획에 없던 내추럴 와인의 밤을 개최했고, 이제는 우리 바의 샘플러 메뉴로 자리 잡았다.

중도를 찾아서

며칠 후 콜로라도 볼더 출신의 마스터 소믈리에이자 프라스카 푸드 앤 와인의 공동 소유주인 바비 스터키와 함께 자전거 라이딩에 나섰다. 나는 퀸스의 태국 음식점에서 있었던 일을 떠올리며, 내가 마치 급진적인 진보파에게 이야기하는 보수 우파 같았다고 말했다. 잠시 생각에 빠진 그는 "저는 반대인 것 같은데요? 내추럴 양조업자들이야말로 옛 전통을 지키고 있잖아요"라고 말했다. (이 말은 분명 논란의 여지가 있다고 생각한다!)

내가 이러한 논쟁을 피하는 이유도, '액션화'처럼 최근 요리와 와인 매체에서 극단적인 성향이 보이는 이유도, 모두 대화는 단절된 채 갈등만 존재하기 때문이다.

핵심은 열린 마음으로 학습하고 성장하는 것이다. 나 역시 양조업자들이 완벽함을 추구한답시고 도를 넘는 경우가 있다고 생각한다. 예를 들어, 과거에는 살충제와 이산화황을 제약 없이 쓸 수 있던 시절도 있었다. 그리고 너도나도 효모에 대한 연구를 한 나머지 전 세계의 와인 맛이 갑자기 똑같이 느껴지던 때도 있었다. 이 시기의 와인들은 작위적으로 지나치게 추출하고 오크 숙성을 해서 탄생했다. 현대 시장은 이와 같이 상업화된 와인에 대한 반발로 장인 정신과 개성을 중시하는 추세로 변하고 있으며 나도 이 흐름에 공감한다. 이에 따라 온전히 내추럴 와인이라고 할 수는 없지만, 포도 재배와 양조 과정에서 개입을 최소화하며 꾸준히 진화하는 훌륭한 비기업형 양조업자도 존재한다. 이들은 안정감이 있으면서도 아름다운 풍미를 지닌 와인을 생산한다.

반대의 시각으로 바라본다면 내추럴 와인이 지닌 날것의 특성은 한계점으로 작용할 수도 있다. 진실은 양 극단의 가운데에 있다고 믿는다. 내가 내추럴 와인을 마셔보고, 양조업자와 이야기를 나누면서 배워가듯, 기존의 양조업자들도 젊은 소비자들이 영혼이 담긴 비상업적 와인을 갈망한다는 사실에 주목하고, 모든 방면에서 기본으로 돌아갔으면 한다.

앨리스가 제대로 짚어냈듯 와인을 평가할 때는 독단적인 마음보다는 정서적 교감을 바탕으로 생각해야 한다. 마지막으로 앨리스의 말을 빌리고 싶다. "맛의 중요성을 잊어서는 안 돼요. 그게 아니라면 왜 마시겠어요?"

내가 생각하는 최고의 비기업형 와인 양조업자 10곳

▷ 도멘 훌로
(프랑스 부르고뉴 뫼르스)

▷ 피에르 이브 콜린 모레이
(프랑스 부르고뉴 샤사뉴 몽라쉐)

▷ 도멘 제라흐 불레이
(프랑스 상세르)

▷ 샤또 퐁테 카네
(프랑스 보르도 포이약)

▷ 엔비나떼
(스페인)

▷ 보르고 델 틸리오
(이탈리아 프리울리)

▷ 요셉 라이츠
(독일 라인가우)

▷ 베른하르트 오트
(오스트리아 바그람)

▷ 아르노-로버츠
(미국 캘리포니아 소노마)

▷ 링구아 프랑카
(미국 오리건 윌라메트 밸리)

나조차도 좋아하는 내추럴 와인 양조업자

▷ 티에로 알르멍
(프랑스 코르나스)

▷ 자크 라세뉴
(프랑스 샹파뉴)

▷ 쥬세페 리날디
(이탈리아 바롤로)

▷ 크리스티안 치다
(오스트리아 부르겐란트)

▷ 쥬스토 오끼핀티/COS
(이탈리아 시칠리아)

2

와인은
어떻게
마시나요?

▶ 여태까지 우리는 와인을 어디서, 어떤 품종으로, 어떻게 만드는지 배웠다. 지금 부터는 왜 와인을 마시고, 어떻게 입안에서 풍미가 펼쳐지는지 알아볼 차례다. 내가 무엇을 좋아하는지 알아가는 과정은 너무나 즐거운 일이다. 와인을 마시는 일만큼 맛 있는 학습 절차가 또 있겠는가? (물론 초콜릿 전문가 과정은 제외하자.) 카네기 홀에 오르기 위 해서는 피나는 노력을 해야 하듯, 와인 전문가가 되기 위해서는 수백 병은 마셔봐야 한다. 하지만 어떤 품종과 국가, 더 나아가 산지가 나와 잘 맞는지 알기 위해 반드시 그 정도까지 마실 필요는 없다. 여태까지 마신 와인을 제대로 기억하기만 하면 된다. 당신의 기호를 명확히 표현할 수만 있다면 레스토랑의 소믈리에와 와인 숍 직원, 심 지어 저녁 식사에 와인을 가져오겠다는 친구까지도 당신의 입맛을 빠르고 정확하게 알아낼 것이다.

2장에서는 와인을 어떻게 마셔야 하는지부터(혀에서 시작하지 않는다!), 어떻게 구입하고 주문하는지, 어떻게 사람들에게 대접해야 하는지 배울 것이다. 더 이상 냉장고 위, 난 로 안이 아닌, 제대로 와인을 보관하는 법도 다룰 것이다. 누가 알겠는가? 당신은 이미 와인을 수집할 정도의 경지에 이르렀을지도 모른다! (대신 온도 조절이 되는 저장 공간이 있다면 말이다.) 시각적 매체를 선호하는 사람들을 위해 다양한 표를 첨부했고, 빨리 이해할 수 있도록 도와줄 알짜 정보도 덧붙였다. 이번 장을 통해 당신을 나와 같은 와인광으로 만들려 하는 것이 아니다. 와인 잔 안에 펼쳐지는 놀라운 세계에서 당신이 어울릴 수 있도록 돕고 싶을 뿐이다. 나를 따라올 준비가 되었는가?

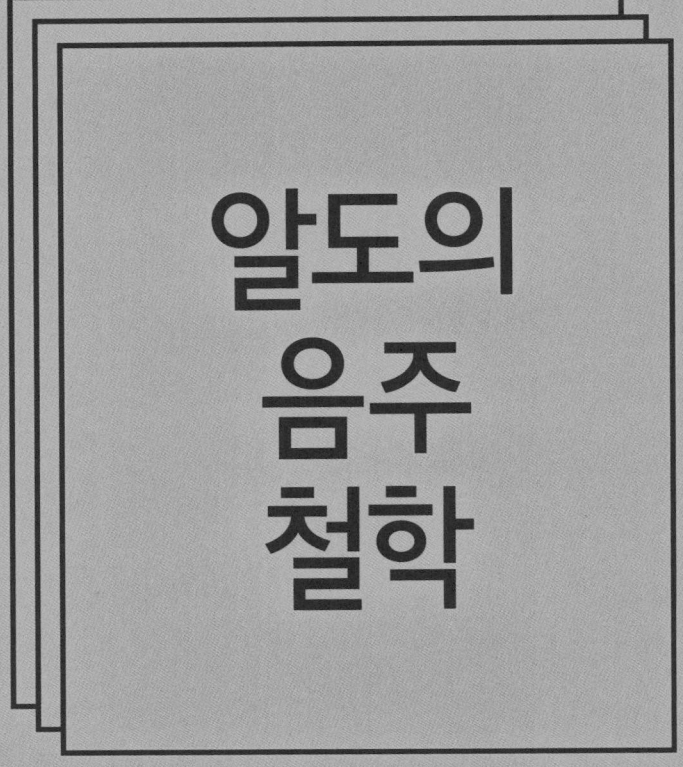

알도의 음주 철학

➡️ **최근 15년 만에 미국에서 와인은 라이프스타일 상품으로 굳건히 자리 잡았다.**

라이프스타일 상품이라는 말이 생소한가? 우리의 일상에 녹아 들어 당신의 취향과 개성을 나타내는 상품이 되었다는 뜻이다. 과거 미국인들은 식사와 함께 칵테일을 곁들였다. 점심 식사에 마티니 두 잔 정도를 마시는 것이 너무나 흔한 일이었다. 하지만 요즘에는 누구도 이렇게 칵테일을 마시지 않는다. 대신에 영화를 보면 가볍게 와인을 곁들이며 식사를 하거나, 고된 일과 후에 소파에 앉아 대화를 나누고, 테라스에서 친구들과 밀린 이야기를 한다. 심지어 항공사마저도 스타 소믈리에가 엄선한 와인 목록을 자랑한다. 90년대만 해도 스타 소믈리에라는 낯선 말을 들으면 우리 소믈리에들은 배를 잡고 웃었을 텐데 말이다.

오스트리아에서 자란 내게 와인은 생활의 일부였다. 거의 끼니마다 와인을 볼 수 있었다. 어릴 때는 우유를 떼자마자 와인을 맛볼 정도였다. 성인이 되어 레스토랑에서 식전주로 스파클링 와인이나 화이트 와인을 곁들이는 것은 너무나 당연한 일이었다. 가만 생각해보면 이러한 습관은 아직까지도 이어지고 있다. 예를 들어, 식전주로 샴페인 한 잔을 마시고(독일식 표현으로 '미각을 신선하게 만든다'라고 말한다), 첫 번째 코스 요리와는 화이트 와인을, 메인 요리와는 레드 와인을, 마지막 디저트와는 달콤한 와인을 마시며 식사를 마무리한다.

와인은 다방면에서 내 삶의 일부가 되었다. 나는 일주일에 5일간 점심, 저녁으로 사람들이 어떻게 와인을 대하고 경험하는지 관찰한다. 누군가는 부담 없이 즐기고, 누군가는 모험심을 갖고 접근한다. 어떤 사람은 상황에 맞추어가며 마시지만, 어떤 사람들은 전문가처럼 감정하듯 마신다. 나 개인적으로는 와인은 즐겁게 마셔야 한다고 생각한다. 와인의 최대 장점은 사람들을 어울리게 만드는 것이다. 와인만큼 훌륭한 대화 촉진제도 없다. 친구와 같이 샴페인을 즐기든 홀로 바에서 마시든 와인은 주변 사람들을 한데 모으는 역할을 한다. 경험을 통해 장담하건대 와인 한 잔만 있다면 대부분의 대화는 순식간에 흘러갈 수 있다. 요즘처럼 스마트폰에 얼굴을 파묻고 사는 세상에 이처럼 와인을 통해 쌓이는 유대관계는 갈수록 중요해질 것이다.

와인은 문화적으로도 엄청난 역할을 한다. 와인은 과거를 떠올리게 한다. 나는 운 좋게 아주 오래된 와인을 접할 때마다, 와인이 생산된 해에 무슨 일이 있었는지 검색해본다. 예를 들어, 1961년산 슈발 블랑을 마실 때는 그 당시의 시대 상황을 찾아본다. 그해 어떤 일이 일어났고 지금과 비교해 무엇이 바뀌었고 무엇은 그대로인지 공부한다. 이러다 보면 몇몇 생산 연도에서는 숙연함을 느낀다. 1945년 제2차 세계대전 당시 만든 와인을 마신 적이 있다. 얼마나 힘들게 와인을 만들었고, 그 와인을 무자비한 군인에게서 지켜냈을지 생각에 잠기게 되었다. 참고로 오스트리아에는 독일과 러시아의 침공을 받은 1950년대 이전에 생산된 와인은 거의 남아 있지 않다. 누군가는 와인을 그저 액체로 생각하겠지만 나는 병 안에서 역사를 오롯이 본다.

집에서 와인을 마실 때는 그때의 상황과 기분에 맞는 와인을 선택한다. 평일 밤 퇴근한 후에는 대부분 맥주를 마시고 잠자리에 드는 편이다. 믿기 힘들겠지만 사실이다. 하지만 일요일에는 항상 와인을 마신다. 우리 집 지하에 와인 약 500병을 보관하고 있고, 별도의 와인 저장고에 추가적으로 와인을 보관한다. 별도의 저장고에서 와인을 선택할지, 인근 와인 숍에서 산 16달러짜리 레이즌 골루와를 마실지는 전적으로 그날 여자친구와 무엇을 요리할지, 어떤 특별한 상황이 있을지에 따라 달라진다. 심지어 온도와 습도 등 날씨에 따라 끌리는 와인이 크게 바뀌기도 한다. 때로는 넘치는 호기심으로 새로운 와인을 시험해보고 싶은 날도 있다. 그럴 때 선택하는 와인은 생전 들어보지 못한 내추럴 와인이 될 수도 있고 요즘 제대로 꽂혀 있는 스페인 와인이 될 수도 있다. 이렇게 선택한 와인이 별로라면 다음 날 다시 마시기도 하고 요리할 때 활용하기도 한다. 맛이 없다고 기분 나빠지지는 않는다. 그 안에서 배울 것은 배우고, 마음 편히 넘어간다.

일요일에는 사람들과 어울려 마시는 것도 좋아한다. 퀸스에 있는 태국 음식점 스리프라파이에 주로 가는데, 핵심 메뉴에 충실한 환상적인 레스토랑으로 개인 술을 챙겨갈 수 있다. 여러 소믈리에와 각자 1~3병씩 챙겨가 몇 시간이고 이야기를 나눈다. 또한 자전거를 함께 타는 이웃 머레이와도 자주 간다. 그는 최근 나와 와인 공부를 시작했다. 머레이 부부를 위해 나는 와인과 잔을 챙겨가 음식을 즐긴다. 음식과 와인의 조합에 따라 달라지는 부부의 반응을 보는 일은 매우 즐겁다. 때로는 모든 음식에 샴페인을 곁들이기도 하고, 때에 따라 리슬링만으로 메뉴를 구성하기도 한다. 샴페인과 리슬링 모두 태국 음식과 환상적인 궁합을 자랑한다. 좋은 음식과 와인이 항상 짝을 이루듯 새로운 발견과 즐거운 대화로 저녁을 아름답게 마무리한다.

그리고 반드시 특별한 날이 아니더라도 집에서 좋은 와인을 즐긴다. 하루 종일 일이 잘 풀려 기분이 좋은 날에는 소갈비 스테이크에 1974년산 릿지 카베르네 소비뇽을 곁들이면 완벽하다. 이 와인을 마시기 위한 더 거창한 이유 따위는 필요하지 않다. (진심이다. 너무나 완벽한 한 끼였다!)

제대로
마시고,
제대로
표현하기

▶ 친구와 수다를 떨며 와인을 마시는 것과 작정하고 와인의 향을 맡고, 음미하고, 유리 잔 안까지 들여다보는 것은 완전히 다른 차원의 일이다. <mark>와인에 귀 기울이는 법을 익히게 되면 와 인이 들려주는 이야기에 완전히 매료될 것이다.</mark> 나의 시음 절차는 매우 자세하고 복잡하기 때문 에 핵심만 간추려보겠다.

　이번 장에서는 와인에 대해 이야기할 때 사용하는 다양한 서술어와 용어를 배울 것이다. 이 단어들을 익히면 와인을 마실 때뿐만 아니라 와인을 살 때도 도움이 된다. 소믈리에와 와인 숍 직원들도 이러한 말들을 듣고 당신에게 최적의 와인을 추천하기 때문이다.

첫 번째, 들여다보기

━▶ 와인 잔을 비스듬히 기울여 잔의 가장자리에 타고 올라온 색깔을 평가한다. 가급적이면 하얀 식탁보나 메뉴판 뒷면처럼 밝은 배경에 대고 보는 것이 좋다. (정확한 색을 보기 위해서는 햇빛 아래서 보는 것이 이상적이다. 레스토랑의 조명은 대부분 노란빛을 띠기 때문이다. 하지만 아직은 이렇게까지 지나치게 할 필요는 없다.)

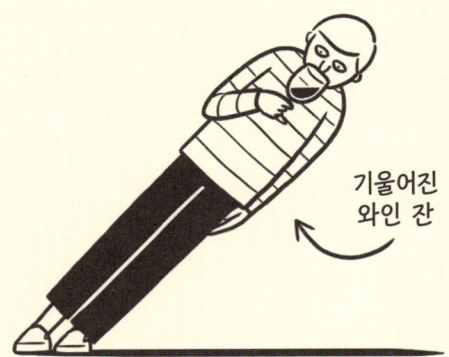

기울어진 와인 잔

레드 와인

▶ 더 보랏빛일수록 더 어린 와인이다. 네비올로, 가메, 피노 누아는 빛깔이 옅은 편이고, 카베르네 소비뇽, 말벡은 어두운 편이다. 오늘날 많은 양조업자들은 시장의 수요에 맞추어 어두운 빛깔의 와인을 생산하고 있다. 색깔이 진할수록 품질이 좋다고 생각하는 사람들이 있는데 이는 잘못된 상식이다.

색깔의 농도와 와인 잔 중간에서 가장자리까지 선명도를 확인한다. 와인 중간이 더 진할수록 껍질이 두꺼운 품종이다. 자줏빛 와인은 침용을 오래 거친 와인이다. 와인은 숙성할수록 가장자리에 엷은 오렌지빛을 띤다. 가장자리의 농도가 묽다면 따뜻한 기후나 기온이 높은 해에 재배한 포도로 만든 와인이

다. 또한 가장자리의 세밀한 기포는 탄산가스이며, 와인에 결함이 있거나 어린 보졸레 와인에서 볼 수 있는 특징이다.

화이트 와인

▶ 특히 오크 숙성한 화이트 와인일수록 숙성기간이 길어지면 황금빛이 진해진다. 하지만 와인이 산화되거나 완숙한 포도로 만든 와인에서도 노르스름한 빛이 돈다. 이러한 와인은 발효 방법에 따라 풍미가 진한 풀 바디 와인으로 탄생해 알코올 함량이 높다. 반면 엷은 녹색빛은 매우 어린 와인임을 뜻한다. 여과와 청징을 거치지 않아 뿌연 화이트 와인은 대부분 내추럴 와인에서 영감을 받은 와인이며, 이는 레드 와인에도 적용된다.

와인의 다리란?

▶ 와인의 다리 또는 눈물은 알코올 함량을 나타낸다. 와인의 눈물이란 빙빙 돌린 잔의 옆면을 타고 와인이 주르륵 내려가거나, 가만히 둔 와인 잔의 가장자리를 타고 방울져 올라가는 것을 의미한다. (알코올은 기체이기 때문에 증발한다. 와인 잔에 눈물이 방울져 있는 이유도 증발하기 때문이다.) 눈물의 폭이 좁고 선명할수록 알코올 함량이 높거나 당도가 높은 와인이다. 반대로 눈물 폭이 넓은 와인은 알코올 함량이 낮거나 차가운 기후, 그런 해에 생산되었을 확률이 높다.

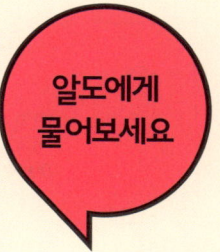
알도에게
물어보세요

두 번째, 냄새 맡기

➡ 코는 맛을 느낄 때 가장 중요한 기관이다. 후각이 없다면 생양파마저도 느낄 수 없다. **입을 살짝 벌린 채 코를 와인 잔에 대고 숨을 들이마신다.** 어떤 향기가 느껴지는가? 맑고 깨끗한가? 아니면 산화나 상한 코르크 같은 결함이 느껴지는가? 와인이 보여주는 모든 풍미는 향기에 달려 있다. 다양하고 복합적인 향기가 느껴질수록 좋은 와인이다.

나는 향을 두 번씩 맡는다. 처음 향을 맡을 때는 있는 그대로의 특징을 잡아낸다. 버섯, 오크, 과일, 향신료, 꽃 등 다양한 향을 찾아본다. 두 번째로 향을 맡을 때는 잔을 돌리며 와인을 깨워내고, 처음 찾아낸 특징에 구체적인 개성을 더한다. 예를 들어, "체리와 감초, 제비꽃향이 나네요"와 같이 표현한다. 사람을 만날 때 첫인상을 형성하고 더 자세히 알아가는 과정과 비슷하다고 볼 수 있다.

🔵 프랑스인 중에서는 와인 잔을 반시계 방향으로 돌려야 한다고 믿는 사람도 있다. 시계 방향으로 돌릴 때와는 다른 향이 난다고 생각한다. 실제로도 그런지 직접 해보도록 하자!

꼭 와인 잔을 빙빙 돌려야 하나요?

고정관념이 가득한, 판단하기 좋아하는 소믈리에라고 여러분이 말할지 모르겠으나, 위험을 무릅쓰고 이야기하자면, 나는 고객들이 와인 잔을 돌리는 모습만 봐도 그들을 알 수 있다. 고객 중에는 와인을 쏟을 정도로 세차게 잔을 돌리는 사람도 있고, 와인 잔의 볼 부분을 감싸 쥐는 사람도 있으며, 와인이 철벅거리게 잔을 앞뒤로 움직이는 사람도 있다. 하나같이 손놀림이 미숙하다! 반면 와인 잔을 돌리기 전에 잔의 줄기를 잡고 테이블에서 살짝 들어 올리는 사람이 있다. 잔의 밑동을 둘째와 셋째 손가락 사이에 끼워 돌리는 것을 조절하고, 이 행동을 두 차례 반복하는 사람도 있다. 이들은 와인을 좀 마셔본 사람이다.

하지만 진정한 와인 전문가를 어떻게 구별하는지 아는가? 그들은 향을 먼저 맡는다. 사람들은 잔을 돌린 다음에 향을 맡고 "딸기향이 나네요" 등의 말을 하는 경향이 있다. 그다음에 잔을 한 번 더 돌리고 "라즈베리향도 나요"라고 말한 뒤 이를 반복한다. 이러한 행동은 마치 전속력으로 달리다가 갑자기 멈추어서고, 다시 전속력으로 달리다가 다시 멈추는 것과 동일하다고 생각한다. 왜 와인의 다양한 첫 느낌을 최대한 간직하지 않는가? 나는 앞서 이야기한 바와 같이 향을 먼저 맡고 있는 그대로의 첫인상을 느끼는 것을 선호한다. 그다음에 잔을 돌린 후 깊고 진하게 두 번째 향을 맡는다. 이때는 와인이 주는 다양하고 복합적인 향에 주목하고 이를 포착한다.

149

와인의 아로마

아로마는 풍미라는 말과 많이 혼용된다. 아래 차트에서 가장 끌리는
향이 무엇인지 살펴보고, 당신에게 맞는 최고의 와인을 찾아보자.

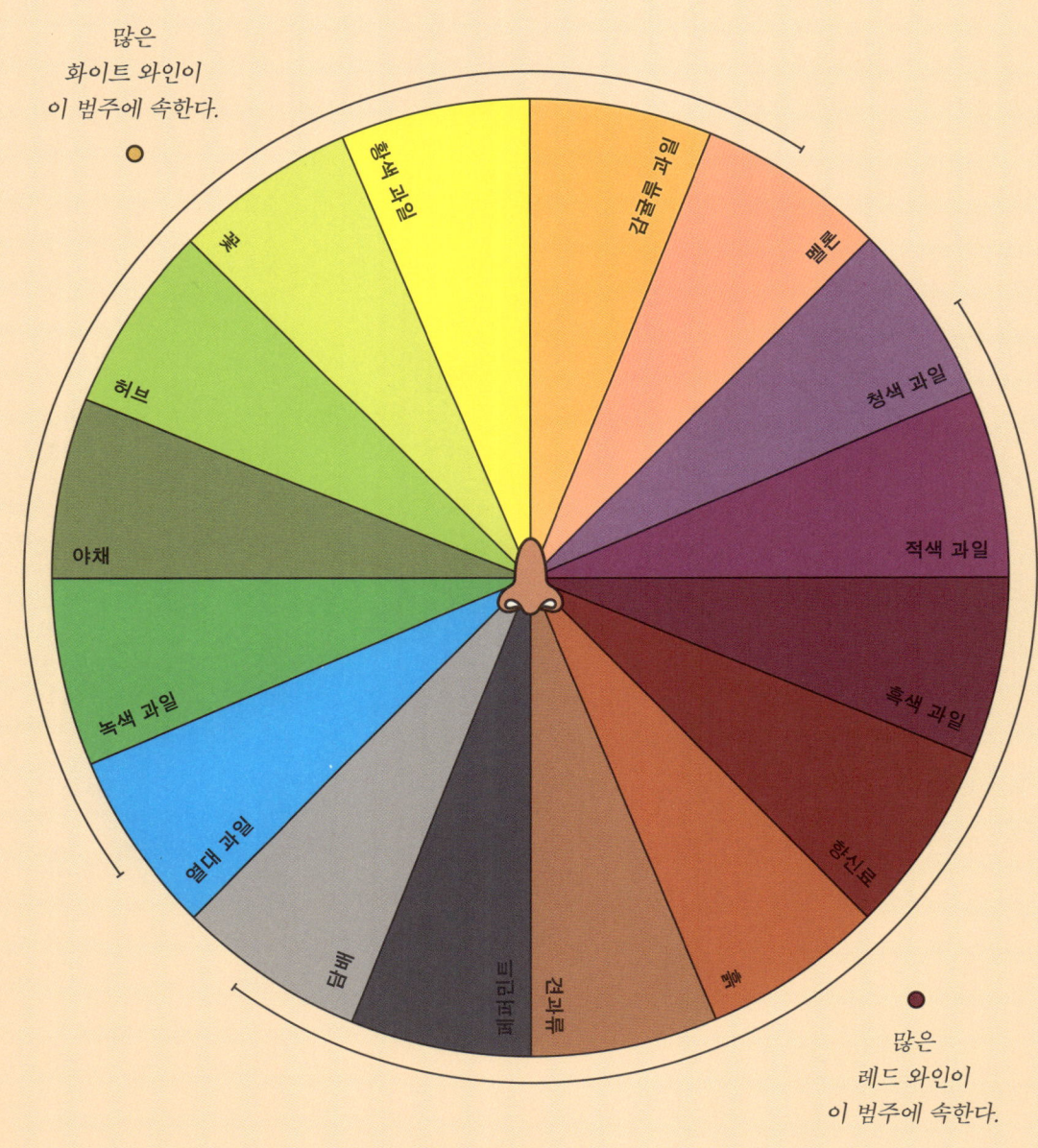

많은
화이트 와인이
이 범주에 속한다.

많은
레드 와인이
이 범주에 속한다.

150

그뤼너 벨트리너

슈냉 블랑

리슬링

게뷔르츠트라미너

소비뇽 블랑

샤르도네

비오니에

알바리뇨

피노 그리지오

돌체토

네비올로

가메

그르나슈

산지오베제

피노 누아

템프라니요

쉬라

카베르네 소비뇽

메를로

세 번째,
맛보기

➡️ 와인을 한 모금 마시고 몇 초 동안 입안에 머금는다. 입안에 골고루 닿도록 충분히 느낀 후 삼키거나 뱉는다. 혀를 통해 와인의 특징이 전해질 것이다. 나는 상당히 체계적으로 와인을 시음하기 때문에 나만의 규칙을 정해 와인을 마실 때마다 일정한 순서를 따른다. 이러한 규칙을 따름으로써 무작정 새로운 와인에 덤벼드는 것이 아니라 일련의 참고 기준을 세울 수 있다. 154~160쪽에 제시한 와인의 주요 특성을 참고해 당신의 기호를 표현할 수 있다면 와인을 주문하거나 구매할 때 큰 도움이 될 것이다.

나만의
시음 체크리스트

☐ 와인의 **당도**는 어떤가?

☐ 와인의 **산도**는 어떤가? 혀의 양쪽 측면에 상쾌하게 톡 쏘는 맛이 느껴지는가, 아니면 식초처럼 격한 시큼함이 느껴지는가? 입에 침이 고이는 것도 산도를 판단하는 기준이다.

☐ **타닌감**은 은은하고 조화로운가? 아니면 혀를 압도하고 볼을 바싹 마르게 해서 과하게 우려낸 떫은 차를 마시는 기분이 드는가?

☐ **알코올 함량**을 느껴본다. 와인을 삼키고 숨을 내쉬었을 때 위스키처럼 목구멍이 타들어가는 느낌이 드는가, 아니면 부드러운 온기가 느껴지는가?

☐ **과일**의 풍미가 충분히 느껴지는가?

☐ 와인의 향이 **맛**으로도 느껴지는가?

☐ 모든 요소들이 **균형**을 이루고 있는가? 어느 특성도 도드라지지 않고 조화로울수록 좋은 와인이다.

미각 분포도

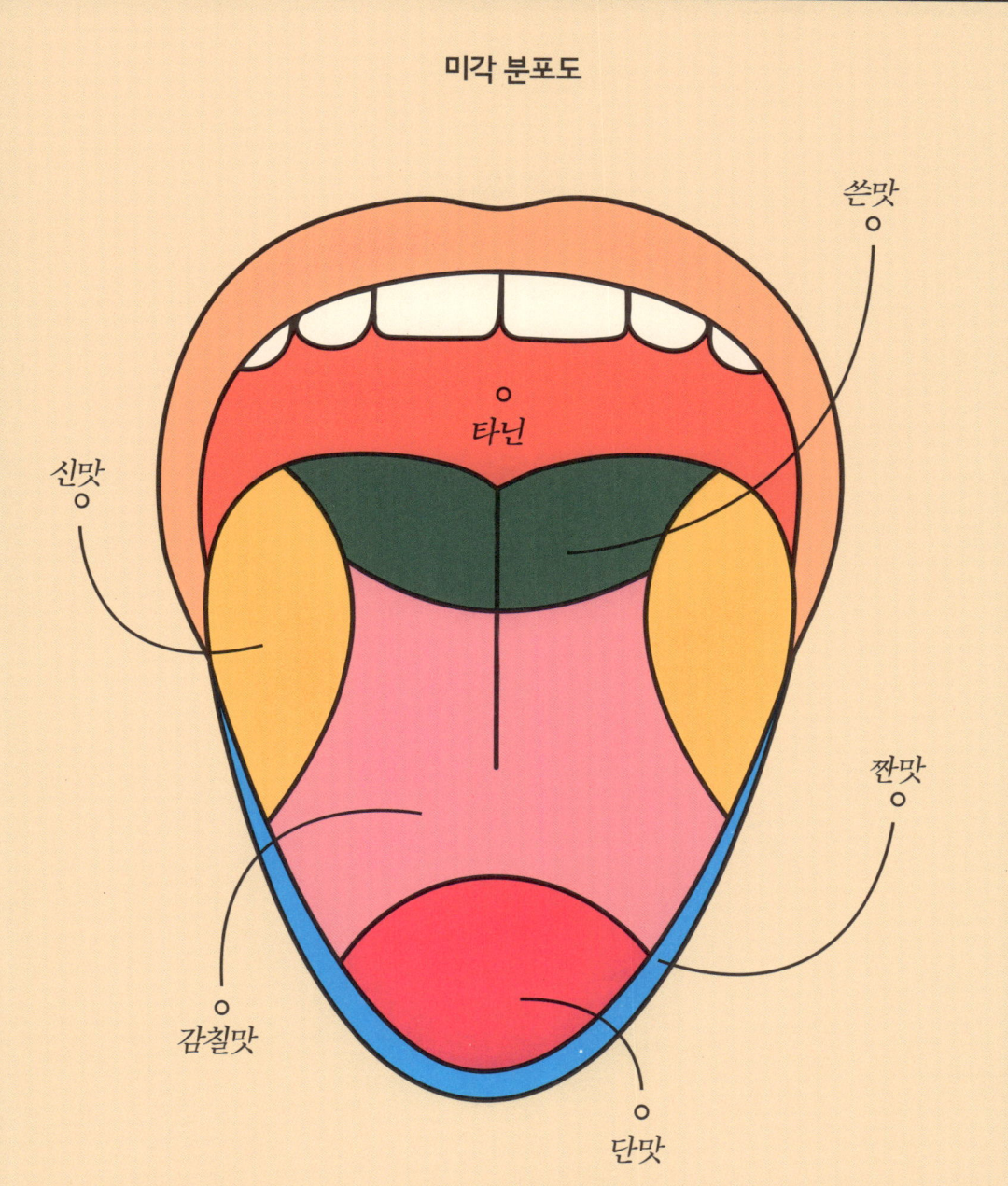

쓴맛

타닌

신맛

짠맛

감칠맛

단맛

세계를 위한 다양한 와인 언어

→ 냄새와 맛을 판단하는 기준은 지극히 주관적이며 대부분 유년기에 발달한다고 생각한다. 이 시기에 어린이는 나무 숟가락, 흙, 가죽 등 무엇이든 닥치는 대로 입에 넣는다. **와인은 아직까지 유럽 중심으로 발달했기 때문에 와인을 묘사하는 용어도 유럽 중심으로 만들어졌다. 하지만 반드시 그 용어들만 사용할 필요는 없다.** 만약 당신이 서구 문화권에서 자라지 않았다면 당신만의 언어로 자유롭게 맛과 향을 표현해보자. 누군가는 딸기향이라 표현하지만 당신은 리치향이라고 말할 수도 있다. 이렇게 함으로써 와인 언어는 다채롭고 재미있게 발전할 것이다.

와인을
시음할 때
주목할
요소

1. 산도

→ 산도는 상당히 기본적인 개념으로 와인을 마실 때 전해지는 입안을 오므라들게 하는 느낌이다. 레몬이나 라임처럼 느껴질 수도 있고, 그래니 스미스 풋사과처럼 거칠 수도 있으며, 골든 딜리셔스 사과처럼 원만하지만 시큼털털한 맛일 수도 있다. 나는 와인을 평가할 때 신선도뿐 아니라 산도도 중시한다. 적절한 산도는 무시할 수 없는 요소다. 어린 네비올로나 리슬링은 종종 산도가 매우 높아 타닌감이 강하게 느껴지고 도무지 과일향을 느낄 틈이 없다. 소믈리에들은 이러한 특성을 '타이트'하다고 표현한다. (이런 와인은 숙성할수록 진가를 발휘하며 와인의 맛이 열린다고 표현한다.)

샤블리와 샴페인은 생생하면서도 톡 쏘는 정도의 산도를 지닌다. 이는 서늘한 북쪽 지역에서 생산한 화이트 와인에서 대체적으로 느낄 수 있는 특징이다. 이 지역의 와인은 포도의 당분이 전체 풍미를 압도하지 않기 때문에 과일의 신선함과 섬세함이 빛을 발한다.

산도는 자칫 와인을 드라이하게 느껴지게 한다. 드라이한 와인에는 잔당이 거의 없기 때문이다. 덜 드라이하고 산도가 낮은 와인일수록 당분의 함량이 높다. 레모네이드에 설탕을 첨가해 맛을 끌어올리는 것을 생각하면 된다.

산도가 높은 와인은 음식과 곁들이기 좋다. 산이 지방을 분해하고, 지방을 코팅하기 위해서는 소량의 당분만이 필요하다는 사실을 떠올리면 이해가 쉽다.

산도가 높은

샴페인

리슬링

슈냉 블랑

샤블리

알바리뇨

뮈스까데

상세르

화이트 부르고뉴

샤르도네 (캘리포니아 산타바바라)

네비올로

가메

피노 누아 (부르고뉴)

쉬라 (북부 론)

리오하

카베르네 프랑

보르도 서안

그뤼너 벨트리너

소비뇽 블랑 (신세계)

샤르도네

피노 누아 (소노마)

콩드리유/비오니에

마르싼느/루싼느

카베르네 (워싱턴)

진판델

말벡

산도가 낮은

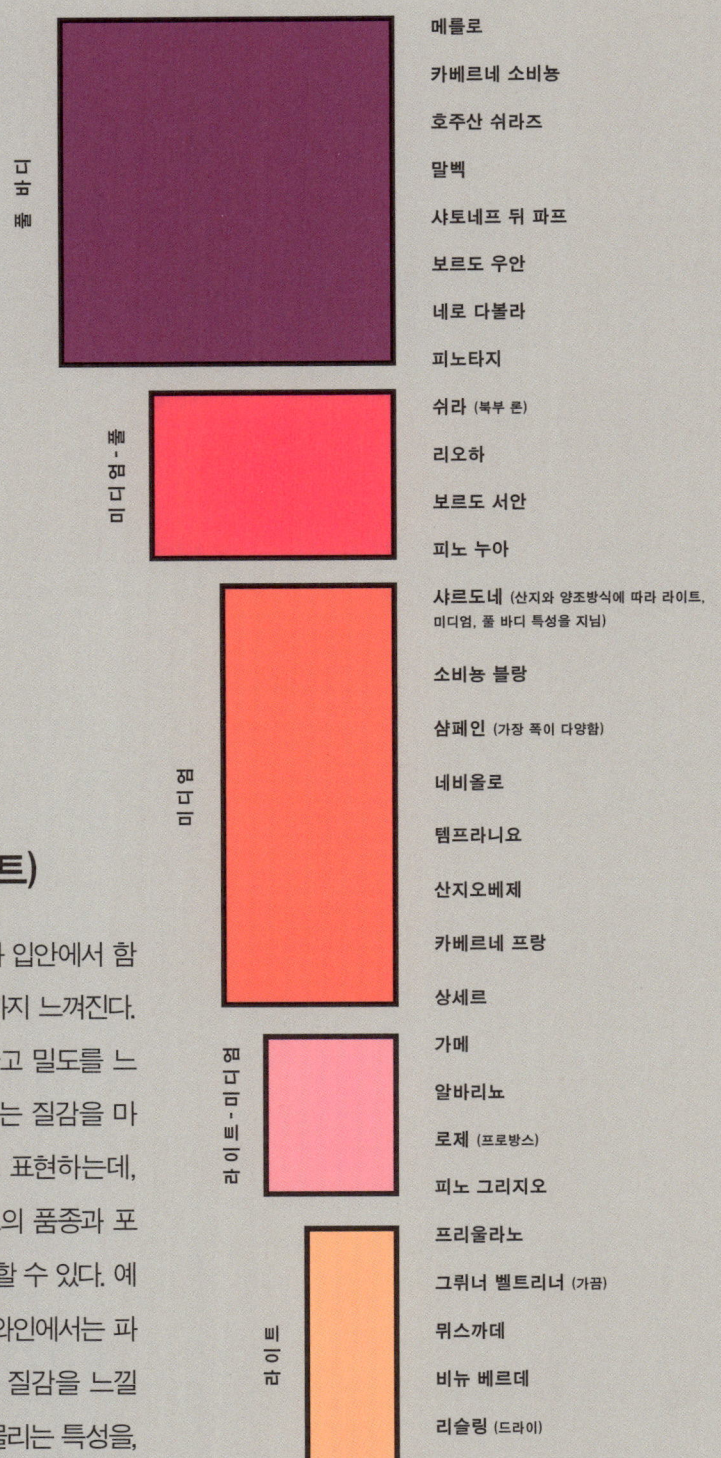

메를로

카베르네 소비뇽

호주산 쉬라즈

말벡

샤토네프 뒤 파프

보르도 우안

네로 다볼라

피노타지

쉬라 (북부 론)

리오하

보르도 서안

피노 누아

샤르도네 (산지와 양조방식에 따라 라이트, 미디엄, 풀 바디 특성을 지님)

소비뇽 블랑

샴페인 (가장 폭이 다양함)

네비올로

템프라니요

산지오베제

카베르네 프랑

상세르

가메

알바리뇨

로제 (프로방스)

피노 그리지오

프리울라노

그뤼너 벨트리너 (가끔)

뮈스까데

비뉴 베르데

리슬링 (드라이)

로제

2. 바디
(풀, 미디움, 라이트)

→ 와인의 바디감은 혀와 입안에서 함께 느껴지며 입천장에서까지 느껴진다. 와인을 입안에 잠시 머금고 밀도를 느껴보자. 입안에서 느껴지는 질감을 마우스필(mouthfeel)이라고도 표현하는데, 이 질감을 바탕으로 포도의 품종과 포도가 재배된 기후를 추측할 수 있다. 예를 들어, 라이트한 로제 와인에서는 파삭하고 청량하며 상쾌한 질감을 느낄 수 있다. 반면 진판델은 물리는 특성을, 무르베드르는 걸쭉하고 묵직한 특성을 지닌다. 이는 와인의 페놀 구조가 복잡하기 때문이다.

3. 알코올

→ 알코올은 와인의 지방이다. 이 말은 알코올이 와인의 풍미를 어느 정도 끌어올리는 역할을 한다는 뜻이다. 알코올 함량이 너무 높은 와인은 일반적으로 독하다. 입안이 타들어갈 정도로 뜨겁다. 보졸레처럼 도수가 낮은 레드 와인은 다소 빈약함이 느껴지는 반면, 풀 바디의 선명한 나파 밸리 카베르네 소비뇽은 높은 알코올 함량으로 더 진하고 파워풀한 풍미를 전한다. 또한 벨벳을 연상케 하는 부드러운 잼 같은 특성으로 편하게 마실 수 있다. 하지만 도수가 지나치게 높은 와인은 목이 타들어가는 느낌을 줄 뿐이다. 이러한 와인들은 흔히 뜨겁다고 표현한다.

와인의 당도가 높을수록 알코올 함량도 높아 알코올이 약 13.5~16% 들어 있다. 이러한 와인은 일반적으로 따뜻한 기후에서 생산되었을 확률이 높다. 최근에는 건강에 대한 관심이 증가하면서 도수가 낮은 와인을 주로 생산하는 추세다. 캘리포니아 지역에서도 16.5% 정도 알코올을 포함한 와인은 찾아보기 힘들다.

알코올 함량이 높은

진판델

무르베드르

그르나슈

나파 밸리 카베르네 소비뇽 (다소 높음)

보르도 우안 메를로

브루넬로

네로 다볼라

리베라 델 두에로

토로

호주산 쉬라즈 (중간에서 높음까지)

말벡

게뷔르츠트라미너

비오니에

슈냉 블랑

샤르도네 (중간에서 높음까지)

그뤼너 벨트리너

피노 그리 (알자스)

상세르 (중간에서 낮음까지)

샤블리

리슬링 (스타일에 따라 다름)

알바리뇨

피노 그리지오

샴페인

로제

뮈스까데

비뉴 베르데

알코올 함량이 낮은

4. 타닌

→ 타닌은 혀의 중앙에서 느낄 수 있으며 일반적으로 쓰거나 떫은맛으로 표현한다. 타닌과 와인의 드라이함이 서로 연관되어 있다고 착각하는 사람들이 있다. 하지만 입안을 마르게 해서 물이 마시고 싶게 만드는 것은 타닌밖에 없다. 타닌은 와인의 당도에 영향을 주지 않는다. 어린 바롤로 와인과 보르도 와인은 과즙과 껍질, 씨앗의 비율로 인해 타닌이 과도하게 많을 수 있지만 숙성하면 점차 부드러워진다. 완숙한 포도의 갈색 씨앗이 아닌 덜 익은 녹색 씨앗을 압착한 와인들도 있다. 이처럼 거친 녹색 타닌 성분이 있다면 아무리 오랫동안 와인을 숙성할지라도 제대로 익지 않는다.

5. 당도
(드라이, 오프-드라이, 스위트)

→ 가장 간단히 설명하자면 '드라이'는 '스위트'의 반대이며, '오프-드라이'는 이 둘의 중간이다. 와인의 당도는 혀끝으로 느낄 수 있다. 와인이 달콤하지 않다고 해서 와인 안에 당분이 전혀 없는 것은 아니다. 잔당이 전혀 없는 와인은 존재하지 않는다. 당분을 완전히 발효시켜 버릴 수 있는 효모는 많지 않다. 설령 완전히 발효한다 해도 그 와인은 굉장히 마시기 힘들 것이다. 드라이 와인과 오프-드라이 와인을 구분할 때는 산도가 많은 영향을 미친다. (우리는 종종 산도가 높은 샴페인이 드라이하다고 생각하지만 사실 당분이 10g 정도 들어 있다. 이는 상당히 높은 수치다!)

타닌 함량이 많은

네비올로

카베르네 소비뇽

까르메네르

산지오베제

피노 누아 (구세계)

템프라니요

그르나슈

메를로

말벡

바르베라/돌체토

가메

피노 누아 (신세계)

진판델

타닌 함량이 적은

와인의 타닌이 지나치게 많을 때 디캔팅이나 에어레이팅을 하면 좋다. 와인의 과일향이 금세 살아난다. 상세한 내용은 212쪽을 참고하자.

6. 풍미

→ 150쪽에서 다루었던 와인의 아로마를 기억하는가? 이번에는 그 향을 혀로 느낄 차례. 풍미는 아로마와 마찬가지로 상당히 주관적인 요소이며 경험을 바탕으로 표현된다. 하지만 지나치게 괴짜스럽게 표현할 필요는 없다. 다큐멘터리 〈Somm〉에서 와인을 시음한 뒤 "찢어진 테니스공과 정원 호스 같은 맛이 나요"라고 표현하는 것

처럼 말이다. 진정 그러한 풍미가 느껴진다면 있는 그대로 표현해도 좋지만…. 풍미의 세계는 무궁무진하다. 대표적인 풍미를 아래와 같이 정리했다. 때때로 와인의 풍미는 포도 자체와는 전혀 연관이 없을 수도 있다는 사실을 기억하자. 예를 들어, 미네랄 풍미는 포도가 재배된 토양에서 비롯되며, 오크 풍미는 와인을 숙성한 용기에서 형성된다.

허브

신선한 녹색의 풍미는 개인적으로 민트나 타임 같은 소프트 허브와 로즈마리, 유칼립투스 같은 우드 허브로 나누고 싶다.

과일

딸기, 라즈베리, 체리, 붉은 자두, 레드커런트와 같은 적색 과일이 느껴지는가? 아니면 자두, 블랙베리, 블랙커런트, 블랙 체리, 올리브와 같은 빛깔이 진한 과일이 느껴지는가? (이 외에도 끈적한 말린 과일, 이색적인 열대과일, 교목 열매, 멜론 등 다양하다.)

미네랄

자주 쓰이는 용어로 포도를 재배하는 토양의 특징을 묘사한다. 예를 들어, 젖은 돌, 화산석, 칠판에 사용하는 분필, 아스팔트에 내린 비 냄새, 꺼진 모닥불의 차가운 훈연향 등이 있다. 어떤 느낌인지 알겠는가? 와인업계에서 쓰는 말 중에 미국 소믈리에는 와인에서 과일을 찾아내고, 유럽 소믈리에는 토양을 찾아낸다는 말이 있다. 실제로 나 역시 와인을 시음할 때 토양의 풍미를 찾는다. 개인적으로 이 방법이 와인의 산지를 유추하는 데 더 도움이 된다고 생각한다.

흙

버섯, 송로 버섯, 가죽, 가을 낙엽, 이끼 등의 풍미를 일컫는다.

오크

오크 역시 상당히 자주 쓰는 표현 중 하나다. 오크통에서 숙성을 했거나 스틸 탱크 안에 오크나무토막을 넣어서 숙성했을 때 느낄 수 있는 풍미다. 이 풍미의 범주에는 바닐라, 나무를 태우는 온화한 향, 구운 식빵 냄새, 심지어 딜까지 포함된다. 마지막 딜 풍미는 주로 미국에서 자란 오크나무에서 느낄 수 있다.

알도의 비법

시음을 마무리하며
스스로 마지막 질문을 던진다.
'이 와인에 얼마를 지불할 것인가?'
이 질문은 균형 잡힌
시각으로 와인을 바라볼 수 있게
도와준다.

마지막 단계, 곰곰이 생각하기

➡️ 여유를 갖고 와인의 뒷맛을 관찰하고 그 **감각을 찬찬히 느껴보자.** 로제 와인처럼 간단명료하고 상쾌한 와인도 있다. 하지만 완숙한 보르도 와인과 같은 경우는 미각에 오래도록 남아, 때로는 10초에서 그 이상의 시간이 흐른 뒤 겹겹이 새로운 풍미를 드러낸다. 이러한 와인은 집중해서 풍미를 되짚어보며 마셔야 하는 훌륭한 와인이다. 친구들과 수다를 떨며 벌컥벌컥 마셔서는 안 된다. 와인은 강렬함보다는 끝맛의 여운이 생명이다.

한 번만 더 기회를!

➡️ 나는 마음에 들지 않는 와인일지라도 시간을 두고 끊임없이 관찰한다. 왜 그럴까? 코르크 마개를 여는 순간, 와인은 갓 태어난다고 할 수 있다. 사람도 다 큰 스무 살 아이를 낳을 수는 없지 않은가! 식사를 하면서 와인의 맛이 열리면 비로소 풍미가 물결치듯 나타난다. 처음에는 사향처럼 동물을 연상시키는 향이 나타가도, 맛을 잃기 전 향긋한 과일향을 뿜기도 한다. 또 한두 시간 후에는 맛이 다시 열리며 싱그러운 라즈베리향이 날 수도 있다. 이처럼 마법 같은 시간을 나타낸 표나 공식이 따로 있는 것은 아니다. 끊임없이 마셔보고, 또 마셔봐야지만 비로소 깨닫게 된다.

기호, 기분, 상황에 따른 추천 와인

기호에 따른 추천 와인

"제가 좋아하는 건요…", "이런 걸 찾고 있는데요…"
바로 내가 일하면서 가장 많이 듣는 말이다.
대표적으로 이야기하는 취향과 이에 맞는 추천 와인까지 알아보자.
대략적인 접근 방향부터 구체적인 와인 이름까지 상세히 소개한다.

	제 취향은요…	추천 방향	추천 와인
1	뚜렷한 레드 와인	카베르네, 말벡, 진판델을 살펴보자.	● 루카 말벡
2	파격적인 레드 와인	내추럴 와인을 시켜보자.	● 장 프랑수와 갸느바 레드 와인
3	저렴한 레드 와인	스페인 와인과 친해져보자.	● 올리비에 리비에르, 알란자 라 발라다
4	매우 드라이한 화이트 와인	뮈스까데, 리아스 바이사스, 소노마 해안 등 해안지역을 살펴보자.	● 도멘 드 라 페피에르의 오르토냐 이스 뮈스까데
5	풀 바디의 화이트 와인	그르나슈 블랑의 마법을 느껴보자.	● 보니 둔, 르 시가 블랑 그르나슈 블랑
6	오크향이 강한 화이트 와인	나파 밸리 샤르도네면 충분하다.	● 소노마 해안 생산 팻앤홀
7	산도가 낮은 화이트 와인	비오니에를 마셔보자.	● 케이브 이브 뀌에롱, 레 비뉴 다 꼬떼
8	뿌연 화이트 와인	암포라 숙성 와인을 살펴보자.	● 코스, 피토스 비앙코
9	광물성이 느껴지는 화이트 와인	유럽 와인 중에 선택하자.	● 도멘 루이 미셸 & 피스, 샤블리
10	짭쪼름한 화이트 와인	알바리뇨 또는 지중해 화이트 와인을 주목하자.	● 레이라나 알바리뇨, 보데가스 포쟈스 델 살네스

기분에 따른 추천 와인

나는 술을 마실 때 감정의 영향을 많이 받는 편이다.
하지만 기분파라고 해서 음울한 주정뱅이는 아니다. 그 어떤 음식보다
날씨의 변화, 끔찍한 퇴근길 등 감정의 변화를 주는 요소에 따라
생각나는 와인이 다르다는 의미다.

	이런 기분에는	추천 방향	추천 와인
1	너무 후덥지근하고 더운데 상쾌한 거 없을까요?	알바리뇨와 로제 와인(롱 아일랜드산), 산토리니산 와인	● 가이아 와인스, 탈라씨티스 아시르티코
2	진지하게 파고들면서 마실 만한 와인이 필요해요.	어느 정도 투자해 북부 론 지방의 쉬라, 피에몬테 지방의 오래된 레드 와인, 마르살라 와인 까지 도전하자.	● 마르코 데 바르톨리, 마르살라 수페리오레 10년 숙성 리제르바
3	너무 고단한 하루를 보내서 소소하게나마 기분을 내고 싶어요.	샴페인을 터뜨리자. 단, 반병만!	● 로드레 에스테이트 스파클링 와인
4	완연한 가을이네요.	음식과의 환상적인 궁합을 자랑하는 피에몬테 북부 지방의 바롤로 와인	● 안토니오 발라나 에 필리오, 스판나 꼴리네 노바레시
5	밖에 눈보라가 쳐요. 도와주세요!	샴페인을 터뜨리자. 이번엔 한 병 모두!	● 크리스토프 미뇽, 피노 뫼니에
6	뭔가 맛있는 것이 먹고 싶은데 고민하고 싶지는 않아요.	보르도 레드 와인, 캘리포니아 피노누아, 토스카나 레드 와인	● 클렌드넌 패밀리 빈야드, 더 핍 피노 누아
7	자연을 느끼고 싶어요.	암포라 숙성 와인, 프리울리 와인, 펫-낫	● 비치, 노 사피엔스

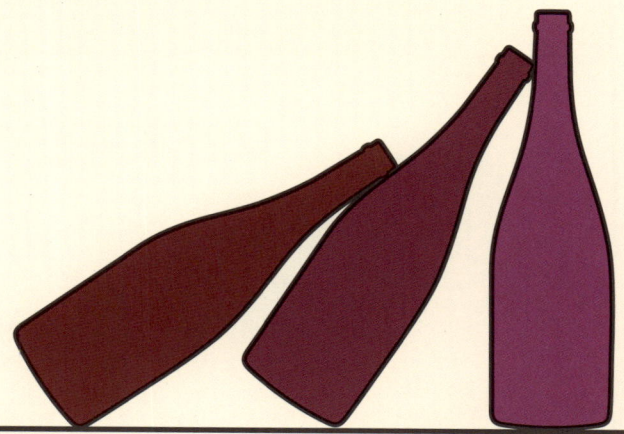

와 인 방 정 식

당신의 취향으로 풀어낸 단계별 추천 와인

취향		1단계		2단계
그뤼너 벨트리너	▶	피노 그리지오	▶▶	알바리뇨
나파 밸리 소비뇽 블랑	▶	남아프리카 공화국 소비뇽 블랑	▶▶	보르도 화이트 와인
부르고뉴 화이트 와인	▶	산타바바라 샤르도네	▶▶	고델로
캘리포니아 샤르도네	▶	호주 샤르도네	▶▶	이탈리아 샤르도네
유명 브랜드 샴페인	▶	개인 생산 샴페인	▶▶	크레망
피노 그리지오	▶	피에몬테 아르네이스	▶▶	아르헨티나 토론테스
뉴질랜드 소비뇽 블랑	▶	오스트리아 소비뇽 블랑	▶▶	알토 아디제 소비뇽 블랑

화이트 와인

취향		1단계		2단계
아르헨티나 말벡	▶	캘리포니아 진판델	▶▶	랑그독 루씨용 카리냥
보르도 카베르네 소비뇽	▶	슈퍼 투스칸	▶▶	북부 론 시라
피노 누아	▶	스페인 가르나차	▶▶	피에몬테 네비올로
보졸레 누보	▶	모르공	▶▶	피노타지
메를로	▶	까르메너르	▶▶	알토 아디제 테롤데고
쉬라	▶	리베이라 사크라 멘시아	▶▶	오스트리아 블라우프랑키쉬

레드 와인

165

상황에 따른 추천 와인

장소와 이유에 따라 와인의 종류도 달라져야 한다.
캐주얼한 바비큐 파티에서 뜬금없이 보르도 와인을 꺼내지 않으며,
당신의 서른 번째 생일을 아무 프로세코와 함께 축하하고 싶지 않듯이!

	이런 상황에는	추천 방향	추천 와인
1	메뉴를 알 수 없는 저녁식사	그뤼너 벨트리너와 스파클링 크레망은 언제나 부담 없이 마실수 있다	🟠 바인구트 프레드 로이머, 그뤼너 벨트리너 로이스
2	칵테일 파티에서	프로세코, 로제 와인, 샤블리	🟣 도멘 드 트리엔느 로제 와인
3	소풍가는 날	보졸레, 산지오베제처럼 가벼운 레드 와인	🔵 에끌라 드 그라니테 꼬뜨 로아네즈 도멘 세롤
4	추수감사절	라이트한 피노 누아(소노마 해안), 가메, 라이트한 진판델	🟢 보데가 차크라, 바르다, 피노 누아
5	계획에 없던 화요일의 음주	개성 넘치는 와인 반병!	🟡 펠시나, 키안티 클라시코
6	스튜를 곁들인 일요일 밤	스페인산 거친 레드 와인	⚪ 리오하 크리안자, 세뇨리오 드 피 페시냐
7	근로자의 날 연휴	로제 와인	🔴 오드 투 룰루 로제 무르베드르

상 황 별 맞 춤 형 와 인 추 천
저예산 와인($)에서 호사스러운 와인($$$)까지

▽	▼	▼	▼	▽
생일 파티	**대형 생일 파티**	**하우스 파티**	**집 방문 선물**	**바비큐 파티**
$	$	$	$	$
매그넘 사이즈의 라벤토스 스파클링 와인이면 충분하다!	산디 산타바바라 샤르도네	비에티 네비올로 페바코	펠시나 키안티 클라시코	라피에르 레이즌 골루와
$$$	$$$	$$$	$$$	$$$
매그넘 사이즈 크룩	조셉 드루앵 뫼르소	베른하르트 오트, 파스 4 그뤼너 벨트리너	가야 바르바레스코	도멘 장 루이 샤브, 생 조셉

잘못된

와인 상식

바로잡기!

색깔이 밝을수록 가벼운 와인이다?

아니다. 밝은 빛깔의 투명한 피노 누아 중에서는 알코올 함량이 14%가 넘는 와인도 있다.

샤르도네는 전부 크리미하고 버터 같은 풍미를 지니며 과한 오크 숙성을 한다?

샤르도네는 무궁무진한 매력을 지닌 품종으로 식재료를 손에 쥔 셰프에 비유할 수 있다. 어떻게 요리하느냐에 따라 그 결과는 달라진다.

무거울수록 좋은 와인이다?

순전히 마케팅 상술이다! 더 고급스러워 보일 수 있겠지만 실제로 내용물에 어떤 차이가 있는지는 알 수 없다. 와인에 공을 들이지 않고 병에 돈을 투자했다고 생각하자.

값비싼 유명 브랜드 와인은 제값을 한다?

150달러에 이르는 유명 샤또의 와인이라고 해서 반드시 인생을 바꿀 만한 무언가를 선사하지는 않는다. 이러한 와인은 대부분 오랜 숙성을 거치기 때문에 뚜껑을 연 직후에는 맛이 없을 수도 있다. 나는 그 가격이라면 덜 알려진 지역과 품종의 훨씬 가성비가 좋은 와인을 찾는 편이다.

오랫동안 디캔팅한 와인이 더 맛있다?

음… 212~213쪽에 디캔팅에 대한 나의 생각을 정리했으니 참고하길 바란다. 에어레이션을 통해 공기에 노출한 와인은 기존의 아로마를 영영 잃는다.

화이트 와인은 숙성할 수 없다?

특히 저가의 와인을 비롯한 일반적인 화이트 와인은 병에 넣은 후 1~2년 안에 마시는 것이 가장 좋다. 하지만 복합적인 특성을 지닌 게뷔르츠트라미너, 슈냉 블랑, 샤블리, 리슬링 등의 품종은 10년이 넘게 숙성하면 훌륭한 맛을 자아낼 수 있다.

스크루 캡 와인은 품질이 떨어진다?

꼭 그렇지 않다! 사실 품질이 떨어지는 코르크 마개는 오히려 와인에 오점을 남기기 때문에 양조업자 입장에서는 더 골칫거리가 될 수 있다.

제대로 사고, 제대로 주문하기

▶ 이제 당신은 웨이터는 물론 소믈리에에까지 조종할 수 있는 준비를 갖추었다. 그들은 당신을 도와 헉 소리가 나지 않는 선에서 즐길 수 있는 와인을 추천해줄 것이다. 지금까지 공부한 내용을 다 잊어버려 얼어붙더라도 하나만은 명심하자. 유명한 와인 평론가인 로버트 파커를 흉내낼 바에는 와인을 접한 지 얼마 되지 않았다고 솔직하게 말하자. 괜히 아는 척을 하는 순간, "샤르도네는 싫지만 화이트 부르고뉴는 좋아요" 같은 말을 뱉게 된다. (둘은 똑같은 와인이다! 57쪽을 복습해 헷갈리지 않도록 하자.) 이렇게 하루가 끝나면 편안하게 긴장을 풀자. 겨우 와인을 주문했을 뿐이다! 물론 50달러 정도는 썼겠지만 자동차를 잘못 산 것도 아니지 않은가?

취향을 말하라

풍미를 표현하는 다양한 형용사와 표현을 활용한다. 또한 최적의 와인을 찾는 이정표가 되어줄 와인 산지를 이야기하자.

"광물성이 풍부하면서 가볍고 향긋한 화이트 와인이 좋아요. 친구가 작년 여름에 그리스에서 가져온 와인이 딱 그랬어요. 과일향이 없는 듯했어요. 이런 와인이 있을까요?"

"저는 메를로나 호주 쉬라즈는 좋아하지 않아요. 너무 묵직하고 압도하는 느낌이에요. 좀 더 가벼운 레드 와인을 추천해주실 수 있나요?"

"캘리포니아 카베르네 소비뇽을 좋아해요. 하지만 조금 색다른 와인도 한번 도전해보고 싶어요."

"이 와인이 정말 괜찮았어요 *(스마트폰에서 사진을 보여준다 – 팁 참고)*. 탁하고 거품이 있었는데 너무나 묘했어요."

> **팁!**
>
> '과일 맛이 풍부한'이라는 말은 가급적 사용하지 말자. 일부 전문가들은 달콤하다는 뜻으로 해석하기 때문이다. 과일 맛이 풍부한 와인을 주문했다가 좋아하지도 않는 리슬링 와인을 추천받을 수도 있다. 대신 '향이 그윽한'이라는 말을 사용해 보자. 소비뇽 블랑을 추천해줄 것이다.

> **팁!**
>
> 마음에 드는 와인은 사진을 찍어 쉽게 찾아볼 수 있도록 폴더로 관리하자. 와인을 진지하게 즐기게 되었다면 'Delectable' 애플리케이션을 다운로드하자. 좋아하는 와인을 정리하고 구매할 때 도움을 얻을 수 있다.

가격대를 이야기하라

가장 간편한 방법은 원하는 와인의 가격대를 정해주는 것이다. 만약 이 방법이 다소 불편하다면 해당 가격대 안에 속하는 2~3개 와인에 대해 질문을 던지자. "이 피노 그리지오(45달러 와인을 가리키며)는 어때요? 그러면 이거는요(60달러 와인을 가리키며)?"

함께 먹는 음식을 알려주어라

연어를 먹느냐, 참치를 먹느냐에 따라 선택하는 와인도 완전히 달라진다. 저녁 식사에 곁들일 와인을 살 때는 저녁 메뉴가 무엇인지 직원에게 말하도록 하자. 전문가들은 이러한 미션을 즐긴다! 실제로 이 책의 공동저자인 크리스틴은 저녁 파티를 할 때 집 근처 와인 숍인 테리스에 저녁 메뉴와 와인 가격대를 함께 전달한다. 그리고 그 곳에 방문한 손님들은 고민할 필요 없이 와인 숍에서 선정한 와인 중 하나를 선택한다. 물론 레스토랑이라면 이렇게 와인을 선택하는 일은 훨씬 쉬울 것이다.

와인 가격에 대해서…

기 본 요 소

무엇이
와인의 가격을
결정하는가?

소재

▷ 병
▷ 코르크 마개
▷ 라벨

생산 요소

▷ 노동력
▷ 토지(포도원이 가파른 경사에 위치할수록 더 많은 노동력이 필요하다)
▷ 수확량(와인의 희소성을 결정한다)
▷ 설비 투자
▷ 오크 배럴의 사용 여부

운송, 수입, 유통,
세금, 세관

와인업계에 스티브 잡스는 존재하지 않는다. 와인으로 어느 정도 돈을 벌기 위해서는 그만큼 많은 투자가 필요하다.

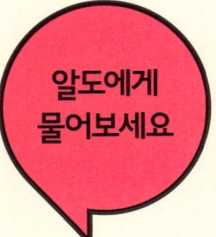

알도에게 물어보세요

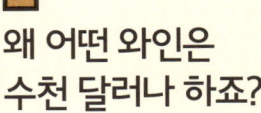

왜 어떤 와인은
수천 달러나 하죠?

와인 가격이 비싸지는 데는 다양한 이유가 있다. 노동력, 값비싼 토지, 희소성과 상징성(고품질 빈티지, 컬트 와인, 한정 수량 생산 등), 시장 상황 등이다. 와인의 가격은 와이너리에서 설정하지만, 고객에게 직접 판매하지 않는 한 그 가격이 전부 수익으로 돌아오지는 않는다. 게다가 산지에서 고객에게 직접 판매하는 일은 매우 드물다.

와인은 항상
제값을 하나요?

상당히 까다로운 질문이다! 와인은 비쌀수록 층층이 복합미가 있지만 그만큼 마시기 까다롭다. 만일 내게 20달러짜리 와인보다 50달러짜리 와인을 사야 하는지 묻는다면, 상황에 따라 그래도 된다고 대답할 것이다. 가격이 비싼 와인일수록 복합성이 더 훌륭할 수 있기 때문이다. 하지만 가끔은 편하게 즐길 수 있는 쉬운 와인이 필요한 날도 있다. 특히 떠오르는 산지의 와인들은 20달러대의 가격일지라도 알맞게 익어 가격 대비 품질이 우수하다. 결국 모든 결정은 당신의 기호와 당신이 그 순간 무엇을 원하는지에 달렸다.

초정밀 포도원 지도를 항상 가지고 다닐 수도 없는데, 어떻게 <u>좋은 가격의 와인을 찾아내죠?</u>

인터넷의 발달로 우리는 즉석에서 비교하며 쇼핑할 수 있다. 다만 오래된 와인을 구매할 때는 조금 복잡할 수 있다.

경험으로 말하는 가격대별 와인

12달러 미만
요리에 사용하자.

15 ~ 20달러
편하게 마실 수 있고 복잡하지 않다.
벌컥벌컥 마시기 좋다!

20 ~ 50달러
상당히 괜찮은 와인을
발견할 수 있는 가격대다.
특히 떠오르는 와인 산지를 주목하자.

50 ~ 75달러
인정받는 와이너리에서 생산한 고품질의 와인을 맛
볼 수 있다.

75 ~ 100달러
최고급 와인을 만날 수 있다.

100달러 초과
호사를 누리고 싶을 때! 다만 당신의 입맛이 너무 비
싸질 수도 있으니 주의하자.

와인 숍에서 기억해야 할 사실! 이름만 들어도 알 수 있는 화려한 와인 산지를 벗어나면 가격보다 훌륭한 와인을 얼마든지 찾을 수 있다.

아낌없이 주는 최고의 가성비 와인

- [ ] 스페인 레드 와인, 화이트 와인
- [ ] 포르투갈 레드 와인, 화이트 와인
- [ ] 루아르 화이트 와인
- [ ] 프랑스 중부 (꼬뜨 로아네즈)
- [ ] 사부아
- [ ] 북부 론 레드 와인
- [ ] 산토리니 화이트 와인
- [ ] 아직 발전이 더디다고 생각하는 모든 지역. 그 지역으로 와인 산업이 유입되고 있다
- [ ] 숙성한 리슬링
- [ ] 셰리
- [ ] 그뤼너 벨트리너. 개인적으로 너무 저렴하다고 생각한다!
- [ ] 개성이 넘치는 시칠리아 와인
- [ ] 개성이 다양한 크레망
- [ ] 미국 최고의 가성비를 자랑하는 산타바바라, 산타크루즈 산맥의 와인
- [ ] 변하는 칠레를 느낄 수 있는 이타타와 비오-비오 지역의 와인
- [ ] 카나리아 제도 레드 와인, 화이트 와인

와인 고르기: 레스토랑에서

➡ 내가 너무 쉽게 이야기하는 것일 수도 있겠지만, **부디 지레 겁먹지 말자!** 당신은 레스토랑에서 할 수 있는 즐거운 경험에 대가를 지불하는 것이기 때문에 최대한 즐기기만 하면 된다. 즉, 레스토랑의 모든 와인 메뉴부터 음식 메뉴까지 숙지하고, 무엇보다 이 둘의 궁합을 이해하는 것은 소믈리에의 몫으로 남겨두자. 당신은 그저 어떤 와인을 어느 정도의 가격대에서

원하는지 명확하게 말해주기만 하면 된다.

만약 테이블을 대표해 와인을 주문할 때는 잠시 시간을 갖고 친구들의 취향을 먼저 파악하자. 그들이 무엇을 좋아하고 싫어하는지 앞장서서 알아보고 와인에 얼마만큼 지불할 용의가 있는지 확인한다. 모두가 저렴한 레드 와인을 원하는데 값비싼 샴페인을 시키는 멍청이는 되지 말자.

가격을 말할 때는
손가락을 활용한다.

우리에게는 오래되었지만 아직까지 유용한 손가락 법칙이 있다. 바로 원하는 가격대를 가리키며 이렇게 이야기하는 것이다. "이 정도 가격대의 와인을 찾고 있는데요." 이 방법을 사용한다면 당신이 얼마나 비싼(혹은 저렴한) 와인을 주문했는지 데이트 상대가 모르게 할 수 있다.

> ## 피해야 할 말들
>
> ○ **"얼마 정도의 와인을 찾고 있어요"**라고 주문하면 웨이터는 그 가격의 20% 이상까지도 추천할 수 있다. 대신에 "얼마에서 얼마 사이의 와인을 추천해주세요"라고 구체적으로 말하자. 또는 최대 금액을 정해준 후 그 이하의 와인을 추천받자.
>
> ○ **"중간 가격대에서 추천해주세요"**라는 말은 삼가자. 고급 레스토랑의 소믈리에에게 중간 가격대는 200달러에 이를 수도 있다! 이러한 불필요한 오해로 아름다운 저녁 식사가 쓰라린 경험이 될 수도 있다.

마법의 언어를 사용한다.

소믈리에에게 "요즘 어떤 와인을 가장 주목하고 계세요?" 또는 "어떤 와인을 가장 많이 마시나요?"라고 물어보자. 소믈리에가 자부하는 최고의 와인을 추천받을 수 있다. 뿐만 아니라 새로운 와인을 발견하는 즐거움도 느끼고, 새로운 사람을 알아가는 계기도 될 것이다. 당신의 기호와 희망 가격대만 알려주고, 그들이 마음껏 실력을 발휘하는 것을 지켜보자. 나는 특히 방대한 와인 메뉴가 있는 레스토랑에서 여자친구와 저녁을 먹을 때 이 방법을 자주 사용한다.

웨이터나 소믈리에에게
어떤 식사 메뉴를
생각 중인지 말하자.

식사 주문보다 와인 주문을 먼저 받는 웨이터가 많기 때문에 주문이 복잡해질 수도 있다. 하지만 잠깐이라도 짬을 내 식사 메뉴를 먼저 확인하는 것이 중요하다. 예를 들어, 두 사람은 생선요리를 시키고, 두 사람은 스테이크를 주문할 예정이라면, 대부분의 음식과 잘 어울리는 샴페인일지라도 테이블에서 나누어 마실 목적으로 주문하는 것은 추천하지 않는다. 반면 샴페인이나 아삭한 화이트 와인을 먼저 주문해 음식 메뉴를 결정하며 마시는 것은 좋은 방법이다. 입맛을 상쾌하게 해주고 본격적인 식사 분위기를 형성한다. 또한 천천히 메뉴를 결정할 여유도 생긴다.

사전 조사를 철저히 한다.

데이트 상대를 비롯해 함께 식사하는 사람에게 좋은 인상을 남기는 두 가지 방법이 있다. 첫째, 사전에 와인과 식사 메뉴를 온라인으로 확인하고, 온라인 와인 메뉴는 식사 메뉴에 비해 수시로 업데이트하지 않는다는 사실을 감안해, 후보를 포함한 두어 개의 와인을 정해놓자. 둘째, 20분쯤 전에 미리 도착해 소믈리에를 통해 화이트 와인과 레드 와인 종류를 확인한다. 그리고 초조함을 달래줄 샴페인 한 잔을 마시며 상대를 기다리면 어떨까?

레스토랑에서

175

와인 메뉴 정복하기
가장 비싸거나 저렴한 와인은 피한다. 중간 가격대의 와인이면 충분하다.

메뉴 속에서 진주를 발견하는 법

"이 중에서 가장 가격이 괜찮은 와인은 무엇인가요?"라는 물음은 소믈리에가 가장 꺼리는 질문 중 하나다. 극단적인 사례를 소개하겠다. 한 손님에게서 이 질문을 받았을 때, 농담 삼아 컬트 와인 양조업자인 도멘 드 라 로마네 꽁띠에서 만든 매우 희귀한 10,000달러짜리 매그넘 사이즈의 몽라쉐를 가리켰다. 그러자 손님은 "지금 장난해요?"라고 말했다. 이에 "죄송합니다만 고객님께서 가장 좋은 가격의 와인을 여쭤보셔서 그렇게 답변 드렸습니다. 도멘 드 라 로마네 꽁띠의 와인은 15,000달러는 주어야 경매를 통해 살 수 있는 와인입니다. 벌써 5,000달러를 번 셈이죠. 그리고 만약 와인을 개봉했는데 오염되었다면 바로 환불해드리겠습니다. 고객님, 저희 가게에서 이것만큼 좋은 조건에 선보이는 와인도 없을 것입니다."

　개인적으로는 레스토랑에서 **65달러에서 90달러 사이의 와인을 주문하는 것이 가장 안전하다고 생각한다.** 그렇다고 50달러짜리 와인이 차선이라고 생각하지 말자. 오히려 그 반대다. 누구나 300달러에는 좋은 와인을 고를 수 있다. 하지만 도매가에서 3배의 마진을 유지하면서도 50달러에 판매하는 괜찮은 와인을 선택하려면 많은 공부가 필요하다. 훌륭한 소믈리에라면 이러한 도전을 즐긴다!

　동일한 맥락으로 미국 레스토랑에서 35달러 미만의 와인은 추천하지 않는다. 품질을 장담할 수 없기 때문에 잔으로 주문하는 것을 추천한다.

**하루를 빛내줄
호사스러운
와인 저장고를 갖춘
최고의
레스토랑 8곳**

뉴욕, 라신스

뉴욕, 다니엘

콜로라도, 볼더, **프라스카**

샌프란시스코, **새종**

코펜하겐, **제라늄**

파리, **라 투르 다장**

비엔나, **팔레 코부르크**

스페인 헤로나, **엘 셀러 데 칸 로카**

알도에게 물어보세요

레스토랑에 소믈리에가 따로 없을 때는 어떻게 하나요?

내 경험상 웨이터가 직접 와인을 파는 레스토랑에서는 손님들의 평가가 좋았던 와인을 주문하는 것이 좋다. 비록 놀랄 만큼 새로운 와인을 마셔보기는 힘들지만 실패할 확률은 드물다.

글라스 와인 주문요령

열정을 드러내라.

소믈리에에게 질문을 던지고 호기심을 내비쳐야 한다. 와인 숍에서 와인을 살 때처럼 인간적인 유대감을 먼저 형성하자. 호기심에 가득 차 흥미를 갖고 겸손한 자세로 질문한다면 많은 도움을 받을 수 있을 것이다. 나 역시 열정적으로 와인에 관심을 보이는 초심자 고객에게는 꽁꽁 숨겨둔 고급 와인을 내어준 적이 많다.

개봉한 스페셜 와인이 있는지 물어보라.

고객들 중에는 개봉한 와인이 입에 맞지 않아 주문을 취소하는 경우가 있다. 하지만 이 와인들 중에는 매우 훌륭한 와인도 여럿 있다. 이러한 고가의 와인을 한 잔 가격에 주문할 수도 있다는 사실을 기억하자.

소믈리에가 최근 즐기는 와인이 무엇인지 물어보라.

소믈리에가 트렌드에 앞서 가고 있음을 뽐낼 기회를 주는 것이다. 타오르는 그들의 열정을 발견할 수 있을 것이다.

주문한 와인이 별로였다면 건설적인 평가와 함께 돌려보내라.

와인을 거절할 때는 "이 와인은 딱 달라붙지는 않네요, 너무 드라이해요, 아로마가 강해요, 풍미가 탁하네요. 다른 와인을 주실 수 있나요?"와 같이 말하도록 한다. 와인을 잔으로 주문할 때 취소할 수 있는 횟수가 따로 정해진 것은 아니지만 3~4회를 넘기는 것은 무례한 일이다.

그렇다! 안타깝지만 이 20달러짜리 와인은 12달러짜리 와인과는 비교할 수 없을 정도로 품질이 우수하다!

글라스 메뉴를 구성하는 비법

나는 손님에게 너무 많은 선택지를 주지 않으면서도 레스토랑의 요리와 잘 어울리는 와인 목록을 최대한 다양하게 구성한다.

계절에 따라 바뀌는 메뉴는 물론이고 고객의 취향을 읽으려 노력한다. 실험적인 와인을 원하는지, 안전한 와인을 원하는지 파악하고 어떤 와인을 구매할 의사가 있는지 살펴본다. 다양성을 확보하기 위해 아로마가 풍부한 와인, 오프-드라이 당도의 와인, 각기 다른 질감의 와인을 제공하려 노력한다. 또한 개성이 강한 와인, 타닌이 강한 와인, 즙이 풍부하고 당분이 많은 와인 등도 추가한다. 이처럼 레드 와인과 화이트 와인 모두 최대한 다양하게 구성해 대다수 고객의 입맛을 맞출 수 있도록 한다.

언제 와인을
병째 주문하나요?

→ 만약 네 명이서 식사를 한다면 무조건 병째 주문해 나누어 마시도록 하자. 레스토랑에서 글라스 와인의 가격을 책정하는 방식이 다르기 때문이다. 글라스 와인 가격을 매길 때는 와인을 흘리는 것을 감안해 한 병의 가격을 4로 나누어 책정한다. 하지만 병째 주문한다면 어떻게 따르느냐에 따라 다섯 잔까지도 나누어 마실 수 있다.

개인적으로는 와인을 주문할 때 병째 주문하는 것을 선호한다. 글라스 와인처럼 얼마나 보관한 와인인지, 신선함을 잃지는 않았는지, 걱정할 필요가 없기 때문이다. 또한 내가 얼마만큼 마셨는지 확인하기도 쉽다!

와인 주문을 취소하는 경우

→ 와인이 입맛에 맞지 않으면 주문을 취소해도 된다고 생각하는 사람들이 있다. 유감스럽게도 와인에 심각한 결함(코르크 오염, 자극적인 냄새, 산화의 영향, 2차 발효에 따른 불쾌한 기포)이 있지 않는 한 주문을 취소하는 것은 바람직하지 않다. 글라스 와인을 주문했을 경우에는 크게 상관없다. 하지만 와인을 병째 주문한 경우에는 자신의 주문을 변경할 수 없고, 특히 소믈리에의 조언을 받지 않고 와인을 시켰다면 더욱 더 주문에 책임을 져야 한다.

하지만 협상의 여지가 없는 것은 아니다. 예를 들어, 소믈리에에게 오크향이 진하고 버터 풍미가 느껴지는 샤르도네를 주문했는데 쁘띠 샤블리를 내주었다고 해보자. 두 와인은 정반대의 풍미를 지녔기 때문에 잘못 추천해준 것이므로 충분히 이야기해볼 만하다.

하프 바틀의 즐거움: 1편

하프 바틀 사이즈 와인은 풀 사이즈 와인으로는 판매하지 않거나 글라스 와인보다는 조금 더 많이 마시고 싶을 때 선택하면 좋다. (하프 바틀은 일반적으로 글라스 와인보다는 한 단계 상급으로 구성된다.) 예를 들어, 두 사람이 기념일을 맞아 레드와 화이트 와인을 모두 마시고 싶은데, 각각 풀 사이즈로 주문하기는 금액적으로 부담이 된다고 가정하자. 풀 사이즈 대비 30~40% 저렴한 가격으로 주문할 수 있는 하프 바틀은 훌륭한 대안이다. 다만 코르크나 생산 노동력은 동일하게 들어가기 때문에 풀 사이즈 대비 반값은 아니다. 또 다른 뜻밖의 장점으로는 하프 바틀을 마시면 상대적으로 술에 덜 취해 멀쩡하기 때문에 마지막 디저트와 함께 스위트 와인 또는 샴페인 하프 바틀을 제대로 음미할 수 있다!

평판이 떨어지는 와인

음식, 패션 시장과 마찬가지로 와인 세계도 유행을 따른다.
비록 지금은 일부 잘난 체하는 사람들에게 저평가되어 있으나,
모든 유행이 그러하듯 인기를 되찾을 와인을 소개한다.
물론 내게는 이 와인들이 숨겨진 진주를 발견하는 보물창고와도 같다.

	와인	현재 평판	숨겨진 가치
1	진판델	침전물이 많고 풍미가 선명한 풀 바디 와인	시장은 소비자의 뇌리에 이러한 평판이 박힐 때까지 주도했다. 하지만 이러한 평가가 계속되어서는 안 된다.
2	미국산 샤르도네	크리미하고 버터 같으며 오크향이 진한 와인	전혀 그렇지 않다! 소노마 해안과 오리건에서 생산한 오크 숙성을 하지 않은 와인을 주목하라.
3	메를로	영화 〈사이드웨이〉로 평판이 떨어짐	페트루스와 르 팽처럼 세계적인 최상급 레드 와인 중에는 메를로도 있다.
4	람브루스코	숙취가 심한 싸구려 와인	미안하지만 람브루스코보다 샤퀴테리(유럽식 정통 육가공품 - 옮긴이)와 잘 어울리는 와인이 있을까?
5	보졸레	너무 어리거나 너무 저렴한 와인	훌륭한 양조업자들이 기존의 평판을 바로잡고 있다.
6	피노 그리지오	홍수처럼 넘쳐나는 싸구려 와인	홍수 속에서도 개성이 넘치는 와인을 찾을 수 있다.
7	마르살라	요리용 와인	대체적으로는 맞는 말이지만 일부 컬트 와인 생산자들이 변화를 이끌고 있다.

무엇이든
물어보세요!

(소믈리에 에디션)

당신은 '초미각자'인가요? 도대체 어떻게 수많은 와인의 풍미를 모두 기억하죠?

나는 미뢰가 집중적으로 발달한 사람을 일컫는 '초미각자'라는 용어를 일반적으로 꺼리는 편이다. 그보다는 능력으로 더욱 인정받고 싶기 때문이다. 와인의 풍미는 다년간의 훈련으로 머릿속에 쌓아온 나만의 풍미 레퍼토리를 더듬어 수월하게 기억해낼 수 있다.

소믈리에들이 착용하는 은색 목걸이는 무엇인가요?

예전부터 소믈리에가 사용하는 도구로 타스트뱅이라 부르며 누구나 착용할 수 있다. 테이블 옆에서 와인을 열 때 소믈리에는 이 도구를 사용해 와인을 시음한다. 과거에는 어두운 지하 와인 저장고의 촛불에 비추어 와인이 탁한지 맑은지를 확인할 때 이 용기를 사용했다. 타스트뱅의 돌기에 반사된 모습을 확인하고, 혹 올라오는 냄새를 맡으면 와인이 부패한 코르크로 인해 오염되었는지를 분간할 수 있다.

치열한 훈련과 경쟁을 거쳐
세계 최고의 소믈리에가
되기까지의 과정은 어떠했나요?

끔찍하리만큼 힘들었다! 훈련을 위해 10년간 시간이 날 때마다 공부했고, 트레이너 여러 명과 함께 디캔팅과 같이 측정하는 시험에 대비했다. 대회 역시 괴로운 것은 마찬가지였다. 이틀간 아침 9시에서 저녁 7시까지 혼신을 다해 시험을 치렀다. 불규칙적으로 주어지는 휴식시간 탓에 아드레날린을 일정하게 유지하기 어려워 더욱 힘들었다. 시험 분야는 와인 이론, 시음, 서비스 능력, 자기 소개하기, 와인 추천하기, 페어링 추천하기 등 다양했다. 그리고 무엇보다도 모국어로 시험을 보는 것이 아니었기 때문에 힘들었는데, 애당초 미국에 건너온 이유도 이처럼 영어를 배우기 위해서였다!

여태까지 마신 와인 중에서
가장 기억에 남는 것은 무엇인가요?

어린 시절부터 철없이 와인을 마셨기 때문에 수많은 와인이 기억에 남지만, 23세에 맛본 1980년산 라 따슈가 내 인생을 바꾸었다. 나는 이 와인을 계기로 부르고뉴 와인에 푹 빠지게 되었다. 그 전까지 잘 익은 보르도 와인을 많이 마셔왔지만 라 따슈를 마시는 순간, "와, 이것은 완전 차원이 다르군!"이라고 외치고 말았다.

와인을 너무 재밌게 설명해주셔서
저도 직장을 그만두고 소믈리에가
되어볼까 싶어요. 괜찮을까요?

언제나 남의 떡이 더 커 보이는 법! 우리 일은 물론 예술가 같은 측면도 있지만, 업무시간도 길고 남들이 쉴 때 일해야 한다. 소믈리에 업무의 특징이다. 또한 와인 관련 일로 돈을 버는 것은 쉽지 않다. 따라서 만약 당신이 월가에서 일하고 있다면 꾸준히 일자리를 지키는 것을 추천한다.

후배 소믈리에에게
주로 어떤 조언을 하나요?

수년간의 경험을 쌓아 고객의 마음을 읽고 듣는 방법을 익혀라. 또한 물고기가 미끼를 좋아해야지, 어부가 미끼를 좋아해서는 안 된다고 말한다. 즉, 와인을 추천할 때는 고객이 그 와인을 좋아해야지, 소믈리에가 선호하는 와인을 판매해서는 안 된다. (실례로 소믈리에들은 산도가 높은 와인을 선호하지만 손님들은 대부분 즐기지 않는다.)

지금까지 마신 와인 중에
가장 비싼 와인은 무엇인가요?

대략 15,000달러에서 20,000달러 정도의 1900년산 마르고 와인을 마셔봤다. 그리고 오래된 로마네 꽁띠, 라 따슈 와인도 마셔봤다. 하지만 와인의 가격은 무의미하다고 생각한다. 당신은 그림에 특정 가격이 매겨져 있다는 이유만으로 그 그림을 더 오랫동안 보고 싶은가?

가장 좋아하는
와인은 무엇인가요?

대답하기 힘든 질문이다! 마치 제일 좋아하는 사람은 누구인지, 제일 좋아하는 음식은 무엇인지 묻는 것과 같다. 예를 들어, 나는 등갈비찜 요리를 무척 좋아하지만 여름철에는 도무지 먹고 싶은 생각이 들지 않는다.

당신은 어느 등급의
소믈리에인가요?

등급 따위는 없다! 나는 그저 일반적인 소믈리에일 뿐, 와인 전문가 교육기관인 코트 오브 마스터 소믈리에(Court of Master Sommeliers, CMS)의 회원도 아니다.

항상 와인만 마시나요?

사실 일과가 끝나고 나면 맥주를 즐긴다.

소믈리에 에디션

와인 고르기:
와인 숍에서

→ 집에서 마실 와인을 선택하는 것이 최소한 비용 측면에서는 실패할 확률이 낮다. **레스토랑의 마진이 도매가 대비 2.5~3배인 반면, 소매점의 마진은 도매가 대비 1.6배이기 때문이다.** 따라서 괜찮은 와인 숍을 찾고, 직원들에게 당신의 취향을 공유하는 노력만 더하면 된다고 생각한다. 그 노력은 그 이상의 결과로 보답할 것이다. 지금부터 구체적인 방법을 소개한다.

집 근처에 마음에 드는
와인 숍을 새롭게 찾아보자.

더 이상 '주류 판매'라는 네온사인이 깜빡거리는 가게에 갈 필요가 없다. 개성 있는 와인 숍이 전국 각지에 문을 열고 있다. 메인주 포틀랜드의 치즈 가게에 딸린 와인 숍도 있고, 브루클린 출신의 소믈리에들이 고향을 떠나 뉴욕 북부에 연 와인 숍도 있다. 나는 좋아하는 레스토랑의 셰프와 소믈리에에게 와인 숍을 추천받을 뿐만 아니라, 좋아하는 소믈리에와 와인 관련 작가들을 SNS 상에서 팔로우하며 정보를 얻기도 한다. (만약 그들이 와인 숍 주소를 태그하지 않았다면 좋은 숍일 확률이 높다.) 때로는 친구들이 와인 고르는 것을 도와달라며 자신의 동네 와인 숍에 데려가기도 한다.

와인 숍 매니저나 직원들과
친밀감을 쌓는다.

매우 중요한 일이다! 메일링 서비스를 신청하거나 SNS를 팔로우해 시음회 관련 정보를 받아보고 실제로 참석하자! 당연히 판매가 주 목적인 행사이지만 직원들과 친해지고 당신의 취향을 말할 수 있는 좋은 기회다. 비록 와인에 갓 입문했지만 관심이 많고 배우고도 싶다고 그들에게 설명하라. 절대 부끄러워할 필요가 없다. 당신을 고정 고객으로 만드는 것이 그들의 일이다. 이렇게 와인 숍을 자주 방문하다 보면 특별 할인, 한정 물량 구매 혜택, 배송 불가지역 배송 혜택, 기타 단골고객 특전 등으로 돌아올 것이다. 또한 판매직원이 아는 와인업자를 통해 그들이 개최하는 시음회에 당신을 초대할 수도 있다.

샘플러를 구매하라.

이렇게 새롭게 사귄 친구에게 입맛을 공부할 수 있도록 다양한 풍미로 와인 패키지를 구성해달라고 부탁하자. 먼저 화이트 와인부터 시작한다. 프리울리의 피노 그리지오, 상세르의 소비뇽 블랑, 샤블리의 버터 같은 샤르도네, 캘리포니아의 크리미한 샤르도네, 카비네트 리슬링, 알바리뇨까지 있어야 한다. 각 와인에 대해 직접 메모하고, 감상평을 기록한다. "이 와인은 너무 산도가 강하고, 저 와인은 너무 시큼하고, 저 와인은 너무 달콤하다" 등 기록을 남긴다. 그다음에는 레드 와인으로 같은 과정을 반복한다. 소노마 해안의 피노 누아, 보르도 카베르네 소비뇽, 아르헨티나 말벡, 리오하, 플뢰리 등의 보졸레 와인을 요청한다. 와인 숍에서 추천해준 와인들이 입맛에 맞다면 합리적인 가격으로 구성한 월별 샘플러 패키지가 있는지 확인해본다. 패키지 구매의 묘미는 항상 일정 부분 할인을 받을 수 있다는 것이다. 또한 친구들과 함께 하면 즐겁게 공부도 할 수 있고, 비용도 절감할 수 있다.

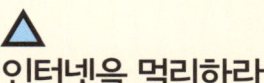

인터넷을 멀리하라.

물론 괜찮은 가격의 상품을 인터넷으로 구할 수 있을지도 모른다. 예를 들어, Wine-seracher.com 웹사이트에서 찾은 노스 다코다주 시골에서 만든 와인을 구매한다고 해보자. 하지만 배송을 감안한다면 기껏해야 몇 달러를 절약하는 것에 그친다. 그것도 온전한 상태로 배송되었을 경우에 한한다. 상한 와인을 아칸소주까지 반품 보내는 것은 어렵지 않은가? 하지만 동네 단골 와인 숍은 바로 반품해준다. 게다가 앞서 말했듯 우리는 단골 와인 숍과 친밀한 관계를 형성해야 한다. 그럼에도 신선한 발견보다는 편리함을 최우선적으로 생각한다면, 평판이 좋은 인터넷 판매업자를 통해 주문하도록 한다.

와인 숍에서

기억하면 좋을 소소한 꿀팁

❎ 전시 상품은 사지 말자.

전시 상품이란 세워져 있는 와인을 말한다. 옆으로 뉘어져 있어 코르크 마개가 촉촉이 젖어 있는 와인을 구매해야 한다. 와인을 당분간 보관해야 할 경우 특히 유념해야 한다. 뉘어져 있는 와인이 안보일 때는 직원에게 물어보자. 창고에 보관한 경우가 많다. 다만 스크루 캡이나 크라운 캡을 사용한 와인은 해당하지 않는다.

❎ 창가에 있는 와인은 사지 않는다.

직사광선은 와인에 매우 안 좋은 영향을 미친다. 명심하라.

❎ 최소한 12달러 이상의 와인을 구입하자.

그 이하의 와인은 요리용으로 적합하다.

❎ 잘 아는 와인 숍이 아니라면 100달러 이상의 숙성 와인은 구매하지 말자.

도대체 어떻게 보관해왔을지 그 누구도 모른다.

❎ 괜히 20달러짜리 와인을 사서 실망할 바에야 15달러짜리 와인에 적당히 만족하는 편이 낫다고 이야기하는 사람도 있다. 그 공식을 깨뜨려라!

생각해보자. 스타벅스 라떼 값만 추가하면 매우 훌륭한 와인을 만날 수 있는 확률이 반이나 되는데, 왜 품질이 안 좋을 확률이 89%나 되는 와인에 15달러를 낭비하는가? 나와 거래 중인 와인 유통업자는 사람들이 20달러짜리 카베르네 소비뇽을 찾지 않는다고 말했다. 이러한 주문을 받을 확률은 희박하다. 바람직한 주문 방법은 "선명한 풍미를 지닌 20달러짜리 와인을 추천해주세요"라고 말하는 것이다.

☑ 외곽지역에 있는 와인 숍에서 오래된 와인을 뒤지다 보면 거저나 마찬가지인 와인을 종종 만나게 된다.

외곽지역에 있는 와인 숍들은 오랫동안 판매하지 못한 와인의 가격을 절대 조정하지 않는다. 함께 일하는 소믈리에 중 한 명은 400달러 가치의 다이아몬드 크릭 와인을 퀸스의 주류 판매점에서 75달러에 구매했다. 와인 숍 주인은 더 이상 먼지를 털어낼 일이 없어졌다며 좋아했다고 한다!

와인 숍에서

내용물이
더 중요하죠!

와인 라벨에
대해서

➡️ **와인 라벨은 매우 복잡하다.** 세계 대부분의 양조업자는 라벨 전면에 포도 품종을 표기한다. 하지만 유럽에서는 대부분 포도가 재배된 지역을 표기하기 때문에 소비자는 그 지역의 와인 법규를 바탕으로 품종을 파악해야 한다. 또한 일부 업자는 멋있는 그림을 쓰는 경우도 있고, 포도원의 이름이 아닌 새로운 이름을 만들어내는 경우도 있으며, 뒷면에 '뱅 드 프랑스'라고 표기하는 경우도 있다. 와인 라벨에 공통적으로 들어가는 사항은 알코올 함량이다. (나는 알코올 함량이 15% 넘는 와인은 사지 않는 편이지만 어디까지나 내 취향일 뿐이다.) 그리고 리슬링은 라벨에 구체적으로 명시되어 있지 않다면 드라이 또는 오프-드라이 당도를 지닌다. 지금부터 와인 라벨을 보는 법을 알아보도록 하자.

나는 라벨이 화려한
와인일수록 사지 않는다.

물론 화려한 디자인은 눈에 확 띄고 재밌다. 하지만, 나는 이것을 양조업자가 상당히 고급스러운 취향은 지녔지만, 와인 양조에는 그만큼 장인 정신을 쏟지 않았다고 해석한다. 양조업자는 결국 농부다! 번드르르한 라벨 디자인에 투자할 돈이 많지 않다.

오래된 와인을 뜻하는
비에유 비뉴라는
용어는 고품질의 상징이었다.

그렇다. 하지만 그만큼 와인이 비싸다는 의미기도 하다.

일부는 와인이 양조된 지역보다
포도가 재배된 지역이
중요하다고 말한다.

일부는 맞고 일부는 틀리다. 양조업자가 망쳐버리면 환상적인 포도원에서 재배된 포도로도 형편없는 화이트 부르고뉴가 태어날 수 있다. 다시금 말하지만 와인 양조업자는 셰프와 같다고 생각한다. 최고의 생선을 갖고도 요리사가 서투르게 망쳐버리면 좋은 재료만 날리는 것이다.

과거에는 와인 라벨이
자세할수록 와인의 품질을
보증한다고 생각했다.

하지만 내추럴 와인 양조업자들이 라벨에 대한 개념을 완전히 바꾸어놓았다. 그들은 주로 와인의 산지와 '뱅 드 프랑스'라는 지명만 표기했다. 이처럼 전통에 반하게 라벨을 표기한 이유는, 의도적으로 와인의 등급을 낮추어 엄격한 양조 법규를 피해가기 위해서였다. (참고로 '뱅 드 프랑스'는 가장 낮은 지명 등급이다.)

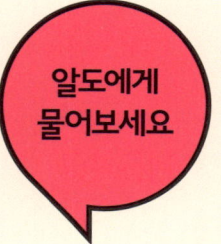

알도에게
물어보세요

평점 제도는
어떻게 봐야 하나요?

상당히 까다로운 주제다! 좋은 평점을 받은 와인들은 독특한 개성이 있다. 하지만 평론가들의 미각은 각기 다르다. 자신과 맞는 평론가를 찾고 생산자 정보를 확인하는 것이 중요하다. (더 자세한 내용은 243쪽을 참고하자.) 게다가 일반적으로 100점을 받은 와인들은 마시기 좋은 상태가 되려면 숙성이 필요하다. 개인적으로는 평점 제도를 유심히 보지는 않는다.

와인 숍에서

와인 라벨에 등장하는 프랑스어 정복하기

➤ 도멘(Domaine)

전반적으로 훌륭한 와인이다. 포도원의 소유권을 가지고 있는 사람이 직접 생산한 와인에 도멘이라는 용어를 사용한다. 만약 생산자가 포도를 다른 곳에서 구입했다면 도멘이라고 표기할 수 없다.

➤ 샤또(Chateau)

샤또라는 단어는 아름다운 성을 연상시키지만 단어 자체에는 큰 의미가 없다. 특히 보르도 지역에서는 더욱 흔하게 사용하는 말이다. 샤또는 성처럼 화려하기도 하지만 일반적인 집처럼 평범하기도 하다. 이 단어를 사용하는 데 규정이 없기 때문에 잘못 해석하는 경우도 있다. 하지만 'Mis en Bouteille au Chateau'라고 표기되어 있다면 샤또에서 병에 담은 와인이라는 뜻이다.

➤ 협동조합(Cooperative)

조합원들이 재배한 포도를 사용해 와인을 생산하고 판매하는 집단을 일컫는다. 협동조합은 병에 넣기, 저장, 판매와 같은 과정을 중앙 집중화하는 데 일조한다. 간혹 협동조합의 규모가 크기 때문에 횡포를 부린다거나, 모든 포도를 혼합해 개성을 무너뜨린다고 생각하는 사람도 있다. 이는 사실과 다르다. 이제 갓 와인업계에 발을 들인 젊은 양조업자들은 현실적으로 대출을 받아 경작지를 구하기가 거의 불가능하다. 따라서 이들은 어쩔 수 없이 협동조합의 포도를 구매해 와인을 양조한다.

➤ 포도원(Vineyard)

특정 포도원에서 재배한 포도로만 와인을 생산한 경우 사용한다. 단일 포도원(SV)은 와인의 품질을 증명하는 상징이다.

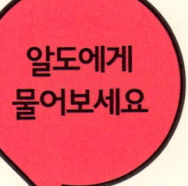

알도에게 물어보세요

왜 샴페인에는 빈티지를 잘 표기하지 않나요?

샴페인은 대부분 각각 다른 해에 생산한 베이스 와인을 조합해 만들기 때문이다. 예를 들어, 작년에 생산한 베이스 와인 일부와 5년 전 혹은 그 전의 베이스 와인을 혼합해 만든다. (또한 잘 생각해보면 모든 샴페인은 제조 공정상 무조건 3년 이상 숙성해 탄생한다.) 따라서 샴페인 라벨에는 논 빈티지(Non-vintage)를 의미하는 'NV'를 표기한다. 돔 페리뇽과 같은 일부 샴페인 하우스에서는 빈티지 샴페인을 생산하기 위해 최대 10년이라는 시간을 쏟기도 한다. 이러한 빈티지 샴페인은 단일 베이스 와인으로 만든다. 기회가 있다면 동일한 하우스에서 다른 해에 생산한 와인을 맛보거나, 동일한 해에 다른 업자들이 만든 와인을 마셔보는 것도 재미있는 경험이 될 것이다. 이렇듯 샴페인은 제대로 보관하기만 하면 환상적으로 숙성된다.

하프 바틀의 즐거움: 2편

나는 와인 저장고에 하프 바틀을 많이 보관하고 있다. 밤새 혼자 있는 날에는 풀 사이즈 와인을 열어 다 마시지 못해서 버리고 싶지 않다. 여자친구와 요리하며 곁들일 때에도 와인 두 병은 너무 많다. 예전의 내가 아니다! 하지만 둘이서 마시기에 한 병 반은 아주 적당하다. 나는 하프 바틀 사이즈의 샴페인을 항상 곁에 둔다. 축배를 들 때도 완벽하게 어울리고, 평범한 일상도 특별한 이벤트처럼 느껴지게 해준다. 품질이 훌륭한 375㎖ 사이즈 와인을 생산하는 업자가 많아 정말 다행이다!

기억할 만한 와인 수입사

→ 와인 병 뒤편에 쓰인 수입업자를 참고하면 와인의 품질을 상당 부분 예측할 수 있다. 자신만의 철학을 바탕으로 수입 품목을 선택하기 때문이다. 내가 선호하는 수입사를 소개한다.

☐ **루이스-드레스너**
미국에 내추럴 와인을 보급하는 데 일조했다.

☐ **커밋 린치**
전통적이고 영혼이 깃든 와인을 만드는 독립 프랑스 생산자의 와인을 주로 수입한다.

☐ **올레 임포트**
일반적이고 대중적인 입맛에도 잘 맞는 섬세한 스페인과 포르투갈 와인을 수입한다.

☐ **호제 파스토르**
와인 병에 이 이름이 써 있다면 개성이 강하고, 최신 트렌드를 선도하는 스페인 와인을 기대해도 좋다.

☐ **폴라너**
고급스럽고 최신 유행하는 와인을 조화롭게 수입한다. 샴페인을 제대로 배우고자 한다면 폴라너에서 수입한 와인을 참고하자.

☐ **레어 와인 컴퍼니**
오래도록 간직할 만한 전통적이고 클래식한 와인을 수입한다.

☐ **유러피안 셀러/에릭 솔로몬 셀렉션**
고급 와인 전문 수입사다. 유럽의 소규모 양조업자들이 생산한 광물성이 풍부한 와인을 주로 수입한다. 상당히 개성이 넘치는 와인을 만나볼 수 있다.

☐ **테리 타이스**
리슬링, 샹파뉴, 오스트리아, 독일 와인을 주로 수입한다. 잔당이 높은 와인을 좋아하는 경향이 있다.

형편없는 와인 숍에서 좋은 와인 찾기

→ 예약한 이발사가 늦는다고 해서 나는 마실 것을 사오겠다고 했다. 하지만 가까운 주류 판매점에 들어선 순간 내가 뱉은 말을 후회하고 말았다. 그저 그런 피노 그리지오와 로제 와인만 즐비한 와인 숍에서 도대체 무엇을 살 수 있겠는가? 정말 충격적인 것은 그들은 그뤼너 벨트리너를 냉장고에 차갑게 보관하고 있었다. 나는 카운터에서 일회용 컵 한 줄을 사서 나와야만 했다. 모두가 행복할 만한 최선의 선택이었다.

이런 경우 15달러짜리 그뤼너 벨트리너를 구매하면 95% 이상은 맛이 양호하다. 사실 그 이상은 돈을 쓸 필요가 없다. 그뤼너 벨트리너는 음식과 궁합이 매우 좋은 와인이며 일반적으로 사람들 대부분이 좋아한다. 좋은 와인도 25달러 이내로 구입할 수 있다. 만약 그뤼너 벨트리너가 없다면 샤블리 또는 상세르 와인을 선택하자.

박스 와인, 팩 와인, 캔 와인

→ 기존의 저장 방식을 탈피한 현대적인 와인으로, 마시는 재미를 느낄 수 있다. 자몽 풍미가 풍부한 라모나의 시칠리아 화이트 와인을 한 캔 마시면 여름이 느껴지는 듯하다. 이러한 형태의 와인은 투자용으로 장기 보관하기보다는 주중에 일과를 마친 밤에 즐기거나, 파티용으로 마시기 좋다. 나도 파티를 열 때는 박스 와인을 선호한다. 불필요한 쓰레기도 줄일 수 있을 뿐 아니라 남은 와인을 냉장고에 보관해도 수주 동안은 신선함을 유지한다.

와인 숍에서

189

집에서
즐기는 와인

▶ 레스토랑에서 와인을 주문해 마시는 일은 다소 느긋한 의식 같다. 하지만 나는 집에서 와인을 마시는 것이 더 좋다. 친구들과 이웃(아래층에 사는 머레이는 나 때문에 샴페인에 빠져버렸다), 여자친구와 마시는 시간도 좋고, 드물지만 밤중에 나 홀로 하프 바틀을 마시는 것도 좋다.

집에서 와인을 마시는 것이 어려운가. 그럴지도 모른다. 와인 잔과 오프너는 물론 병마개마저 종류가 다양해 도무지 무엇이 가장 좋은지 알 수 없을 것이다. 나는 무엇이든 간단할수록 좋다고 생각한다. 최첨단 기기와 와인 잔을 수없이 쌓아놓을 여유 공간이 확보된 것이 아니라면 기본적인 도구만 갖추고 사용하자.

지금까지 우리는 어떤 와인을 구매해야 하는지 살펴봤다. 지금부터는 어떻게 와인을 보관하고, 개봉하며, 따르고, 보관하는지 알아볼 것이다. 또한 와인의 풍미를 획기적으로 향상시켜주는 와인 잔을 소개하고, 이를 세척할 때 참고할 팁도 전수하겠다. 자신감이 붙고 나면 친구들과 함께하는 와인 시음회를 개최해 와인 공부에 속도를 내보자. 앞서 말했듯 직접 마셔보는 일보다 확실한 공부 방법은 없다. 인생에서 이렇게 말할 수 있는 것이 어디 또 있겠는가?

191

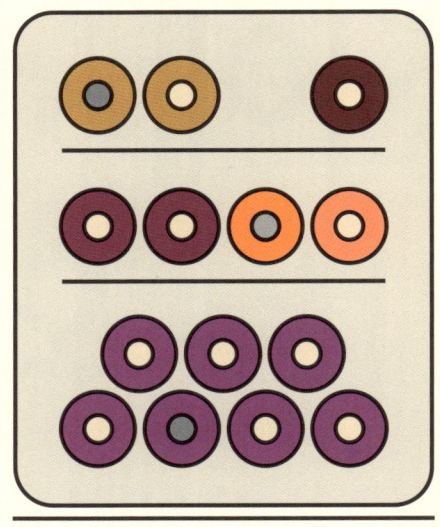

올바른
와인 보관법

➡ 와인을 좋아하는 것과 제대로 관리하는 것은 별개의 문제다. **와인은 쉽게 손상이 가는 생명체와 같다. 온도와 빛에도 민감할 뿐 아니라 오랫동안 세워 놓는 것도 조심해야 한다.** 와인은 서늘하고 건조하며 어두운 공간에 보관해야 한다. (당연히 온도가 조절되는 별도의 저장고에 보관하는 것이 가장 이상적이다.) 만약 와인 냉장고를 구매할 여유가 없다면 동네 와인 숍을 수시로 방문하자. 별도로 보관하지 않고 사자마자 모두 마시는 것이 가장 현명하긴 하다. 하지만 인간은 수집하고, 저장하며, 비축하는 동물이 아닌가. 정말 어쩔 수 없는 본성이다. (이 마음을 백 번 공감한다. 나는 우리 집 지하에 500병이 넘는 와인을 갖고 있으면서도 항상 와인 한 꾸러미를 사들고 퇴근한다. 여자친구도 더 이상 달가워하지 않는 눈치다.) 이렇듯 보관하고 저장하는 것이 어쩔 수 없는 인간의 본성이라면, 와인을 보관할 때 피해야 할 행동부터 알아보는 것이 낫지 않을까?

❌ 와인을 일주일 이상 세워두지 않는다.

반드시 지켜야 한다! 와인을 세워두면 코르크가 말라 산화를 일으키며 유쾌하지 못한 풍미를 뿜는다. 와인 숍에서 와인을 구매할 때도 세워져 있는 와인은 사지 않는다. 뉘어진 채 보관한 와인을 달라고 부탁하자. 대부분 창고에 있을 것이다. 와인은 항상 라벨을 위로 향한 채 뉘어서 보관해야 한다. 하지만 스크루 마개나 크라운 캡, 유리 뚜껑을 사용한 와인이라면 신경쓰지 않아도 좋다.

❌ 와인을 주방에 보관하지 않는다.

주방은 와인을 보관하기에 온도가 너무 높다! 와인은 섭씨 25도 이상에서 서서히 변질되어 32도 이상에서는 '열화'되기 시작한다. 나는 처음 뉴욕에 왔을 당시 오븐에 와인을 보관했다. 평소에 오븐을 전혀 사용하지 않았기 때문이다. 와인 잡지 〈Wine Spectator〉의 기자가 어떻게 와인을 보관하고 있는지 보고 싶다고 했을 때 당황스러움을 감출 길이 없었다. (오븐을 사용하지 않더라도 오븐 상단부의 가스레인지는 사용하기 때문에 꽤나 많은 양의 열기가 뿜어져 나온다.) 냉장고 위에 와인을 보관하는 일도 삼가도록 하자. 냉장고의 열기가 전해질 뿐 아니라, 냉장고의 지속적인 떨림이 장기적으로는 와인에 악영향을 끼친다.

❌ 화이트 와인이나 샴페인을 냉장고에서 며칠 동안 보관하지 않는다.

냉장고는 내부의 습도가 낮기 때문에 코르크 마개가 마르고 와인에도 안 좋은 영향을 끼친다. 냉장고에 오래 보관한 와인은 코르크를 통해 냉장고의 악취를 흡수한다. 화이트 와인과 샴페인은 빛에도 민감하고 쉽게 변질되기 때문에 온도가 낮은 냉장고에서 보관하기에 적합하지 않다. 냉장고에 한 달 동안 보관한 와인과 완벽한 환경에서 보관한 와인은 맛의 차이가 확연하다.

❌ 와인을 옷장 맨 위 칸에 보관하지 않는다.

옷장 맨 위 칸으로 열기가 올라오기 때문이다. 옷장에 보관해야만 한다면 최소한 맨 아래 바닥에 보관하도록 하자.

❌ 직사광선을 피한다.

와인이 열화되어 상태가 나빠진다.

❌ 우리가 사는 집은 생각보다 와인을 보관하기에는 온도가 높다.

이상적인 와인 보관 환경은 온도 섭씨 13도, 습도 75%다. 이 정도 조건이라면 지하실이 떠오를 것이다. 틀린 말은 아니지만 와인은 퀴퀴한 냄새와 곰팡이도 피해야 한다. 장시간 이러한 곳에 보관하면 와인에 곰팡이 냄새가 스며들기 때문이다. 이 모든 환경을 종합해보면 지하실도 적합한 조건은 아니다.

✅ 그렇다면 결국엔 와인 냉장고가 답이다!

점점 더 와인에 진지하게 빠져들고 있는가? 와인을 구매한 후, 6개월 뒤에 마시든 16년 뒤에 마시든, 그때까지 좋은 상태를 유지하고 싶은가? 그렇다면 지금 당장이라도 와인 냉장고를 검색하자. 와인 12병을 보관할 수 있는 적당한 수준의 냉장고를 100달러 안쪽으로 구입해 옷장이나 지하실에 비치할 수도 있고, 최대 36병까지 보관할 수 있는 냉장고를 구입해 주방에 멋지게 전시할 수도 있다. (미국판 중고나라인 Craiglist에서 쉽게 구할 수 있다. 또한 Green Building Supply 웹사이트에서도 구할 수 있다. 건설업자가 모델 하우스에서 떼어낸 가전기기를 저렴하게 판매하는 웹사이트다.) 한 번 더 강조하지만, 와인을 보관하는 데 최적의 조건은 온도 섭씨 13도, 습도 75%다.

와인 보관법

어떻게 나만의 와인 수납장을 구성할 것인가?

→ 전 장에서 다룬 까다로운 와인 보관 방법을 듣고도 와인에 대한 사랑이 여전한가? 게다가 와인 6병에서 12병 정도는 보관할 수 있는 훌륭한 공간마저 확보했는가? 그렇다면 완벽하다. 와인을 저장할 기본 기지가 마련된 셈이다. 나만의 와인 수납장을 처음 꾸릴 때는 라이트한 와인에서 풀 바디 와인까지 다양한 스타일을 구비하는 것을 추천한다. 앞서 183쪽에서 이야기한 샘플러를 구성하듯 동네 단골 와인 숍에 방문해 패키지를 만들어달라고 요청하면 한결 수월하다. 나라면 반드시 포함할 와인 구성을 소개한다.

화이트 와인?

샤블리 또는 상세르 와인처럼 파삭한 와인과 캘리포니아 또는 오리건에서 생산한 신세계 스타일의 샤르도네를 구비한다. 스파클링 와인 또는 샴페인을 포함시키고, 주로 어떤 요리를 하는지에 따라 그뤼너 벨트리너처럼 드라이한 와인도 고려한다. (음식과의 궁합은 250~257쪽을 참고하자.) 로제 와인을 사랑한다면 반드시 한두 병 정도 포함시키자.

레드 와인

가벼운 바디감에서 묵직한 바디감으로 구성해야 한다. 기분을 낼 만한 40달러대 와인으로 모르공이나 플뢰리같은 보졸레 와인, 말벡, 우안의 보르도 와인을 포함시키고, 키안티 클라시코 또는 네비올라 달바를 추가하자. 적당히 숙성한 리오하 와인은 구하기도 쉬울뿐더러 가격도 합리적이다. 모두가 사랑하는 소노마의 피노 누아도 잊지 말자.

25달러만 있으면 모두를 즐겁게 할 수 있다!

가격은 저렴하지만 품질은 뛰어난
마법의 파티 와인

만약 당신이 1)저녁 식사와 파티에 자주 초대받는다거나,
2)매우 정리정돈을 잘 한다거나,
3)와인을 보관할 여유 공간이 넉넉하다면
지금 소개하는 와인을 추가적으로 구매하자.
혹시라도 약속에 늦었을 때 괜찮은 와인 숍을 찾느라
골치 아플 일을 겪지 않아도 될 것이다.

화이트 와인

그뤼너 벨트리너
- 바인구트 프레드 로이머, 로이스
- 베른하르트 오트, 암 베르크
- 슐로스 고벨스버그, 고벨스버거

샤블리
- 윌리엄 페브르, 쁘띠 샤블리
- 도멘 루이 미셸 & 피스, 샤블리 비에유 비뉴
- 드루앙-보동, 샤블리

루아르
- 도멘 펠레, 메네투 살롱 모호그
- 도멘 드 레꾸, 오르토냐이스
- 조나단 디디에 파비오, 푸이 퓌메 도멘(저렴하지는 않지만 최상급 품질이다)

북부 이탈리아산 소비뇽 블랑
- 마르코 펠루가, 콜리오
- 베니카 & 베니카, 론코 델 세로
- 칸티나 테를라노, 빙클 소비뇽 블랑

레드 와인

- 막셀 라피에르, 레이즌 골루와
- 도멘 세롤, 에끌라 드 그라니테
- 알프레도 마에스트로, 비냐 알마테
- 비에티, 네비올로 페바코
- 바흐터 비슬러, 벨라 요스카 블라우프랑키쉬

스파클링 와인

- 라벤토스 아이 블랑, 드 닛 엑스트라 브뤼 로제
- 도멘 프랑소와 쉬딩, 브뤼 나뚜르 메소드 트라디시오넬
- 그루에, 블랑 드 블랑
- 스카르페타, 티미도 브뤼 로제

온도의 중요성
(별표 세 개!)

➡️ 별로 대수롭지 않게 생각할 수 있지만 온도 **몇 도 차이로 모든 것이 달라질 수 있다.** 동일한 레드 와인을 각기 다른 온도에 보관한 뒤 마셔보자. 마치 다른 와인을 마시는 듯한 느낌이 들 것이다. 너무 차갑게 보관한 화이트 와인은 풍미가 드러나지 않는다. 단, 품질이 좋지 않거나 너무 오래된 와인을 마실 때는 차가운 것이 도움이 될 수도 있겠다. 마찬가지로 레드 와인을 적정 온도보다 따뜻하게 보관할 경우 알코올과 타닌 성분이 날아간다. 최상급의 보르도 와인일지라도 우아한 아로마와 섬세함을 잃는다. 단순히 얼음 한 조각을 넣어 해결할 문제가 아니다. (그렇게 해결할 것이라면 차라리 클럽소다와 레몬을 넣는 것이 어떠한가? 물론 농담이다. 나는 개인적인 취향은 존중한다.) 지금부터 와인의 적정 온도를 유지하는 방법을 알아보도록 하자.

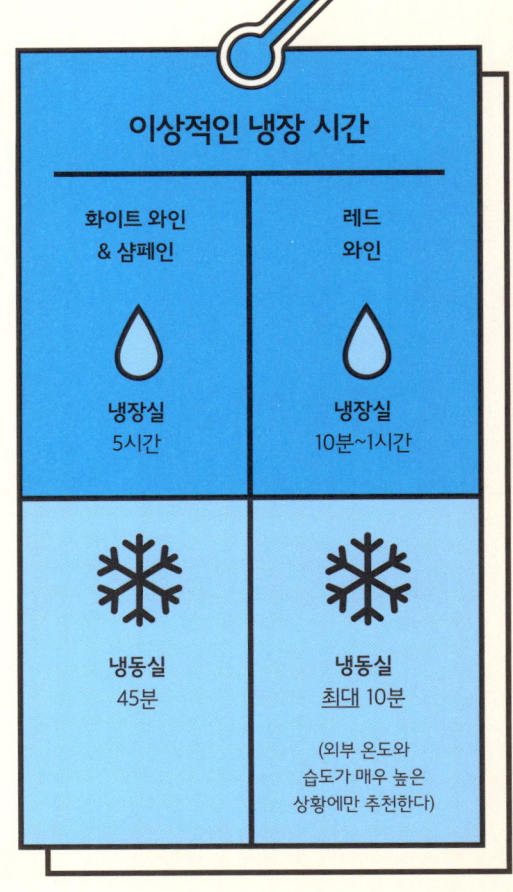

이상적인 냉장 시간

화이트 와인 & 샴페인	레드 와인
💧	💧
냉장실 5시간	냉장실 10분~1시간
❄️	❄️
냉동실 45분	냉동실 최대 10분
	(외부 온도와 습도가 매우 높은 상황에만 추천한다)

196

와인 칠링에 대해서

레드 와인

일반적으로 레드 와인은 상온에 보관하는 것이 좋다고 말한다. 도대체 '상온'이란 어느 정도의 온도를 말하는 것일까? 여름철 에어컨을 켜 놓은 방의 온도를 말하는가, 아니면 겨울철 따뜻하게 데운 방의 온도를 말하는가? (더 깊이 있게 습도가 온도와 와인에 어떤 영향을 미치는지까지는 논하지 않겠다.) 나는 개인적으로 **레드 와인을 약간 시원하게 마시는 것을 좋아한다.** 알코올 성분이 누그러져 은은하게 뒷받침하면서 그 위로 복합적인 과실의 풍미가 강조된다. 따라서 섭씨 13도의 일정한 온도로 와인 셀러에서 보관한 와인이 아니라면 냉장고에 넣어 10분에서 1시간 정도 식힌다. 조금 더 상세히 파고 든다면 피노 품종이나 가메처럼 가벼운 레드 와인은 13도로, 카베르네나 메를로처럼 묵직한 품종은 16도 정도로 마시는 것을 선호한다. 정확한 온도는 온도계 또는 냉장고의 계기판으로 측정할 수 있다.

화이트 와인, 로제 와인, 샴페인

와인을 마시기 24시간 전에만 냉장실에 넣어두면 된다. 상온에 있던 와인이라면 최소 4~5시간 정도는 냉장 보관해야 한다.

이 정도 시간적 여유가 없을 때는 굳이 얼음 통이나 슬리브 쿨러를 사용하는 대신 **냉동실을 활용한다.** 30분에서 최대 1시간까지 넣어둔다. 샴페인의 경우 병이 두껍기 때문에 45분간 보관한다. 이렇게 하면 얼음 통을 사용하지 않아도 되기 때문에 별도로 청소하는 수고도 덜 수 있다.

○ 냉장고 사용 시 주의사항 1

이야기를 나누느라 냉장고에 보관한 와인을 오랫동안 깜빡했을 때는 간편하게 뜨거운 물에 20초 정도 담근다. 또는 바로 와인 잔에 따르고 빙빙 돌린 후 잠시 기다린 뒤 맛본다.

○ 냉장고 사용 시 주의사항 2

비록 냉장고가 편리하기긴 하지만 와인을 며칠 이상 보관하는 일은 없도록 한다. 자세한 이유는 193쪽을 참고하자.

얼음 통도 필요 없다

나는 보통 집에서 얼음 통을 사용하지 않는다. 테이블에 물만 뚝뚝 떨어질 뿐 아니라 와인 라벨도 보기 싫게 지저분해진다. 대신 코르크나 샴페인 마개로 와인 병을 봉해 냉장고에 다시 넣는다. 손님이 다시 원할 때 꺼내주기만 하면 된다.

도뇬

와인을 들고 다닐 때

친구 집에 와인을 들고 갈 때는 신축성이 있는 네오프렌 소재의 가방을 사용한다. 나는 항상 냉동실에 와인 슬리브 쿨러를 2~3개씩 보관하는데 슬리브 역시 아이스팩과 마찬가지로 폭신폭신한 소재로 만들어졌다. 친구 집으로 향하기 전에 와인 병에 슬리브를 한 개씩 끼운다. 레드 와인도 예외는 없다. 만약 지하철을 오랫동안 타야 한다면 이미 냉장한 와인을 냉동실에 20분 정도 더 넣어둔 뒤 보냉백에 넣는다. 친구 집에 도착하면 와인은 딱 마시기 좋은 온도가 된다.

놀라운 사실

와인을 잔에 따르는 순간 와인의 온도는 약 1.7도 올라간다. 특히 큰 잔을 사용할수록 명확하게 알 수 있다.

와인을 개봉하는 방법

→ 와인을 개봉할 때는 오른쪽과 같은 형태의 오프너 하나만 있으면 된다. **웨이터들이 사용하는 기본 오프너**로 이 오프너를 사용하는 방법만 익히면 모든 준비가 끝난다. 이런 형태의 오프너는 친구 집은 물론 프랑스 파리의 에어비앤비까지, 웬만하면 모든 집 주방에서 찾아볼 수 있다. 주류 판매점에서 구매한 기본적인 모델을 사용해도 좋고, 고급 프랑스 칼 브랜드인 라귀올의 제품(내가 사용하는 제품으로 개인적인 선호도가 반영되어 있음을 밝혀둔다)을 선택해도 좋다. 중요한 것은 포일을 잘라내는 '나이프' 부분이 날카롭고, '웜(Worm, 코르크 마개를 직접적으로 찌르는 나선형 스크루 부분 - 옮긴이)'이 긴 것이 좋다. 용어가 다소 생소하겠지만 나이프, 웜은 소믈리에 사이에서 사용하는 코르크스크루의 부위별 명칭이다.

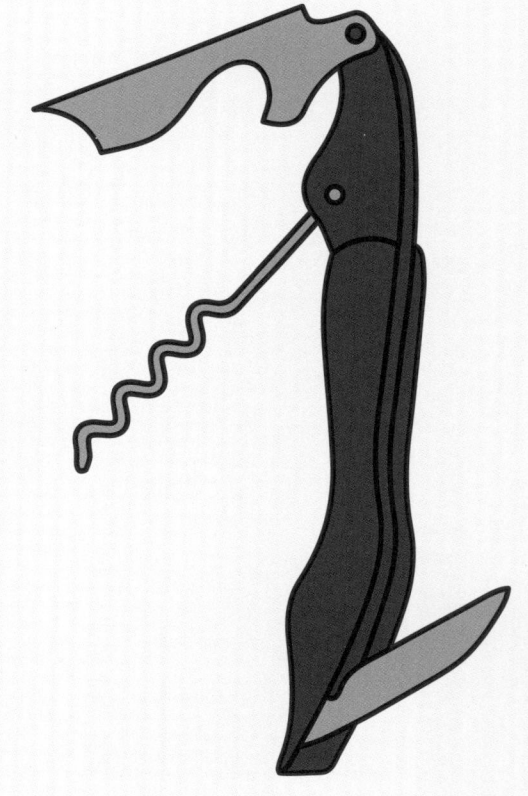

1. **병 입구의 잘록한 부분에 칼날을 대고 돌리면서 포일을 벗겨낸다.** 일반적으로 와인을 따르고 나면, 항상 병 입구에 와인 몇 방울이 남게 되고, 이 와인 방울은 결국 다음 잔에 따라 들어간다. 만약 포일을 제거하지 않으면 와인은 포일에 묻은 채 다음 잔으로 들어갈 것이다. 포일에는 알 수 없는 미생물이 오래도록 서식했을 가능성도 있기 때문에 반드시 제거해야 한다.

2. **스크루 끝을 마개의 정중앙에서 살짝 옆에, 약간 비스듬한 각도로 찔러 넣는다.** 코르크의 상태는 제각각이지만 시간이 갈수록 안 좋아진다. 만약 스크루를 직각으로 찔러 넣는다면 코르크 마개가 부스러지거나 두 동강 날 위험이 있다.

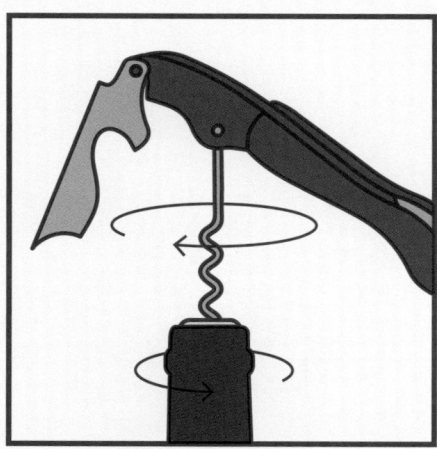

3. **스크루와 병을 반대 방향으로 돌려, 스크루의 나선이 더 이상 보이지 않을 때까지만 집어넣는다.** 스크루를 끝까지 집어넣을 필요는 없다.

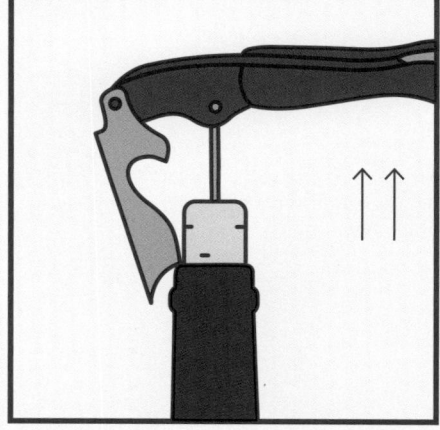

4. **코르크스크루의 머리 부분을 구부려 병 입구의 모서리에 걸친다.** 지렛대의 원리를 이용해, 한 손으로는 병 입구에 댄 스크루의 머리 부분을 잡고, 다른 손으로는 손잡이를 위로 당겨 코르크 마개를 빼낸다. (간혹 코르크스크루의 머리 부분이 2단으로 나뉜 모델도 있는데, 머리 부분의 높이를 조절하면서 마개를 제거하면 된다.) **스크루에서 코르크를 제거한다.** 이제는 와인을 즐길 일만 남았다!

도와주세요!

(걱정마라, 누구나 겪는 일이다.)

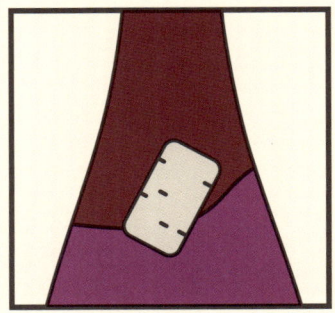

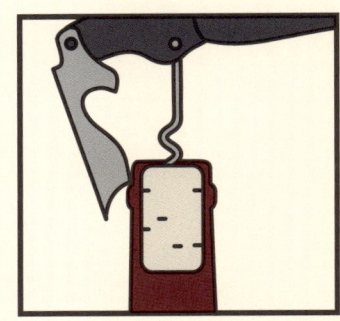

어머나! 코르크가 반으로 갈라졌어요.

이런 경우 신기하게도 더 이상 코르크에 오프너가 닿지 않는다. 충분히 일어날 수 있는 일이다. 먼저 스크루가 더 긴 오프너가 있는지 찾아보자. (지나친 강박일 수 있지만 이러한 상황에 대비하기 위해 나는 항상 코르크스크루를 두 개씩 지니고 일한다.) 긴 스크루가 보이지 않는가? 그렇다면 나무 숟가락이나 꼬치를 사용해 마개를 병 속으로 밀어 넣는다. 그후 다음 단계로 넘어간다.

이런! 코르크가 병 속에 빠졌어요.

축하한다. 코르크의 수영 실력을 볼 수 있게 되었다! 마개가 통째로 빠지거나 반으로 쪼개진 상황이라면 크게 염려할 필요가 없다. 하지만 산산조각 부스러져 들어갔다면 와인을 고운 거름망이나 면포를 씌운 깔때기에 부어 디캔터에 담는다(디캔터 대신 다른 병에 옮겨 담아도 된다). 오래된 와인을 마실 때 이러한 일이 자주 생기지만 와인의 품질에는 문제가 없다.

코르크 마개가 꼼짝도 하지 않아요.

사실 코르크 마개가 빡빡하다는 것은 와인의 품질이 좋다는 뜻이다. 그러나 그렇게 느껴지지는 않을 것이다. 이런 경우에는 어쩔 수 없이 병을 모두에게 돌려가며 힘겨루기를 하는 수밖에 없다. 아니면 운동을 좋아하는 아래 층 몸짱 이웃에게 공손하게 부탁하는 방법도 있다. 비록 자존심은 상하겠지만 와인 첫 잔에 그 마음도 사그라질 것이다. 샴페인의 코르크 마개가 빡빡할 때는 철사를 제거하고 코르크에 스크루를 찔러 넣어 일반 와인처럼 따면 된다. 하지만 샴페인의 내부 압력이 높기 때문에 매우 주의해야 한다.

● **팁!** 코르크가 딱딱한 왁스로 덮여 있다면 순식간에 주변이 지저분해질 수 있다. 주방에 온통 왁스 가루가 떨어질 뿐만 아니라 와인에도 들어갈 수 있다. 이런 경우에는 휴지통 옆에서 와인을 90도 각도로 들고, 와인 오프너의 칼날로 코르크 마개 끝을 깎아 낸다. (유독 깔끔한 사람이라면 키친타월로 병 입구를 감싼 뒤 칼날로 입구를 두드린다. 타월에 작은 왁스 부스러기가 묻어나올 것이다.) 만약 왁스가 부드럽다면 평소처럼 와인 스크루를 사용하면 된다. 다만 코르크 마개를 빼낸 뒤 칼날로 병 입구를 깔끔히 정리하자.

안전하게 발포 와인을 개봉하는 방법

주변 친구를 흠뻑 적시거나, 눈을 멀게 하지 않으면서도 따는 방법을 소개한다.

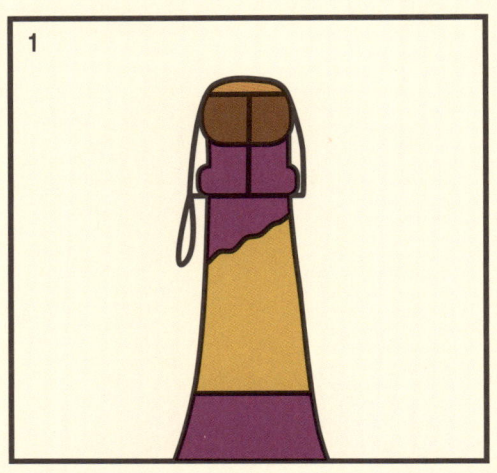

1 - 와인 오프너의 칼날이나 과도를 이용해, **코르크를 감싸고 있는 철사의 아래 부분까지 포일을 벗겨낸다.**

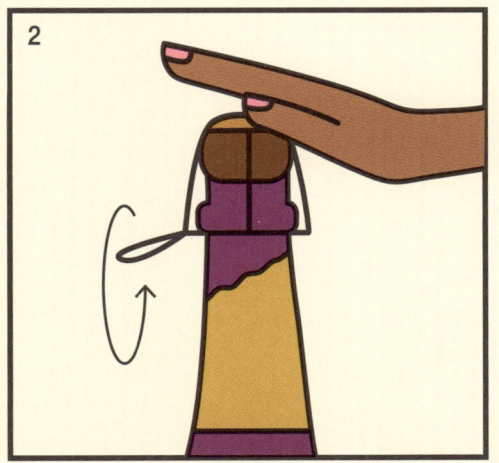

2 - 손바닥으로 코르크를 감싼 채 **철사를 느슨하게 푼다. 하지만 완전히 제거하지는 않는다.** (철사를 남겨두어야 편하게 마개를 움켜쥘 수 있다.) 코르크를 누른 상태를 유지한다.

3 - 대부분 사람들은 병의 윗부분을 돌리지만 나는 병의 아랫부분을 돌린다. **한 손으로는 코르크 마개를 계속 누르고, 다른 손으로는 병의 밑 부분을 잡고, 부드럽게 한두 바퀴 돌려준다.** 병 안에서 탄산가스가 알아서 반응할 것이다. 생각만큼 크지는 않겠지만, 코르크가 '퐁' 소리를 내며 튀어나오려 할 때, 손으로 코르크를 누르는 힘을 유지해 와인이 분수처럼 쏟아지는 것을 방지한다. (결국 넘쳐 흐른다면 와인 병목을 키친타월로 감싼다. 거품이 수그러들 것이다.) 키친타월로 철사 부분을 감싸 손을 보호해도 좋다. 손이 미끄러질 수 있기 때문이다.

정말 세이버링이 궁금한가?

세이버링은 칼등으로 샴페인을 따는 파티용 기술로 상당히 위험하지만 좀처럼 인기가 식지 않는다. 도리어 나폴레옹을 연상하게 하는 이 기술의 인기가 늘어남에 따라, 라귀올과 같은 프리미엄 나이프 전문 제조사에서는 고급스러운 세이버링 전용 칼을 판매하고 있다. 세이버링을 하는 방법은 포일과 철사만 벗겨내면 모든 준비가 끝날 정도로 간단하다. 그 누구도 다치지 않고 안전하게 세이버링하는 방법을 단계별로 소개한다.

한 손으로 병의 아래 부분을 받친다.

칼등은 코르크 방향을 향한다.

타격점

병 이음새

칼을 꽉 쥐고 이 손에 힘을 집중한다.

힘의 방향

1단계

와인 병이 사람을 향하지 않도록 한다. 창문, 거울, 전구 등 깨질 수 있는 모든 것을 피해서 준비한다.

2단계

손톱으로 병의 이음새 두 군데를 찾는다. 이음새는 병의 입구까지 연결되어 있다. 병의 이음새 부분이 몸의 가운데로 향하도록 병을 돌린다. 이음새를 따라 병목의 움푹하게 패인 부분까지 올라간다. 이 움푹한 부분을 타격점이라고 부른다.

3단계

칼등을 병목 방향으로 눕혀 병 위에 올린 뒤, 연습 삼아 두세 차례 칼을 쓸어 올린다. (반드시 전용 칼을 사용하지 않아도 된다. 금속 소재로 된 숟가락으로도 충분히 할 수 있다. 다만 칼날 부분으로 타격하지 않도록 유의하자. 충분한 힘이 전달되지 않기 때문이다.) 준비가 되었다면 팔뚝의 힘을 사용해 칼등으로 재빠르고 힘 있게 타격점을 쓸어 친다. 이제는 맛있게 잔을 채울 차례다! (청소도 잊지 말자.) 뚜껑이 잘려나간 병목은 날카로우니 주의하자.

> **!** **주의사항:** 아버지처럼 잔소리를 하자면 일반적으로 샴페인 내부의 기압은 자동차 바퀴의 2배에 달한다. 혹시라도 세이버링에 실패하면 큰 사고로 이어질 수 있다. 소름 돋는 사고를 수차례 목격했으니 반드시 주의하자.

와인 잔의 중요성

➡️ 물론 해변가에서 로제 와인을 텀블러에 담아 마시는 것도 나쁘지 않다. 그러나 이는 자신에게 상당히 큰 결례를 범하는 일이다. 제 아무리 훌륭한 보르도 와인도 텀블러에 마시면 맛이 영 아닐 것이고, 그저 그런 메를로도 완벽한 전용 잔에 따르면 풍미가 아름답게 꽃필 것이다.

좋은 와인 잔은 특정 와인에 최적화되어 설계된다. 따라서 와인의 아로마를 가장 효과적으로 코와 혀에 전달해 풍미를 한층 끌어올린다. 최상급의 와인 잔은 립 부분이 매우 매끈하게 수제작되어, 단맛을 감지하는 혀끝에 와인이 닿게 한다. 하지만 립 부분이 아주 미세하게나마 울퉁불퉁하다면 소량의 기포를 일으켜, 쓴맛을 감지하는 혀의 안 쪽으로 와인을 떨어뜨린다. 이러한 와인 잔을, 나는 풍미를 극대화하는 현미경에 비유하고 싶다.

와인 잔의 형태

보르도 와인   화이트 와인   부르고뉴 와인   샴페인

와인 잔 해부도

유리
얇고 투명할수록 좋다.
와인 잔을 통해 빛의
굴절이 보이지
않을수록 좋다.

립
최대한 얇고 매끈할수록
좋다. 립 부분에
굴곡이 있으면 와인이
혀의 안쪽으로 떨어진다.
와인의 풍미와 느낌이
잘 살아나려면 와인이
혀끝에 닿는 것이
이상적이다.

형태
와인 숍에서 판매하는
독특한 디자인은
겉보기에는 좋을 수 있으나,
전통적인 형태의
와인 잔이 와인 맛을
훨씬 잘 살린다.

스템
꼭 필요한 부분이다.
와인 잔을 더 우아하게
빙빙 돌릴 수 있고,
손의 온기로 와인이 불쾌하게
데워지는 것을 막아준다.
또한 얼룩덜룩
지문이 묻는 것도 방지한다.

와인 잔 제대로 선택하기

정말 와인 잔이 여섯 개씩이나 필요한가요?

나와 같은 와인업계 동료이자 와인을 사랑하는 오스트리아 리델 가문은 이 물음에 관해 연구해왔다. 그 결과 1980년대에 이르러 와인의 종류에 따라 풍미를 끌어올리거나, 때로는 억누를 수 있는 맞춤형 와인 잔을 과학적으로 설계해 출시했다. 샤르도네의 풍부한 광물성과 견고한 구조감을 열어줄 수 있는 볼이 넓은 와인 잔을 설계하는가 하면, 보르도 와인의 붉은 과일향을 응축할 수 있는 입구가 좁은 와인 잔을 설계했다. 내가 와인업계에 발을 들였을 무렵 리델 와인 공장 인근에 살았다. 종종 리델 공장의 시음회에 참석했는데 전문가와 비전문가가 와인 잔에 얼마나 다르게 반응하는지 직관적으로 체감할 수 있었다. 당연히 나 역시 23년간 수많은 와인 잔을 체험하고 구매했다.

만약 경제적, 공간적 여유가 충분하다면 와인 잔 전용 수납장을 마련해도 좋다. 하지만 나는 나이가 들면서 점점 미니멀리스트가 되어가고 있다. 그리고 이제는 집에서 어떤 와인을 즐기는지도 명확해 단지 세 가지 디자인의 와인 잔만을 사용한다. 모두 내가 브랜드 홍보대사로 일하는 잘토의 제품이다.

→ **화이트 와인 글라스**: 샴페인과 매우 가벼운 로제 와인을 마실 때 사용한다.

→ **유니버설 글라스**: 화이트 와인과 레드 와인을 마실 때 사용한다.

→ **보르도 글라스**: 부르고뉴, 바롤로처럼 풀 바디 와인을 마실 때 사용한다. 볼이 충분히 넓어서 부르고뉴 품종을 마실 때도 충분히 활용할 수 있다.

→ **샴페인 플루트**: 아! 여자친구가 꼭 필요하다고 해 구매한 샴페인 전용잔도 몇 개 있기는 하다.

내가 어떤 와인을 가장 많이 마시는지 알기까지는 꽤 시간이 걸린다. 따라서 특정 디자인의 상품을 한두 개 정도 선택해 사용하다가, 6~8개 정도로 늘려가는 것을 추천한다. 와인 잔은 언제든 깨질 수 있기 때문이다. 와인 입문자라면 잘토의 유니버설 글라스, 리델의 리슬링 글라스 또는 키안티 클라시코 글라스, 슈피겔라우의 레드 와인 글라스를 추천한다. 모두 최고의 와인 잔 브랜드에서 출시한 범용성이 뛰어난 제품이다. 그 이후 와인 취향이 뚜렷해지면 다른 형태의 와인 잔을 구매하면 된다. 물론 단체손님을 위해 이케아의 여섯 개 묶음상품을 살 수도 있다.

60달러짜리 와인 잔이 필요한 이유

만약 당신이 와인에 관심이 있다면 와인 잔에도 그만큼 관심을 쏟아야 한다. 와인 잔은 마치 스피커와 같다. 저렴한 이어폰은 보스 헤드폰보다 음질이 떨어지고, 보스 헤드폰은 거대한 보조 우퍼가 탑재된 최고급 홈 스테레오 시스템에 비할 바가 아니다. 사람들은 두세 시간이면 다 마실 와인에는 60달러를 소비하면서, 무한히 사용할 수 있는 잘토의 유니버설 글라스에는 60달러를 쓰지 않는다. 참으로 신기한 일이다. (참고로 유니버설 글라스는 어떤 종류의 와인과도 잘 어울리도록 만들어졌다.)

흥미로운 실험을 소개한다!

동일한 와인을 각기 다른 세 와인 잔(형태, 두께, 립의 모양)에 마셔보면 놀라운 경험을 할 수 있다. 와인 바에서 이 책의 편집자인 젠 시트를 위해 실험을 해주었는데 감탄을 금치 못했다. 집에서 친구들과 또는 혼자 해보도록 하자.

①
가장 자주 마시는 와인을 하나 선택해 구매한다. 샤르도네도 좋고 풀 바디 레드 와인도 좋다.

②
선택한 와인에 최적화된 고급 와인 잔을 하나 구매한다. 프리미엄 브랜드로 잘토, 슈피겔라우, 리델을 추천한다. 혹시라도 반품할 수 있으니 상표는 떼지 않는다.

③
비교를 위해 평상시에 사용하는 와인 잔과 텀블러를 준비한다. (또는 실험해보고 싶은 다른 형태의 와인 잔을 구매해도 좋다. 마찬가지로 상표는 떼지 않는다.)

④
각 잔에 와인을 따르고 시음한다. 아로마와 풍미가 어떻게 다른가? 와인이 혀의 어느 부위에 닿는가? 무엇보다도 어떤 잔에 따른 와인이 가장 맛있는가?

⑤
와인 잔이 다양하게 구비된 레스토랑에서도 이 실험을 할 수 있다. 소믈리에에게 방금 주문한 와인으로 '와인 잔 비교 시음'을 하고 싶다고 이야기하면 된다.

팁!
나와 함께 일하는 와인 팀을 데리고 브루클린에 나들이를 가거나, 루프탑에서 친구들을 20여 명 초대할 때는 **고비노사의 플라스틱 와인 잔**을 잔뜩 주문한다. 1인당 2잔씩 사용하도록 준비하면 좋다.

알도에게 물어보세요

왜 샴페인을 마시는 데 일반 와인 잔을 사용하죠?

70년대까지만 해도 샴페인용으로 쿠페 잔이 인기를 독식했다. 하지만 쿠페 잔의 표면 때문에 기포가 빨리 꺼진다는 사실이 알려지자, 플루트 잔이 2010년까지 그 인기를 물려받았다. 최근 들어서는 개인 생산 샴페인이 부상하면서 와인 애호가를 중심으로 화이트 와인 잔에 샴페인을 마시는 경향이 생겨나고 있다.

하지만 이러한 현상을 부모님 세대는 도무지 이해하지 못하는 단순 트렌드 정도로 치부할 수는 없다. 이는 샴페인의 현주소이기도 하다. 기후가 점차 따뜻해지면서 당도가 높은 포도가 생산되고 있다. 샴페인을 생산하는 개인 양조업자들은 풍미를 응집하는 과정에서 기존 플루트 잔의 좁은 입구가 풍미를 가둔다는 사실을 발견했던 것이다. 반면, 화이트 와인 잔은 비교적 바닥면이 넓어 샴페인의 풍미를 훨씬 빛낸다.

나에게 어떤 잔이 더 맞는지 확인하는 길은 직접 마셔보는 방법밖에 없다. 두 잔을 비교하며 사용해보고 나만의 주관을 갖자. 그다음에 판단해도 늦지 않다.

간단한 사실

나한테 맞는 잔을 결정하는 가장 좋은 방법은 '와인을 이 잔에 마시고 싶은지' 자문하는 것이다.

올바른 와인 잔 세척 방법

식기세척기 사용 시

나는 항상 식기세척기의 맨 위 칸에 와인 잔을 넣는다. 최대한 가운데에 잔을 올리고 스템 부분을 세척기 측면에 기대어 놓는다. (처음 식기세척기를 사용할 때는 세척기 천정에 와인 잔이 걸리지 않는지 허리를 굽혀 확인하며 선반을 밀어 넣었다.) 스템이 긴 와인 잔을 세척할 때는 아래 칸을 활용하면 된다. 다만 와인 잔 주위에 무거운 접시가 쌓여 있지는 않은지 반드시 확인한다. 식기세척기 측면에 접이식 스템 걸이가 있다면 충분히 활용하자.

전용 세제는 제트 드라이를 사용하는데 다른 세제보다 기름기 세정력이 우수하고 건조도 빠르기 때문이다. (이 세제를 사용하기 전까지는 와인 잔에 항상 기름기가 남아 있었는데 샴페인 맛에는 영향을 미치지 않았지만, 샴페인이 밋밋하게 김이 빠져버렸다. 기포가 없는 샴페인이 무슨 의미가 있단 말인가?)

세척이 끝나면 최대한 오랫동안 문을 닫아 놓는다. 간혹 와인 잔이나 그릇이 움직인 경우 조심스럽게 서랍을 꺼낸다. 마지막으로 마른 행주를 사용해 와인 잔 밑바닥에 물기를 털어낸다. 항상 물기가 남아 있는 부분이다.

건조할 때
깨끗한 행주로 스템부터 올라가며 부드럽게 물기를 닦아낸다.

싱크대에서 세척 시

반드시 지켜야 할 첫 번째 원칙은 술에 취했거나 피곤할 때는 다음 날 아침으로 설거지를 미루는 것이다! 남아 있는 와인을 버리고 와인 잔에 물만 부어 놓는다.

와인 잔이 깨지는 가장 큰 이유는 스템을 너무 강하게 움켜쥔 채 열정적으로 수세미를 문지르기 때문이다. 와인 잔이 반으로 비틀리듯 갈라지게 된다.

나는 보통 싱크대를 비워놓고 작은 그릇에 따뜻한 물에 세제를 넣어 준비한다. 잔에 직접 세제를 짜지 않는다. 잔의 바깥쪽과 립을 세제를 푼 물로 적시고 부드럽게 볼까지 거품을 낸다. 따뜻한 물로 골고루 헹군다.

올바른 와인 잔 보관법

☐ 유리잔을 주방에 가만히 두면 끈적한 기름기가 눌러 붙는다. **내가 문 없이 열린 수납장을 싫어하는 이유**이기도 하다. 따라서 최대한 유리 용기들은 문 없는 선반에 보관하지 않는다.

☐ 가장 자주 사용하는 형태의 와인 잔을 손이 쉽게 닿는 높이에 보관한다. 단순히 디자인이 멋있어 좋아하는 와인 잔은 수납장의 꼭대기 선반에 보관하거나, 상자에 담아 수납장 아래에 보관한다. 커다란 샤르도네 전용 잔 여섯 개 중 두세 개만 한 달에 한 번 꼴로 사용한다면 수납장의 최고 황금 칸에 보관할 이유가 없다.

☐ 와인 잔을 오래도록 사용하지 않았다면 깨끗하고 부드러운 행주로 한 번씩 닦아준다. (나는 심지어 이 작업을 하는 전용 행주가 있다.) 얼룩이 심한 경우, 파티 당일 아침에 미리 씻어 놓도록 하자. 손님들에게 미끌미끌한 와인 잔을 줄 수는 없지 않은가?

☐ 와인 잔은 거꾸로 뒤집어 보관해야 가장 안정적이다.

와인
제대로 따르기

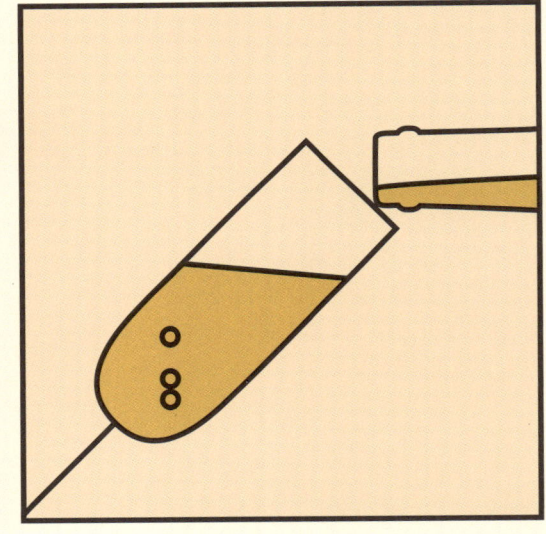

일반적인 와인 따르는 방법
(샴페인 제외)

→ 와인 병의 입구가 잔의 중심에서 위로 2~3㎝ 떨어질 때까지 병을 기울인다. 와인을 약 140g(약 3/4컵) 따른다. 와인을 다 따랐을 때 손목을 비틀어 와인 병을 반 바퀴 돌리며 몸 쪽으로 거둔다. 와인 잔 또는 병에 묻은 와인을 닦아낸다.

샴페인 따르는 방법

→ 맥주와 비슷한 방식으로 거품이 넘치지 않게 따르면 된다. 잔을 병 쪽으로 45도 정도 기울이고, 병도 잔 쪽으로 90도 정도 기울인다. 샴페인을 바로 따를 수 있게끔 병의 입구가 잔에 걸쳐질 정도로 비스듬히 높이를 맞춘다. (이렇게 병 입구에 걸쳐 놓으면 거품이 넘치지 않고 잠잠해진다.) 기포가 잔의 입구 근처에 올 때까지 따르다가 손목을 비틀어 병을 반 바퀴 돌리고 몸 쪽으로 가져온다. 잔을 직각으로 똑바로 세워 거품이 꺼질 때까지 기다린 후 샴페인을 추가로 따른다. 상황에 맞추어 이를 반복한다.

피해야 할 행동

☒ 잔의 립에 병이 닿게 하지 않는다.
잔의 가장 약한 부분으로 이가 나갈 수 있다. (우리가 와인을 마실 때 입술이 닿는 부위이기도 하다. 또한 병이 얼마나 깨끗한지도 알 수 없다.)

☒ 잔의 꼭대기까지 와인을 따르지 않는다.
와인을 쏟지 않고, 잔을 돌리고, 향을 충분히 맡으려면 어느 정도 여유 공간이 있어야 한다. 게다가 화이트 와인일 경우 잔뜩 따르게 되면 마시기 힘들 정도로 와인이 따뜻해질 수 있다.

☒ 와인을 따를 때 병목을 잡지 않는다.
힘을 제어하기 어렵기 때문이다. 대신 병의 아래 부분을 잡는다. 연습을 거듭해서 익숙해진다.

☒ 함께 마시는 사람에게 샴페인을 따라줄 때는 거품만 잔뜩 따르지 않는다.
입장을 바꾸어 생각해보자.

와인을 따르기 전에 할 일

지나치게 들릴 수도 있지만 나는 와인을 약 30g 정도 먼저 따른 뒤, 잔을 빙빙 돌려 잔의 모든 표면을 헹군다. 그리고 그 와인을 다음 잔에 따라 필요한 만큼 반복한다. (나는 와인을 여섯 잔 마실 때마다 와인 1티스푼으로 이 작업을 반복한다.) 이 작업을 '와인 잔을 시즈닝'한다고 부른다. 이 작업을 하는 이유는 와인 맛에 영향을 미칠 수 있는 세제 찌꺼기와 식기세척기 건조제를 씻어내기 위해서다. 편집증이라도 걸린 사람 같은가? 그렇게 생각할 수도 있겠지만 상당히 효과가 있는 작업이다. 그 누가 화학물질을 마시고 싶겠는가? 시즈닝이 끝나면 잔을 헹군 와인을 버리고 본격적으로 마시면 된다.

211

디캔팅이 뭔가요? 도대체 언제 하는 거죠?

➤ 디캔팅을 하는 이유는 두 가지가 있다. **첫째, 와인에 공기를 통하게 하는 에어레이션이 필요하기 때문이다.** 이 작업을 거쳐 과일 향을 감추는 타닌을 누그러뜨리고, 와인 아로마를 살려낸다. 근본적으로 숙성 과정과 흡사하다고 볼 수 있다. **둘째, 오래된 와인의 침전물을 거르기 위해서다.**

어린 보르도, 바롤로, 리오하, 브루넬로, 캘리포니아 카베르네 와인은 타닌 성분이 높다. 따라서 처음 개봉했을 때는 과일의 특성이 좀처럼 드러나지 않기 때문에 디캔팅을 하면 좋다. 오래 숙성한 레드 와인이나 구조감이 견고한 화이트 와인도 디캔팅을 거쳐 풍미가 향상될

수 있다. 그러나 나는 무조건 시음을 먼저 한 후 디캔팅이 필요한지 결정한다. 만약 와인의 풍미가 닫혀 있거나 구조감이 조밀하고(성질이 상반된 와인은 개성이 희미함), 와인이 묽다면(타닌 성분이 많음을 의미함) 어느 정도 디캔팅을 해주는 것이 좋다.

디캔팅을 할 때는 일반적인 유리 주전자를 사용해도 좋다. 핵심은 와인이 공기와 접촉하는 면적을 늘리는 것이다(에어레이션이라고도 말하며 단순히 와인 잔을 빙빙 돌리거나 와인을 따를 때도 진행된다).

어떤 소믈리에는 단순히 침전물만을 제거하기 위해 디캔팅을 하지 않는다. 반면, 티끌만 한 부유물도 용납하지 않는 소믈리에도 있다. 개인의 취향에 맞게 선택하기를 바란다.

디캔터를 이용한 에어레이션 방법

가장 먼저 할 일이 있다. ==와인을 먼저 시음한 뒤 디캔팅이 정말 필요한지 결정한다.== 와인의 구조감이 견고하고 점도가 묽은가? 그렇다면 디캔팅해도 좋다. 와인을 디캔터에 따를 때는 중앙에 붓는 것이 아니라 디캔터의 옆면을 타고 흐르도록 따라준다. 디캔팅한 와인은 산화가 빨라지기 때문에 한두 시간 이내로 마시는 것이 좋다.

하지만 와인은 알다가도 모를 존재다! 저마다 숙성 속도가 다르기 때문에 최적의 에어레이션 시기를 포착하기란 쉽지 않다. 게다가 나는 와인의 변화 과정을 지켜보는 일이 더 흥미롭다. 르 베르나르댕에서는 고객이 와인을 주문하면 반병만 디캔팅하고, 나머지 두 잔은 즉시 잔에 따라 준다. 병에서 막 따른 와인의 맛을 느끼게 해주는 것이다. 와인은 잔에 따르는 순간 비로소 태어나고, 서서히 성장한다. 와인 병에서 건장한 성인이 바로 튀어나오기를 바라는가?

● **와인을 에어레이션할 때**는 풍부하게 공기를 머금을 수 있는 폭이 넓은 디캔터를 사용한다.
(급할 때는 유리 주전자나 큰 가정용 유리 용기를 사용해도 좋다.)

● **앙금을 거르기 위해 디캔팅할 때**는 폭이 좁은 디캔터를 사용한다.

● **와인 에어레이터 상품은 추천하지 않는다.** 와인 잔에 산소를 주입해 와인을 숙성한다고 광고하지만 한낱 상술에 불과하다. 와인과 산소의 접촉을 늘리는 방법은 간단하게 두 가지면 된다. 평소보다 조금 더 멀찍이서 와인을 따르거나, 와인 잔을 수차례 빙빙 돌려주면 된다.

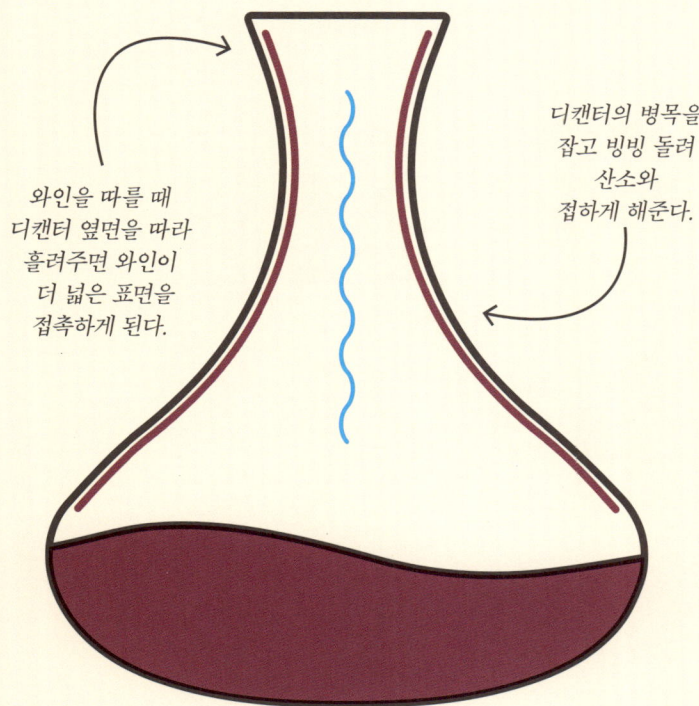

와인을 따를 때 디캔터 옆면을 따라 흘려주면 와인이 더 넓은 표면을 접촉하게 된다.

디캔터의 병목을 잡고 빙빙 돌려 산소와 접하게 해준다.

에어레이션이 필요한 와인

☐ 어린 바롤로 와인과 브루넬로 와인

☐ 론 지방의 품종을 배합한 어린 와인

☐ 어린 리오하 와인

☐ 어린 캘리포니아 카베르네 품종 와인

☐ 어린 보르도 와인

☐ 슈퍼 투스칸

☐ 환원취가 느껴지는 와인

디캔팅이 필요한 와인
(침전물이 있는 경우)

☐ 생산한 지 10년 이상 된 보르도, 바롤로, 리오하 와인

☐ 오랫동안 숙성한 캘리포니아 레드 와인

▶ **어떻게 디캔팅으로 침전물을 제거하나요?** 유튜브를 찾아보자!
(집에서 와인을 마시는 데 침전물이 있을 정도로 오래된 와인을 만나는 경우는 매우 드물다.)

와인 시음회
개최하기

➡️ 최대한 많이 와인을 마셔보는 것만큼 좋은 공부는 없다. 친구들을 초대해 각기 다른 와인 여섯 종류를 마셔본다면 그만큼 지식이 쌓이게 된다. 게다가 그 자체로도 즐거운 시간을 보낼 수 있다. 지금부터 와인 시음회를 진행하는 방법을 알아보도록 하자.

테마를 정한다.
예를 들어…

→ **공부하고 싶은 품종, 국가, 지역** 등을 선택하거나 이들을 조합한다. 모두가 부담을 느끼지 않는 가격대에서 와인 여섯 병을 선택한다. 각기 다른 캘리포니아산 카베르네 소비뇽 여섯 병을 준비해도 되고, 캘리포니아, 프랑스, 칠레, 아르헨티나, 호주, 이탈리아의 카베르네 소비뇽을 한 병씩 준비해도 된다.

→ **구세계 와인과 신세계 와인**을 비교하는 것은 언제 하든 즐겁다. 크림과 버터 같은 호주산 샤르도네를 좋아하는가? 아니면 파삭하고 가벼우며 광물성이 강한 샤블리 와인을 좋아하는가? 피노 누아, 카베르네 소비뇽, 리슬링 품종도 구세계와 신세계를 비교하며 마시기에 적합하며, 스파클링 와인도 마찬가지다. (비교하기 위해 복수의 품종을 선택해도 된다.)

→ **최고의 로제 와인**을 가려보는 테마도 추천한다.

→ **'영화의 밤'을 콘셉트로 〈사이드웨이〉를 틀어주고,** 그 영화의 배경이 된 지역의 와인을 준비할 수도 있다. (영화의 우울한 장면은 건너뛰고, 처음 와인을 시음하는 장면과 레스토랑에 방문하는 장면을 준비하자. 주인공이 어머니의 돈을 훔치는 장면을 보여주고 싶지는 않을 테니…)

사전에 공부를 한다.

준비한 와인들의 차이점을 조사한다. 시음회를 하다보면 반드시 관련 질문이 생긴다. 간편한 인쇄물을 준비해도 좋고, 와인 지도를 준비해도 좋다.

메모할 수 있는
종이와 펜을 준다.

여럿이서 와인을 시음하다보면 보통 훌륭한 질문이 오가기 때문에 메모지를 찾게 된다. 또한 어떤 와인이 마음에 들고, 어떤 와인은 싫은지, 그리고 그 이유는 무엇인지 기록할 수도 있다.

이상적인 참가자의
숫자는 정해져 있지 않다.

하지만 몇 명이 있든지 **모두 동일한 모양의 잔으로 마시도록 한다.** 그렇지 않으면 각기 다른 맛을 느끼게 된다. 잔이 부족하다면 큰 통이나 볼을 준비해 와인이 바뀔 때마다 잔을 비울 수 있도록 하자. (주의할 점은 와인이 바뀔 때 잔을 물로 헹구면 안 된다. 잔을 씻을 때 섞인 물이 와인 맛을 다르게 만든다.)

알코올 함량이 낮은 와인에서
높은 와인 순으로 마신다.

관련 정보는 와인 라벨을 확인하면 된다.

한 번에 한 종류의 와인만
시음한다.

모든 손님에게 서너 모금 정도의 소량만 따라준다. 나중에 다시 마셔보고 싶은 와인이 있을 수 있으니 조금은 병에 남겨둔다.

시음을 마친 뒤 서로
의견을 공유한다.

→ 159쪽에서 살펴본 풍미 중에서 어떤 풍미를 느꼈는가? 어떤 면이 좋았고, 어떤 면이 실망스러웠는가? 어떤 와인을 다시 구매할 것인가? 명심해야 할 사실은 와인 시음은 맞고 틀림의 문제가 아니라는 것이다. 우리는 단지 경험을 쌓고 있을 뿐이다. 모두가 사물을 다르게 인지한다는 사실을 명심하자. 당신이 느낀 점을 이야기할 때, 당신의 친구는 흥미롭게도 새로운 관점을 제시할 수도 있다. 이럴 때 당신의 의견을 다시 이야기하면서 혹시 놓친 것은 없는지 확인하면 좋다.

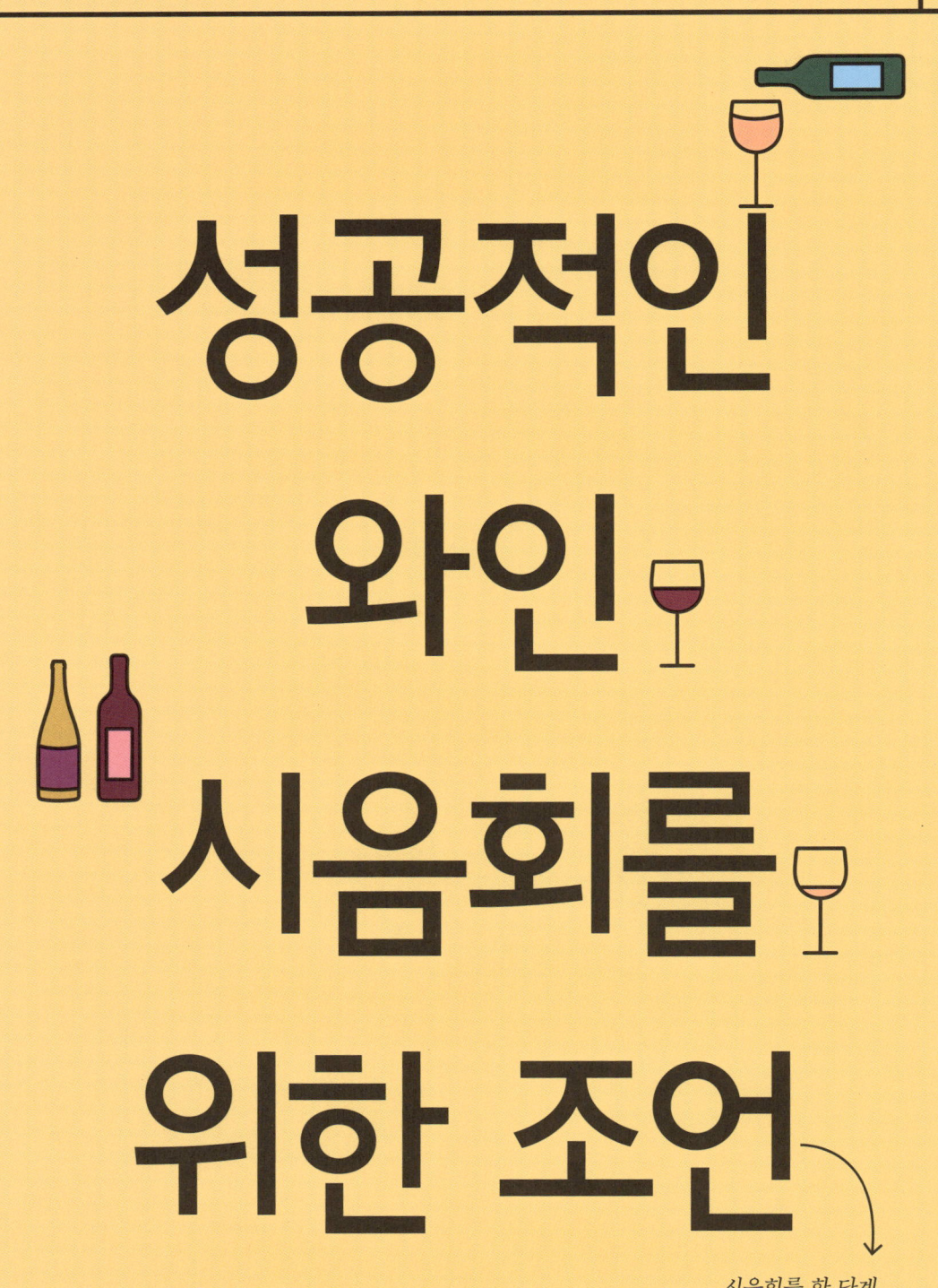

성공적인 와인 시음회를 위한 조언

시음회를 한 단계
업그레이드하는 팁은
228쪽을 참고하자.

참가자에게 준비할 와인의 기준을 정해준다.

예를 들어, 30달러 이내의 워싱턴산 피노 누아를 가져오라고 말해줄 수 있다. 또는 모든 와인을 당신이 직접 구매한 뒤, 간편하게 모바일로 송금 받는 방법도 있다. 사전에 와인 숍 직원에게 어떤 시음회를 하는지 말해주고 충분히 도움을 받자.

시음회를 갓 시작한 사람이라면 와인을 여섯 종류 이하로 제한한다.

일곱 병째 접어들면 감각도 피로해져 모두 똑같은 향과 맛처럼 느껴진다. 우리가 처음 달리기를 시작할 때도 바로 마라톤부터 할 수는 없지 않은가?

다른 참가자를 기다리는 동안 스파클링 와인을 한 잔씩 준다.

미각을 씻어내고 분위기를 조성하는 데 도움이 된다.

물은 꼭 필요한가?

숙취를 방지하는 최고의 방법은 마신 와인보다 두 배 많은 물을 마시는 것이다. 하지만 와인을 시음할 때 물을 마시면 시음이 자칫 흐트러질 수 있다. 우선 와인이 바뀔 때마다 물을 마시면 미각이 달라진다. 따라서 시음회를 할 때는 물을 최대한 섭취하지 않아야 한다. 새로운 와인을 마실 때마다 잔을 씻는 사람도 있으나, 물로 인해 와인의 구조감이 바뀔 수 있으므로 주의해야 한다. 게다가 잔을 완벽히 말리지 않으면 와인의 농도도 묽어지게 된다.

음식을 멀리한다.

시음을 하면서 음식을 곁들이면(특히 치즈, 샤퀴테리처럼 기름진 음식) 와인의 풍미가 다르게 느껴진다. 따라서 음식은 시음회가 끝날 때까지 곁들이지 않는다. 나는 일반적으로 넉넉하게 스튜를 준비하고, 빵을 함께 먹으며, 시음회를 마무리하는 편이다.

와인을 버릴 수 있는 큰 통이나 용기를 반드시 준비한다.

큰 머그잔을 준비해도 좋다. 다만 와인을 뱉는 사람도 있으니 불투명한 소재로 준비하자.

시음회가 끝났을 때는….

파삭하고 산도가 있는 화이트 와인이나 스파클링 와인, 또는 맥주를 제공해 입안을 헹구도록 한다.

직접 개최할 엄두가 나지 않을 때는? 외부에 부탁한다!

면 서너 잔 정도의 샘플러를 요청해도 좋다. 어떤 테마를 원하는지, 예산이 얼마인지만 사전에 알리자.

○ 좋아하는 레스토랑이나 와인 바의 소믈리에에게 시음회를 준비해달라고 부탁한다. 아니

○ 또는 단골 와인 숍 직원에게 와인 시음회 모임을 소개해달라고 부탁해도 좋다.

남은 와인을
보관하는 방법

➡️ 때로는 와인을 남길 줄도 알아야 한다. 그렇다면 와인을 어떻게 보관해야 다음 날에도 마실 수 있을까? 시중에는 와인을 더 오랫동안 마실 수 있게 도와주는 다양한 장비들이 있다. 하지만 그중에서 실제로 효과가 있는 것은 드물다. 지금부터 올바른 와인 보관법을 내가 좋아하는 순서대로 소개한다.

와인을 다 비우고
숙취와 싸운다.

217쪽을 참고하자.

코르크 마개를 다시 끼워
냉장고에 보관한다.
(레드 와인, 화이트 와인이 남았을 때)

코르크 마개를 다시 끼우면 와인의 산화를 늦출 수 있다. 산화된 와인은 신선한 풍미가 급격히 사라지고 퀴퀴한 맛이 느껴진다. (사과를 떠올리면 이해가 쉽다. 깎아놓은 사과는 산소를 만나면 갈변되고 물러지며 풍미도 달라진다.) 나는 다른 와인 병에서 챙긴 유리마개나 고무마개를 두세 개 가지고 있다. 이 마개들은 디자인도 나쁘지 않다.

샴페인이 남았을 때는
경첩이 달린 전용 마개를 사용한다.
와인 숍 카운터에서 쉽게
찾아볼 수 있다.

기포를 밤새 비교적 온전히 유지할 수 있는 최선의 방법이다.

하프 바틀 사이즈 와인을
더욱 애용한다.

비록 전문가들은 하프 바틀 사이즈 와인은 숙성이 잘 되지 않는다고 말하지만, 혼자서 풀 사이즈 와인을 마시기 부담스러울 때는 간편하게 하프 바틀을 선택하자. 다만 고급 와인은 하프 바틀 사이즈로 좀처럼 출시되지 않는다. 다행히도 나는 중요한 자리보다는 편하게 즐기고 싶을 때 하프 바틀을 마시는 편이다.

잘못된 와인 보관 상식

개봉한 샴페인에 **은수저**를 넣어 놓으면 기포가 유지된다. <u>사실이 아니다.</u>

와인을 진공 보관하면 산소가 완전히 사라진다. <u>아니다.</u> 진공 상태를 만든다고 해도 일부 산소는 남아 있으며 이에 따라 와인은 산화된다.

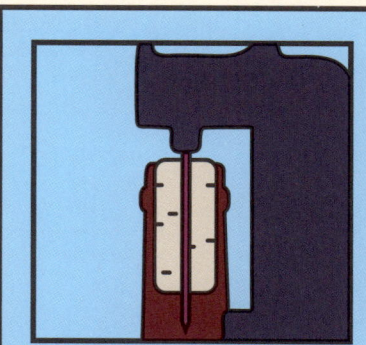

와인 전문가들이 사용하는 300달러 상당의 **코라뱅(Coravin)**이라는 장비도 있다. 상당히 가는 바늘을 코르크에 찔러 넣어 글라스 단위로 와인을 따를 때 사용한다. 우리도 와인 바에서 글라스 와인을 판매할 때 사용한다. 하지만 집에서는 단 한 번도 사용한 적이 없다. 항상 한 병을 다 비워버리기 때문이다!

3

미각은 어떻게 발달시키나요?

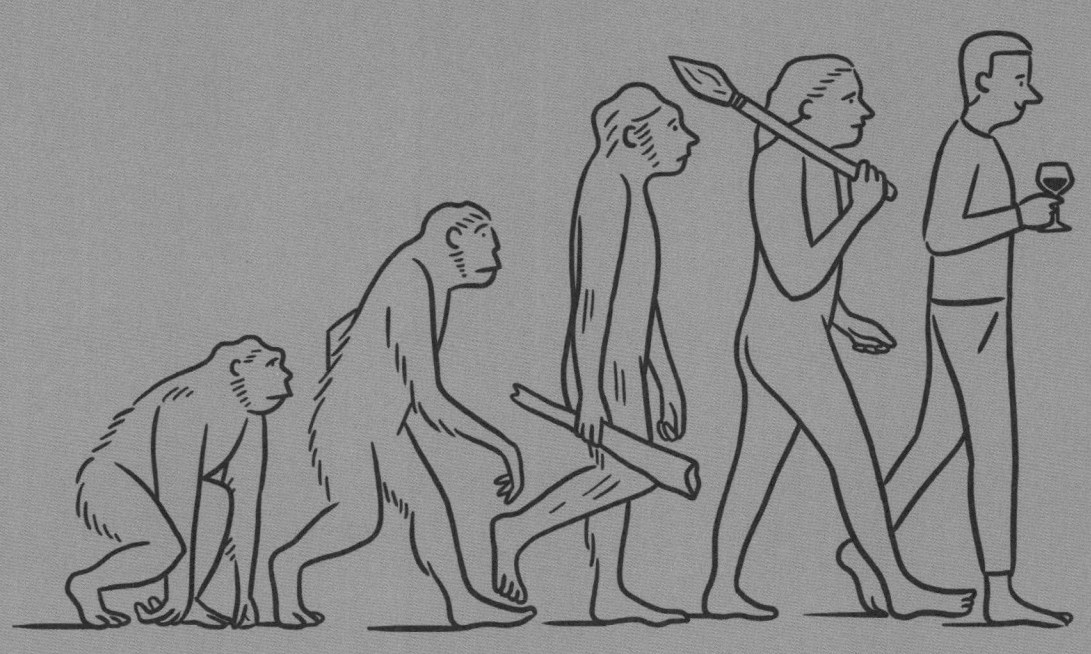

▶ 장담하건대 다양한 와인을 접할수록 취향은 바뀌기 마련이다. 물론 소비뇽 블랑과 말벡도 훌륭한 품종이지만, 어느 순간 와인에 대한 관심이 깊어지면 복합성과 개성이 강한 와인을 찾게 된다. 훌륭한 샴페인을 접한 이상 좀처럼 프로세코로 돌아가기 어려운 것도 같은 이유다. (안타깝지만 사실이다!) 하지만 물론 두 와인은 각각 어울리는 때와 장소가 있다.

이렇게 생각해보자. 바닷가 인근에서 자라지 않는 한 처음부터 굴을 맛있게 먹는 사람은 드물다. 하지만 차츰 그 맛에 적응하게 된다. 그리고 조금 더 관심이 생기면 다양한 종류의 굴을 맛보게 되고, 마침내 북미 서해안과 동해안을 대표하는 구마모토 굴과 말피크 굴의 차이점까지 구분하게 된다. 와인도 마찬가지다. 보르도 와인을 처음부터 좋아하는 사람은 드물 것이다. 와인의 높은 타닌 성분이 미뢰를 덮어버려 와인이 묽고 시큼하게 느껴지기 때문이다. 이는 와인 자체의 특성이라기보다는 미뢰의 영향 때문이다. 브뤼 나뚜루 샴페인 역시 거친 특성으로 입문자가 마시기는 어려운 와인이다. 셰리 와인의 높은 산화성도 익숙해지고 좋아하기까지 시간이 걸린다. 하지만 충분히 여유를 갖고 익숙해진다면 그만한 가치가 있다는 것을 알게 될 것이다. 마치 부부가 항상 한결같은 모습을 보이면 결혼생활이 오래도록 행복한 것에 비유할 수 있겠다.

우리는 아는 체하는 사람이 되기 위해서 미각을 단련하는 것이 아니다. 미각을 향상시키는 일의 핵심은 발효한 포도즙이라는 마법을 감상하고 그 안에서 행복을 느끼는 것이다. 지금부터 어떻게 미각을 연구하고 발전시킬 수 있는지 최상의 방법을 소개한다.

나만의
풍미 도서관
꾸리기

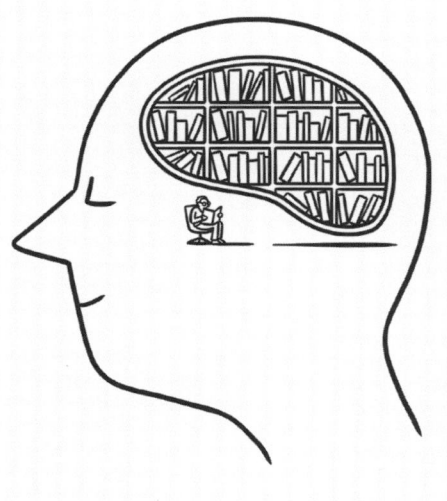

나는 인간이 유년기부터 경험한 미각 정보는 각자의 머릿속에 차곡차곡 저장되어, 언제든 끄집어내 사용할 수 있다고 굳게 믿는다. 그 풍미를 적절하게 표현할 단어를 찾는다면 243쪽에 소개한 와인 관련 작가들의 테이스팅 노트를 참고하면 좋다. 딱딱하게 공부하듯 읽을 필요는 없으니 걱정하지 말자. 편안하게 어떤 언어를 사용하는지 훑어보면 된다. 그 외에도 풍미를 표현하는 다양한 방법을 알아보자.

🔺 다양하게 맛본다.

다양한 경험을 할수록 많이 배운다는 것은 수없이 강조해도 지나치지 않다. 친구들과 함께 시음회를 열어보고, 와인 바나 레스토랑에 가서 다양한 와인을 비교하고 즐겨본다. 소믈리에에게 샘플러를 준비해달라고 요청해도 좋다. 와인 숍에서 개최하는 시음회도 놓치지 말자. 다채로운 와인을 무료로 시음할 수 있을 뿐 아니라, 와인을 좋아하는 사람들도 만나 또 다른 와인 모임을 만들 수도 있다.

🔴 똑똑하게 맛본다.

와인을 마실 때는 항상 집중해야 한다! 잠시 스마트폰은 치우고 와인에만 집중하자. 당신은 지금 당신만의 풍미 도서관과 아로마 서재를 구성하는 중이다. 만약 다른 데 정신이 팔려 있다면 온전히 와인을 감상할 수 없다. 순간에 충실한 채 얼마나 훌륭한 와인인지 느껴보자.

🟩 무엇이든 맡아본다.

이번에도 풍미를 기억하는 일에 대해 이야기해보자! 나는 음식 냄새를 맡는 것을 좋아해, 빵, 버터 등 다양한 음식의 향을 맡는다. 농산물 시장을 거닐 때면 깊게 숨을 들이쉬어 딸기, 토마토, 허브의 향을 느낀다. 사람은 후각으로 처음 맛을 느낀다. 최대한 많은 풍미를 간직해 언제든지 끄집어내 사용할 수 있도록 하자.

🔻 여행을 떠난다.

처음 와인을 배울 무렵, 나는 키안티 와인을 공부하기 위해 토스카나에 세 달간 거주했다. 토스카나를 떠날 쯤에는 맛만 보고도 어느 마을의 와인인지 구별할 수 있었다. 물론 나의 경험은 다소 극단적인 사례다. 하지만 와인 산지에 실제 가봄으로써 와인을 더 깊게 이해하고 느끼게 된다. 어느 정도 와인을 알게 되면 와인 여행을 떠나는 것을 적극 추천한다. 하지만 처음부터 이 농장 저 농장 다니면서 와인을 이해하려고 노력할 필요는 없다. 여행하면서 매일 다른 와인을 맛보고, 지역 음식을 곁들이는 것만으로도 관심도가 달라질 것이다. 게다가 친구와 떠나는 와인 여행이라면 강력히 추천한다. 다른 사람들이 던지는 질문을 듣다보면 차마 생각하지 못한 시각을 얻게 된다.

내가 가장 좋아하는 와인 여행지

☐ 이탈리아, 알토 아디제

수수하지만 아름답고, 물가도 비싸지 않은 지역이다. 이 지방의 양조업자는 부르고뉴 등 타 지역 사람들보다 훨씬 친절하다. 거대한 협동조합이 있는 칸티나 테를라노를 방문해보자. 훌륭한 숙성 와인을 충분히 즐길 수 있다. 그리고 그림 같은 풍경을 자랑하는 트라민에서 생산한 최상의 피노 누아도 놓쳐서는 안 된다. 덤으로 밀라노 또는 베네치아를 거쳐 간다면 다채로운 문화 경험도 할 수 있다.

☐ 오스트리아

친절하고 음식을 사랑하며 친환경 농법을 널리 사용하는 나라다. 바하우의 니콜라이호프 와이너리를 방문하자. 로마제국의 두 번째 성당 인근에 지어진 오래된 와이너리로 로마인들이 땅을 파서 만든 지하 저장고를 볼 수 있다. 또한 와이너리에는 작지만 훌륭한 술집도 딸려 있다. 오스트리아를 여행할 때는 비엔나에 머물도록 하자. 전 세계 수도 중에서 비엔나처럼 수많은 양조업자가 있는 도시는 거의 없다. 마지막으로 바인굿 비닝어에서 반드시 저녁 식사를 해보자.

☐ 캘리포니아

즐거움이 가득한 지역이다! 소노마 지역에서 지내거나 산타바바라로 내려가자. 줄을 서서 먹을 만큼 인기가 많은 곳을 방문하는 재미가 있을 것이다. 처음에는 유명한 핸젤 와이너리에서 시작해 호그 아일랜드 오이스터에서 점심을 먹자. 그리고 소노마 해안의 숨 막히는 절경이 펼쳐진 허쉬로 향하자.

▽ 끊임없이 공부한다.

당신과 비슷한 취향을 지닌 와인 평론가의 글을 찾아 정기적으로 읽어보자. 누구의 글을 읽든지 간에 많은 것을 배울 수 있다. 잰시스 로빈슨이 〈파이낸셜 타임스〉에 기고한 비평을 읽어도 좋고, 개인 웹사이트인 'Purple Pages'를 방문하는 것도 좋다. 〈뉴욕 타임스〉의 에릭 아시모브, 〈월스트리트 저널〉의 레티 티그, 안토니오 갈로니의 웹사이트 'Vonous'도 추천한다. 어떤 평론가가 나와 입맛이 비슷할지 궁금할 때는 그들이 93점 정도를 매긴 와인을 마셔보면 가장 쉽게 알 수 있다. 참고로 잰시스는 20점 만점으로 와인을 평가하므로 16~17점 정도로 생각하면 된다. 이 점수대의 와인을 마셔보고 스스로는 몇 점을 줄지 자문해보자. 그들이 100점이라고 평가한 와인은 누구에게나 100점짜리 와인일 것이기에 큰 의미가 없다. 또한 좋아하는 소믈리에의 인스타그램을 팔로우해 그들이 어디서 어떤 와인을 마시는지 살펴보자. 흥미롭고 새로운 간접 경험을 할 수 있다. 특히 그들이 여행 중에 올린 사진들을 더욱 주목하자. 마지막으로 단골 와인 숍의 인스타그램을 팔로우하는 것도 추천한다. 시음회 정보와 신상품을 빠르게 접할 수 있기 때문이다.

와인 지식을 넓히고 싶다면 242쪽에 소개한 다양한 정보를 활용하자.

내가 인스타그램에서 팔로우하는 와인업계 사람들

@jancisrobinson 잰시스 로빈슨, 와인 평론가, 런던

@rajatparr 라자 파, 와인 양조업자, 캘리포니아

@pascalinelepeltier 파스카린 르펠티에, 소믈리에, 뉴욕

@ess_thomas 사라 토마스, 소믈리에, 르 베르나르댕, 뉴욕

@bobbystuckeyms 바비 스터키 프라스카 푸드 앤 와인 공동 창업자, 콜로라도 볼더

@jaymcinerney 제이 맥이너니, 소설가 겸 평론가, 뉴욕

@ericasimov 에릭 아시모브, 평론가, 뉴욕 타임스

@pazlevinson 파스 레빈슨, 소믈리에, 파리

@soreledet 소렌 레데트, 소믈리에, 코펜하겐

@weinwunder 스테판 라인하르트, 평론가, 로버트 파커, 독일

@marco_pelletier 마르코 펠레티에, 소믈리에, 파리

당신이 와인 전문가가 되고 있다는 증거

☐ 점심을 먹는 중간에도 저녁 식사에 어떤 와인을 곁들일지 고민한다.

☐ 와인 여행을 떠나기 시작한다.

☐ 소믈리에의 인스타를 팔로우하기 시작한다.

☐ 잰시스 로빈슨의 글을 정기 구독한다.

☐ 1개 이상의 와인 모임에 참석한다.

☐ 고급 와인 잔을 한 개 이상 구매한다.

☐ 지하실이 점점 와인 저장고로 변하기 시작한다.

☐ SNS에서 와인 관련 해시태그를 사용한다.

☐ 블라인드 시음을 하기 시작한다.

☐ 레스토랑의 와인 메뉴를 인터넷으로 찾아보기 시작한다.

☐ 보르도 와인을 맛보고 서안과 우안을 구별할 수 있다.

와인 시음회를 한 단계 업그레이드하는 방법

➡️ 이제는 저녁 식사에 곁들일 와인으로 오리건의 피노 누아나 대중적인 샤르도네를 비롯한 와인은 졸업할 준비가 되었는가? 그렇다면 건설적인 도전을 할 때가 왔다. 마음이 맞는 사람들을 모아서 와인 모임을 만들자. 참가자가 많을수록 부담하는 비용이 적어져 다양한 와인을 마실 수 있다는 사실을 명심한다. 지금부터 자세한 운영 방향을 소개하겠다.

▽ 시대 순으로 와인을 시음한다.

특정 와인 생산자의 2016년도 와인부터 2012년도 와인까지 내려가면서 시음한다. 생산자가 어떻게 발전했고, 어떤 해의 와인이 까다로운 날씨의 영향을 받았는지 느껴보자. 따뜻한 해에 생산한 와인은 알코올 함량이 높고, 서늘한 해에 생산한 와인은 산도가 높다는 사실을 기억한다. (이러한 유형으로 시음을 할 때는 Winesearcher.com 웹사이트를 참고해 와인을 선택하면 큰 도움이 된다. 시음회 전까지 모든 와인이 배송될 수 있도록 시간적 여유를 넉넉히 두고 준비하자.) 진정 와인 시음을 한 단계 업그레이드하고 싶다면 와인의 생산 연도가 표기된 빈티지 차트를 인쇄하자. 잡지 〈Decanter〉나 〈Wine Spectator〉, 잰시스 로빈슨의 웹사이트 등 온라인상에서 구할 수 있다. 예를 들어, '2015년: 많은 비가 내리고, 7월에 우박이 내렸지만 따뜻한 여름 기후를 보였다. 포도의 수확 시기가 매우 빨랐다'라고 한두 줄 정도 빈티지를 요약한 문구를 검색한다.

⇨ **추천 와인:** 줄리앙 수니에르(플뢰리), 도멘 드 라 꼬뜨(피노 누아), 페터 라우어(리슬링)

● 빈티지별로 와인을 시음한다.

동일한 연도에 한 나라의 다른 지역에서 생산한 와인들을 마셔보자. 같은 연도라 할지라도 폭넓게 와인이 달라질 수 있으며, 날씨가 최종적으로 와인에 어떠한 영향을 미치는지 배울 수 있다. 무덥고 건조한 해에 생산한 와인과 서늘하고 비가 많이 내린 해에 생산한 와인은 어떻게 다른가? 과실의 특징은 어떻게 드러나는가? 알코올의 함량은 얼마나 다른가? 혀의 어느 부위에서 산도가 느껴지는가? 1년 차이로 따뜻했던 연도와 서늘했던 연도를 온라인으로 검색해보자. 다양한 국가를 대상으로 검색해도 좋고, 한 나라만 선택해도 좋다. 따뜻했던 연도와 서늘했던 연도에서 각 3종류의 와인을 선택해 비교하며 마셔본다.

⇨ **추천 와인:** 독일 양조업자인 라이츠, 라우어, 켈러의 와인을 2017년산(매우 무더웠던 해)과 2016년산(서늘했던 해)으로 비교해 마셔본다.

■ 세대교체를 느낀다.

부모세대에서 가업을 물려받은 자식세대가 어떻게 와인을 생산하는지 비교하는 것도 흥미롭다. 각 세대의 와인은 클래식 음악과 인디 록 음악만큼 다를 수 있다.

⇨ **추천 와인:** 알로이스 크라허와 게르하르트 크라허(다양한 품종), 막셀 라피에르와 마티유 라피에르(모르공), 디디에 다그노와 루이스-벤자민 다그노(푸이 퓌메), 조나단 파비오와 디디에 파비오(푸이 퓌메)

△ 고급스러운 전통 와인 산지의 와인을 경험한다.

와인을 시음하기 위한 참고 지식의 기본기를 다지기 위해서는 전통적인 와인도 머릿속에 저장할 필요가 있다. 이제는 보르도, 부르고뉴, 피에몬테, 리오하의 와인을 마셔볼 차례다. 다만 비용이 확실히 문제가 될 것이다. 25달러짜리 와인 여섯 병을 사는 대신 60달러짜리 보르도 와인 세 병에 모든 비용을 써야 한다. 또는 규모를 축소해 보르도 서안과 우안의 와인을 한 병씩 선택할 수도 있다. 아니면 10명에서 50달러씩 모아 마고 와인 한 병을 구입해 반 잔씩 나누어 마실 수도 있다. 이러한 시음의 핵심은 훌륭한 와인을 느껴봄으로써 참고할 수 있는 경험의 폭을 넓히는 것이다. 그리하여 바롤로 와인이 당신과 너무 잘 맞는다는 사실을 깨달았다고 하자. 하지만 비용이 많이 부담된다면 스판나와 같은 네비올로 클론 또는 네비올로 달바 등 현실적인 대안을 찾아볼 수 있다. 과도한 마케팅을 펼치는 와인에 돈을 탕진하는 일만 없도록 주의하자. 거듭 강조하지만 와인 병이 화려하거나, 웹사이트가 번지르르하다면 실제 와인에는 그만큼 신경을 쓰지 못했을 확률이 높다.

⇨ **추천 와인:** 차상위급 와인인 에코 드 랭쉬 바쥬, 도멘 실뱅 파타유 막사네, 메종 조셉 드루앵 샹볼 뮈지니를 추천한다. 또한 펠시나의 키안티 클라시코 리제르바와 슈퍼 투스칸 와인인 몬테베르티네의 레 페르골레 토르테도 훌륭하다.

맛을 느낄 수 있었다. 동일한 실험을 하고 싶다면 호주와 프랑스 론 밸리의 쉬라 와인을 선택해도 훌륭한 결과를 얻을 수 있다.

와인에서 이런 맛이 나요. 어떻게 하죠?

☐ **양배추**

사실 최근 유행하는 스타일의 와인으로, 의도적으로 환원 작용을 일으켜 만든다. 입맛에 맞지 않다면 디캔팅해 마셔보자.

☐ **마데이라 와인**

열화되고 산화된 듯한 풍미는 냉장고에서 수시간 보관하면 나아지기도 한다. 또는 치즈와 함께 곁들여 미각을 덮는 방법도 있다.

☐ **쥐 털**

내추럴 와인에서 자주 느낄 수 있는 풍미로 브레타노미세스라는 효모 때문에 생긴다. '브렛'이라고도 부르는 이 효모의 향은 호불호가 갈린다. 디캔터로 디캔팅해 향이 사라지는지 살펴보자.

☐ **낡은 코르크**

구매한 와인 숍으로 다시 가져간다. 환불을 받아야 한다.

☐ **식초**

어쩔 도리가 없다. 그냥 식초로 만들어버리는 것은 어떤지 고민해보자.

■ 블라인드 시음을 해본다.

참가자의 눈을 가리라는 뜻이 아니다. 와인을 종이봉투에 담아 어떤 와인인지 알 수 없게 한다. 어떠한 선입견도 없이 맛에 집중할 수 있다. 만약 모든 와인을 미리 따라놓고 싶다면 1부터 6까지 번호를 매긴 와인 잔 크기의 원을 그려 배치표를 준비하자. 참가자들이 번호를 확인하며 메모를 남길 수 있을 것이다. 만약 당신이 자신 있다면 어떤 와인인지 알아맞추는 게임을 해도 좋고, 단순히 메모를 남기거나 공유하는 시간을 가져도 좋다. 다음과 같은 질문을 나누어볼 수 있다. 신세계 와인인가, 구세계 와인인가? 프랑스 와인인가, 이탈리아 와인인가? 품종을 알 수 있는가? 와인의 숙성도가 느껴지는가? 시음이 끝나면 답을 공개한다. 주의할 점은 와인을 시음하기 전에 매운 음식이나 커피를 마셔서는 안 된다. 미각을 망쳐버리기 때문이다.

⇨ **추천 와인:** 좋아하는 와인이라면 무엇이든 좋다

● 토양을 느끼며 맛본다.

지금까지 소개한 시음 방법 중에 가장 특이하지만 개인적으로 가장 좋아하는 방식이다. 내가 유럽 소믈리에는 와인에서 토양을 느끼고, 미국 소믈리에는 과일을 느낀다고 했을 때 르 베르나르댕의 사라 토마스 소믈리에는 그 말이 무슨 뜻인지 물었다. 나는 질문에 대한 대답으로 독일의 리슬링 와인 여러 병을 준비했다. 독일은 지역별로 독특한 떼루아를 지닌 나라다. 우리는 모젤 지역의 적색, 청색, 회색 점판암 토양에서 생산한 와인, 나헤 지역의 사암 토질, 라인가우의 규암, 팔츠의 화산암 토양에서 생산한 와인까지 다양하게 시음했다. 각 와인에서 미세하게 다른

추천 애플리케이션

호세 안드레스는 'Wine Game' 이라는 애플리케이션을 선보였다. 당신이 촬영한 와인 사진을 기반으로 다양한 질문이 갖추어진 블라인드 시음 게임을 할 수 있는 앱이다. 경쟁심을 불러일으키고, 꽤나 중독성이 있는 앱이니 주의하자!

음력 달력을
활용해
와인을 마실
최적의 시기 찾기

➡ 농부들은 수 세기 동안 포도를 심고 수확하는 시기를 결정할 때 음력 달력을 사용해왔다. 음력 달력을 활용하면 와인을 마시는 최적의 시기도 찾을 수 있다.

20세기 초 바이오다이내믹 농법을 개발한 루돌프 슈타이너는 포도나무가 땅, 물, 공기, 불의 네 요소와 유기적으로 연결되어 있다고 생각했다. 각각의 요소와 연관된 별자리가 따로 있는데, 달이 그중 하나의 별자리로 진입하는 순간 해당 요소는 좋은 기운을 받는다고 말했다. 그리고 그 시기에 와인은 가장 맛이 좋아진다고 한다. 어느 정도 감안하고 들어야 할 말이지만 내가 존경하는 양조업자들은 이를 깊이 신뢰했다.

나 역시 어떤 날은 친숙한 와인을 마셔도 특별한 구석을 찾지 못하는 반면, 어떤 날은 특별히 맛있는 와인이 있다는 사실을 인정한다. 이를 와인 자체의 문제로 생각하기보다는 이렇게 바라보자. 사람은 보름달이나 고혈압 같은 주제에 민감하게 반응한다. 즉, 별자리와 달의 움직임에 따라 와인의 맛이 달라지는지는 모르겠으나, 우리가 이를 인식하는 방식이 달라질 수 있다고 생각한다.

○

'When Wine Taste Best' 애플리케이션을 통해 와인 달력을 간편하게 이용할 수 있다. 값비싼 와인을 개봉하기 전에 이 앱을 미리 확인하자.

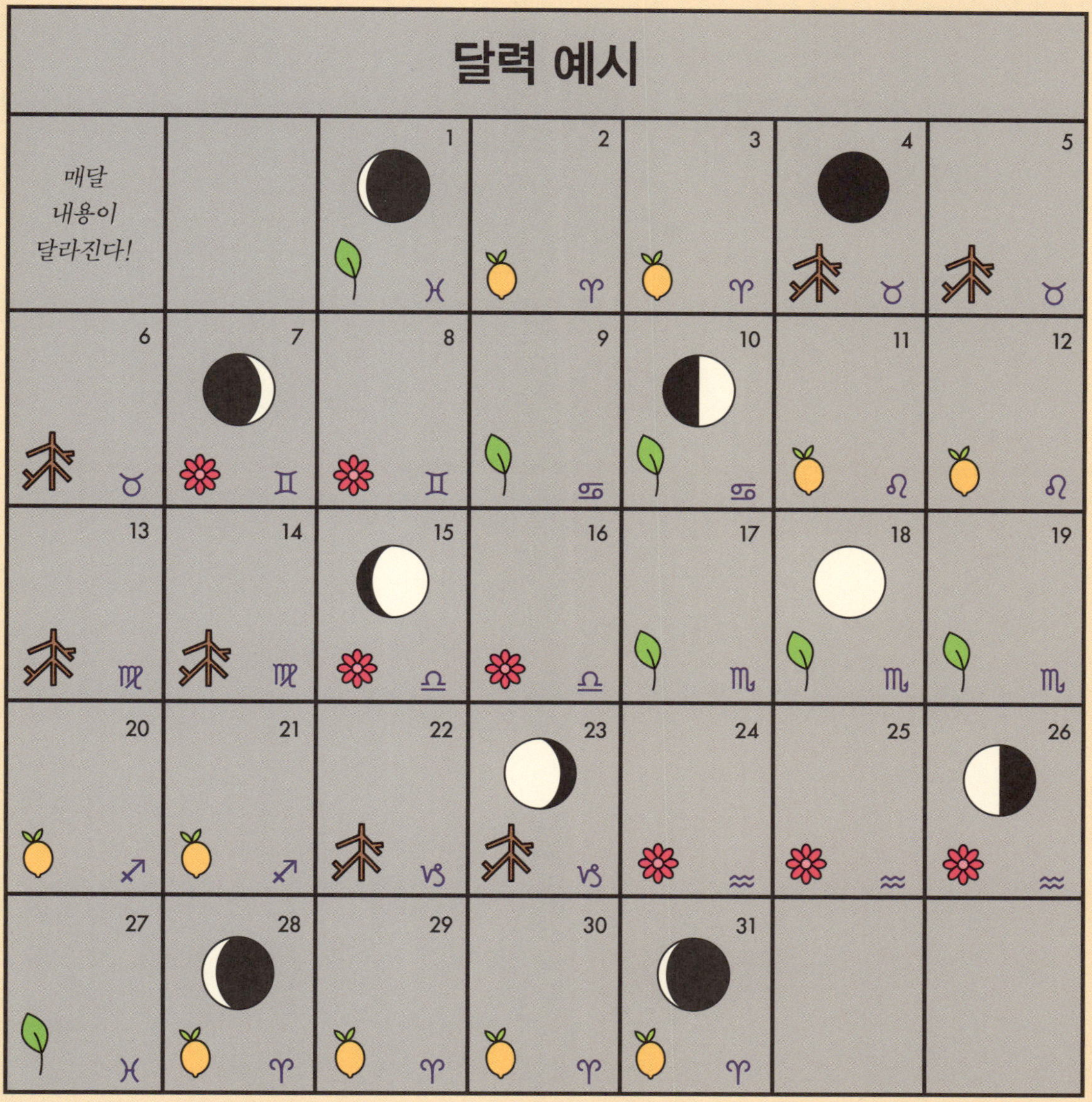

달력 예시

매달 내용이 달라진다!		1 ♓	2 ♈	3 ♈	4 ♉	5 ♉
6 ♊	7 ♊	8 ♊	9 ♋	10 ♋	11 ♌	12 ♌
13 ♍	14 ♍	15 ♎	16 ♎	17 ♏	18 ♏	19 ♏
20 ♐	21 ♐	22 ♑	23 ♑	24 ♒	25 ♒	26 ♒
27 ♓	28 ♈	29 ♈	30 ♈	31 ♈		

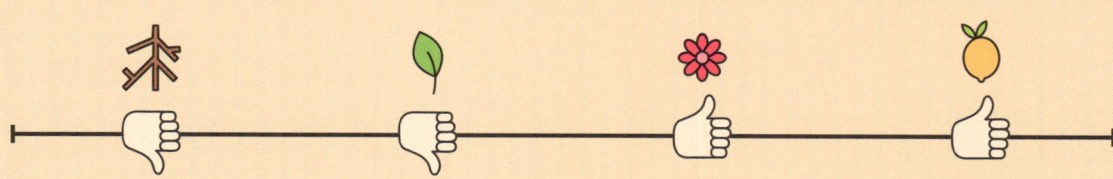

뿌리의 날
와인의 풍미가 닫혀 있는 날로, 와인을 마시지 않는 것을 추천한다. 땅의 속성을 지닌 염소자리, 황소자리, 처녀자리가 있을 때 뿌리의 날이라고 한다.

♑ ♉ ♍

잎의 날
식물이 엽록소를 활발하게 생성하는 날로, 와인의 생기가 떨어지는 편이다. 물의 속성을 지닌 게자리, 전갈자리, 물고기자리가 있을 때 잎의 날이라고 한다.

♋ ♏ ♓

꽃의 날
와인의 향을 맡기 좋은 날이다. 와인의 아로마가 풍성해진다. 공기의 속성을 지닌 쌍둥이자리, 천칭자리, 물병자리가 있을 때 꽃의 날이라고 한다.

♊ ♎ ♒

과일의 날
와인의 풍미가 활짝 열리고 향이 그득한 날로, 와인을 마시기 가장 좋다. 불의 속성을 지닌 양자리, 사자자리, 궁수자리가 있을 때 과일의 날이라고 한다.

♈ ♌ ♐

중급 와인 시음
용어집

와인 세계에 한 단계 깊숙이 발을 들이면서 자주 마주할
와인 시음과 양조 관련 용어를 소개한다.

거친(Austere)

한 모금만 마셔도 순전히 산도가 느껴질 정도로 상당히 단단하고 견고한 와인. 이러한 특성을 지닌 와인은 어떤 품종으로 만들었는지 예측하기가 힘들다.

견고한(Firm)

뚜렷하지만 지나치지 않은 정도의 타닌이 느껴지는 와인.

광물성(Minerality)

점판암, 분필, 젖은 돌, 자갈을 연상하게 하는 풍미. 와인 안에서 광물을 직접적으로 찾을 수는 없지만 이러한 아로마는 포도가 재배된 떼루아를 연상시킨다고 알려져 있다.

균형 잡힌(Balanced)

당도, 산도, 타닌, 알코올, 바디감이 균등하게 평형을 이룬 와인.

날카로운(Edge)

'에지' 있는 와인은 약간 얼얼한 느낌의 산도가 있는 와인을 말한다. 이러한 특성은 다소 높은 산도와 타닌, 때로는 광물성 때문에 나타난다. 원만한 와인과 반대되는 개념이다.

닫힌(Closed)

풍미가 혀에는 전달되지만 아로마가 코에는 느껴지지 않는 와인. 하지만 시간이 지나면 아로마가 '열리거나 피어날' 와인을 말한다.

드라이한(Dry)

당도가 매우 낮은 와인. 잔당 함유량이 1ℓ당 1~10g 사이인 와인을 말한다.

마구간(Barnyard)

휘발성을 지니고 동물을 연상하게 하는 와인. 퇴비, 소, 소변 등의 냄새가 난다.

마데라이즈드(Maderized)

지나치게 산화되거나 가열된 와인. 노르스름한 갈색빛과 카라멜 풍미는 달콤한 포르투갈 와인 마데이라를 연상시킨다.

마우스필(Mouthfeel)

와인의 질감이나 무게감을 뜻한다.

메르캅탄(Mercaptan)

효모의 작용으로 알코올 발효 중간 또는 이후에 생성되는 화학물질이다. 썩은 달걀 냄새를 만든다.

미각(Palate)

맛을 감지하는 능력과 취향. 더 구체적으로는 풍미를 인지하는 혀의 부위를 뜻한다.

브렛(Brett)

브레타노미세스의 줄임말. 효모의 일종으로 레드 와인에서 말의 땀이나 마구간을 연상시키는 냄새를 자아낸다. 이러한 풍미는 내츄럴 와인의 특성으로 많은 인기를 끌고 있다.

산화된(Oxidized)

공기 중에 너무 오랫동안 노출되어 신선함과 과일향을 잃은 와인. 와인 병을 밀봉하지 않거나 잔에 담은 채 밤새도록 보관하거나, 때로는 몇 시간만 방치해도 산화된다. 또는 수년 동안 결함 있는 코르크 마개를 끼워 보관하거나, 와인을 똑바로 세운 채 오랫동안 보관할 경우에도 산화될 수 있다.

섬세한(Finesse)

겹겹이 우아함을 지니고 미묘한 개성이 느껴지는 와인을 말한다. 그 어떤 특성도 과하게 도드라지지 않는다. 힙합 음악과 대조되는 클래식 음악을 떠올리면 이해가 쉽다.

식물성의(Vegetal)

적당한 식물의 향이 느껴지는 와인. 주로 피망, 풋토마토, 양배추 등 녹색식물의 아로마를 지칭한다.

씹히는(Chewy)

수렴성이 있는 와인보다 타닌 성분이 높아 질감이 씹히는 느낌을 말한다.

오염된(Corked)

축축하고 눅눅한 지하 저장고 같은 냄새가 나고, 흰 버섯 같은 향과 특성이 느껴질 때 사용한다.

오프-드라이(Off-Dry)

당도가 낮은 와인. 잔당 함유량이 1ℓ당 17~35g 사이인 와인을 말한다.

움켜쥐는(Grippy)

볼의 안쪽에 들러붙는 듯한 타닌의 질감이 느껴지는 와인.

원만한(Round)

와인의 타닌 성분이 지나치게 부드럽지 않고 적당히 매끄러운 상태를 뜻한다.

유연한(Supple)

타닌과 산도가 조화롭게 균형을 이룬 와인.

잼 같은(Jammy)

농축된 과일의 풍미와 진한 마우스필이 느껴지는 와인.

잿빛곰팡이병 또는 잿빛곰팡이병균(Botrytis)

귀부인병(Noble Rot)이라고도 한다. 곰팡이균에 감염된 현상을 일컬으며 포도의 당도를 높이는 역할을 한다. 특히 청포도에 자주 발생한다. 이 병에 걸린 포도는 카라멜과 과일향이 더해져 디저트 와인으로 많이 쓰인다.

쥐 같은(Mousy)

쥐 털이나 쥐 우리 냄새가 나는 와인. (안타깝지만 도시에 거주하는 대부분의 사람들이 익숙한 냄새다. 물론 쥐를 애완용으로 키우거나 학창시절 학교에서 길렀던 사람들도 친숙할 냄새다.)

직선적인(Linear)

생생하고 간결하면서 명확한 맛을 지닌 와인. 마치 모든 풍미가 일직선상에 있는 것처럼 일관된 느낌을 말한다.

진한(Rich)

풍부한 풍미가 미각에 전해지는 와인. 풍성한 과일과 향신료의 풍미, 소량의 잔당 덕분에 선명한 특성이 나타난다.

타닌이 강한(Tannic)

혀와 볼을 마르게 하는 와인. 타닌이 강한 와인은 미각을 씻어내는 효과가 있어, 풍미가 진하고 기름진 음식과 자주 곁들인다.

파삭한(Crisp)

기분 좋은 산도가 느껴지는 와인. 주로 화이트 와인, 로제 와인, 샴페인의 풍미를 묘사할 때 사용한다.

환원적인(Reductive)

발효 과정에서 산소와의 접촉이 부족한 와인. 그 결과 채 썬 양배추와 흰 깨의 풍미가 나타난다.

힘이 없는(Flabby)

산도가 결핍된 와인.

와인 나이의 중요성

→ **와인을 평가할 때 와인의 생산 연도가 좋은 해였는지 나쁜 해였는지에 열을 올리는 사람들이 많다.** 와인의 생산 연도를 따지는 것은 다음의 경우에나 도움이 된다. 고급 레스토랑에서 당신이 태어난 해에 생산된 와인을 주문할 때, 당신이 구매를 망설이는 어린 와인

이 나이 대비 품질이 괜찮은지 판단할 때, 같은 부르고뉴 와인도 2009년산이 2011년산보다 왜 훨씬 비싼지 알아볼 때. 하지만 나는 특정 빈티지 와인은 얼마를 주더라도 꼭 구매해야 하고, 특정 빈티지는 걸러야 한다고 말하는 빈티지 차트를 매우 싫어한다.

빈티지 와인의 품질은 해당 해의 날씨와 포도의 수확 시기에 따라 결정된다. 서늘하고 강수량이 많은 해에는 산도가 높고 과일향이 연한 포도가 생산된다. 반면 무더운 해에는 알코올 함량과 당도가 높은 와인이 빚어진다. 서리와 우박이 잦았던 해에는 어떨까? 으윽, 생각하기도 싫다. 이상적인 빈티지란 충분한 강수량과 일조량이 균형을 이루고, 포도에 곰팡이가 피거나 썩지 않으며, 포도가 완벽하게 익어 튼튼한 나무줄기와 꽉 찬 갈색 씨앗을 지닌 해를 뜻한다. 하지만 누구나 시골에서 운전을 하다보면 불과 몇 킬로미터 차이로 한 지역은 비가 내리고 서늘한 반면, 다른 지역은 햇살이 화창하고 따뜻한 경험을 해봤을 것이다. 이처럼 국가별, 지역별은 물론, 한 지역 내의 포도원 사이에서도 자연 환경은 다를 수 있다. 이렇게 다양한 환경을 어떻게 빈티지 차트에 모두 반영할 수 있겠는가?

또한 와인 수집가들이 가장 나이에 집착하는 부르고뉴와 보르도 와인은 대다수 갓 빚은 상태를 의미하는 '앙 프리메르(En Primeur)'일 때 평가한다는 사실도 주목해야 한다. 과연 평론가들은 이러한 와인의 최적 음용 시기인 20~30년 뒤에도 여전히 품질이 훌륭한 와인이라고 장담할까? 그리고 이른바 나쁜 빈티지에 생산한 와인이라고 20~30년, 혹은 더 짧은 기간 안에 훌륭하게 피어나지 말라는 법이 있을까? ==모든 양조업자가 자연 조건이 좋은 해에는 우수한 와인을 생산할 수 있지만, 사실 훌륭한 양조업자만이 환경이 나쁜 해에도 양질의 와인을 빚어낼 수 있다.== 따라서 가성비가 좋은 와인을 찾는다면 유명 양조업자가 자연 환경이 나빴던 해에 생산한 와인을 선택하면 된다. 예전에 소설가 겸 와인 평론가인 제이 맥이너니와

볼네의 양조업자 기욤 당제르빌과 여러 와인을 시음한 적이 있다. 우리는 1928년산 와인까지 거슬러 시음했는데 정말 충격적인 경험이었다. 우리는, 그중에서도 특히 기욤은 소위 안 좋은 빈티지에 생산한 와인이 아름다운 풍미를 뿜어내는 것을 확인하고 놀라움을 감추지 못했다. 이렇듯 우리는 와인의 생산 연도에 집착할 필요가 없다.

간략하게 와인의 나이에 대한 내 철학을 말해보겠다. 나는 30달러 이하의 와인은 가급적이면 오래 보관하지 않는다. 이러한 와인은 어린 상태에 마셔, 1차적인 과일의 풍미와 꽃향기를 즐기는 것이 좋다. 파인애플, 체리, 딸기, 풋사과, 감귤류 풍미뿐만 아니라 장미, 유칼립투스, 피망 같은 꽃, 허브, 채소향을 느낄 수 있다. 2차 풍미는 주로 발효 과정에서 나타난다. 오크, 바닐라, 커피, 삼나무, 버터, 요거트 풍미가 대표적이다.

품종에 따라 차이는 있지만 숙성을 거친 와인에서는 1차, 2차 풍미가 은은하게 사그라져 뒷받침되고, 3차 풍미가 도드라지게 나타난다. 송로버섯, 마른 낙엽, 마른 시가 담뱃잎, 스카치 캔디 풍미가 있다. 이 단계의 와인은 환상적으로 아름다운 부케(병 숙성을 통해 진화한 성숙하고 부드러운 향 - 옮긴이)를 뿜어낸다. 와인의 모든 요소들이 훌륭히 조화되어 오래도록 미각에 남는 것이다. 이처럼 우리는 오래 숙성한 와인을 마실 때 와인의 풍미를 발견하고 깊이 고민한다. 반면 어린 와인을 마실 때는 어떠한가? 벌컥벌컥 들이키면서 와인을 마시는 그 순간에 충실하고 집중한다. 이렇듯 와인의 나이에 따라 즐기는 방법은 달라지며, 이러한 관점에서 와인의 나이는 중요하다.

추천 합니다!

→ 단골 와인 숍 직원이나 당신의 입맛을 잘 알고 있는 소믈리에에게 숙성의 흔적이 느껴지는 와인을 추천해달라고 부탁하자. 처음부터 1945년산 샤또 무똥 로칠드에 도전하지는 말자. **우선 생산한 지 5년 된 와인을 구매해 익숙해지자. 충분히 익숙해졌다면 동일한 와인이나 동일한 지역에서 생산한 10년 된 와인을 탐구해본다.** 시간의 흐름에 따라 와인이 어떻게 변하는지 알 수 있고, 다른 와인을 체험할 때도 참고할 수 있는 배경지식을 쌓을 수 있다.

숙성 와인
제대로 구매하기

누군가 숙성해 놓은 와인을 구매한다는 말은 무척 간단하게 들린다. 사람과 마찬가지로 와인에도 노화 곡선이 존재한다. 그리고 코르크의 영향으로 모든 와인은 저마다 다른 속도로 숙성된다. 숙성 와인을 구매할 때는 와인의 출처를 제대로 확인해야 한다. 그러나 이는 전문 바이어가 아니라면 매우 어려운 일이다. 와인을 어둡고 온도가 잘 조절되는 환경에서 꾸준히 보관했는가? 온도 제어가 되는 컨테이너에 담아 각 매장으로 운송했는가? 병을 눕혀 보관해 코르크를 촉촉한 상태로 유지했는가? 등등 다양한 사항을 확인해야 한다. 게다가 경매나 온라인을 통해 와인을 구매한다면 누군가 냉장고 위에 와인을 보관하지 않았다고, 따뜻한 부엌에서 40년간 방치하지 않았다고, 어떻게 확신할 수 있는가? 안타깝지만 이를 확인할 방법은 없다.

우리가 항상 평판이 좋은 와인 숍 또는 경매 전문회사에서 와인을 구입해야 하는 이유도 이 때문이다. 오래된 코르크 마개는 와인이 흠뻑 스며들어 공기가 유입되며, 이에 따라 숙성 속도가 빨라진다. 나를 비롯한 와인 전문가들은 병의 '어깨' 부분을 보고 와인이 얼마나 차 있는지 확인한다. 또한 라벨을 확인해 와인이 빛이나 습도로 손상되지 않았는지 판단한다. 마지막으로 와인 숍에서 세워둔 채 진열한 와인은 무조건 거른다.

빈티지 차트에 대해

안타깝지만 솔직히 나는 빈티지 차트를 좋아하지 않는다. 별도의 지하 저장고처럼 와인을 보관하는 조예가 깊은 수집가라면 빈티지 차트를 유용하게 쓸 수 있다. 한 예로, 부르고뉴의 빈티지 차트를 찾기 위해 검색을 했다고 생각해보자. 부르고뉴 지방에는 수많은 외곽 지역과 계곡이 있으며 각각 고유의 미세기후가 있다. 특정한 해가 부르고뉴 지역의 양조업자 모두에게 완벽한 해였다고 일반화시켜 말하는 것은 불가능하다.

물론 가장 완벽한 생산 연도를 확인하려면 가장 비싸고 희귀한 와인이 생산된 해를 찾으면 된다. 하지만 나는 소위 급이 떨어지는 빈티지에 생산한 와인을 찾아보는 것을 좋아한다. 최대 50% 정도로 가격도 저렴할 뿐만 아니라 오래 기다릴 필요 없이 금방 마실 수 있다. 또한 외롭게 주인을 만나지 못한 이 와인들은 아무도 모르는 사이에 아름답게 풍미를 꽃피우기도 한다.

화이트 와인과
레드 와인의 숙성

사람들은 일반적으로 숙성 와인을 이야기할 때 레드 와인을 먼저 떠올린다. 하지만 화이트 와인도 숙성을 거쳐 훌륭하게 변하는 경우가 많다. 독일, 오스트리아, 알자스의 리슬링 와인은 마법 같은 품질을 선보인다. 샤블리로 대표되는 화이트 부르고뉴 와인, 개인 생산 샴페인, 빈티지 샴페인, 루아르 밸리의 슈냉 블랑도 매우 아름답게 숙성된다. 물론 이 외에도 훌륭한 숙성 화이트 와인이 있지만 이 정도에서 시작해도 충분하다.

훌륭한 부르고뉴, 보르도, 론, 바롤로, 바르바레스코, 리오하 와인은 대부분 숙성을 거쳐 품질을 향상시킨다. 포도 껍질, 줄기, 씨앗 그리고 오크 배럴의 나무 성분에서 나오는 어린 타닌 성분 때문에 레드 와인이 종종 묽게 느껴지기도 한다. (특히 보르도 와인의 경우 명확히 나타난다.) 타닌이 혀의 미뢰 위로 넓게 깔리면서 혀의 중간 부분에서 묽게 느껴지기 때문이다. 사람들은 대부분 이러한 와인을 별로라고 평가할 것이다. 하지만 미각에 전해지는 긴장감과 타닌이 얼마나 빨리 사라지는지에 집중하자. 일반적으로 이러한 와인들은 숙성을 거치면 품질이 매우 향상된다. 타닌이 부드러워지고 과일의 특성이 만개하기 때문이다.

로제 와인의 숙성

로제 와인은 생산한 해에 마시는 것이 원칙이다. 하지만 깜빡 잊고 있던 피노 누아 로제 와인이나 유명한 와이너리에서 생산한 탕피에 방돌 와인을 1~2년 뒤 발견했다면 아직까지는 마셔도 좋다.

숙성와인 제대로 구매하기

최고급인 동시에
최고가인 생산 연도

→ 왜 2005년산 프랑스 레드 와인이 동일 포도원에서 2006년도에 생산된 와인보다 두 배나 더 비쌀까? 왜냐하면 2005년이 최고의 생산 연도로 평가받기 때문이다. 나와 비슷한 독자라면 숨겨진 진주를 찾듯, 유명 와인업자가 다소 떨어지는 빈티지에 생산한 와인을 찾을 것이다. 이러한 와인의 추가적인 장점은 일반적으로 오랫동안 숙성할 필요 없이 마실 수 있다는 것이다. 개인적으로 빈티지 차트를 싫어하지만, 지난 20년간 최고의 품질이 생산된 빈티지를 소개한다. 참고할 수준으로만 읽어보길 바란다.

2016
오스트리아

2014
스페인

2011
피에몬테

2010
부르고뉴
(화이트 와인, 레드 와인)

2009
보르도

2008
샹파뉴

2007
부르고뉴
(화이트 와인)

2004
토스카나,
피에몬테

2011
론,
부르고뉴,
보르도

2000
보르도

1999
부르고뉴
(레드 와인)

🕐 언제쯤 마셔야 할까?

산지오베제 (키안티)

그르나슈 (남부 론)

가메

로제 와인 (즉시 마신다!)

숙성 기간

① ② ③ ④ ⑤ ⑩ ⑮

프로세코/아스티 스푸만테/까바 (즉시 마신다!)

논빈티지 샴페인 (즉시 마신다!)

피노 그리지오

샤르도네 (생생하고 상쾌한 풍미)

스파클링 와인

비오니에/콩드리유

소비뇽 블랑

샤르도네 (크리미하고 버터같은 풍미)

론 화이트 와인

부르고뉴 화이트 와인

뮈스까데

→ 와인의 풍미가 절정에 달하는 시기를 정확히 집어내기는 쉽지 않다. 해마다, 포도원마다, 생산자마다 와인이 달라지기 때문이다. 가장 좋은 방법은 동일한 와인을 6~12병 구매해 12년에 걸쳐 마시는 것이다. 그러면서 메모를 남긴다. 와인이 어떻게 발전하는지 배울 수 있는 좋은 방법이다. 지금부터 품종별 와인을 마실 시기를 대략적으로 소개한다. 와인을 숙성할지는 개인적인 판단에 맡기겠다.

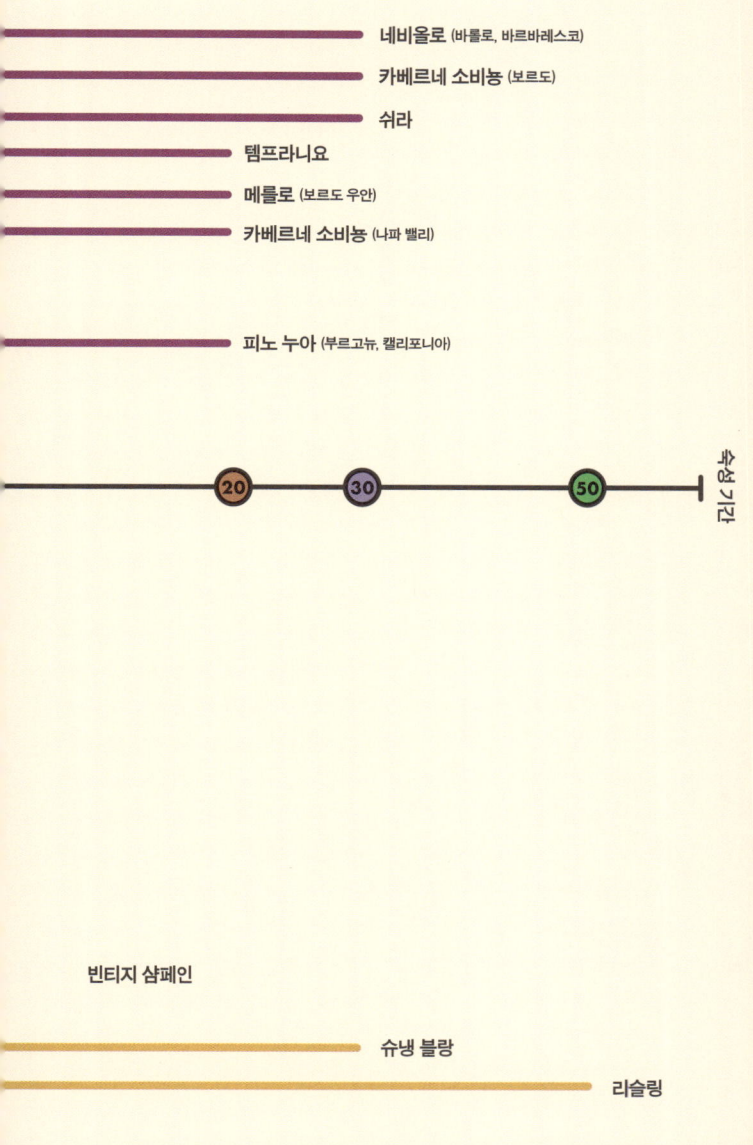

네비올로 (바롤로, 바르바레스코)
카베르네 소비뇽 (보르도)
쉬라
템프라니요
메를로 (보르도 우안)
카베르네 소비뇽 (나파 밸리)
피노 누아 (부르고뉴, 캘리포니아)

숙성 기간

빈티지 샴페인

슈냉 블랑
리슬링

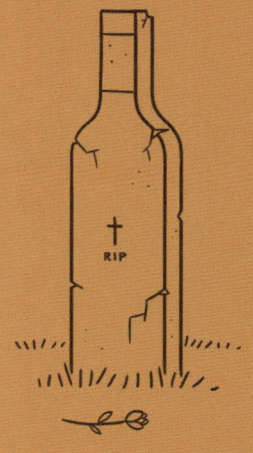

언제쯤 마셔야 할까?

언제까지 특별한 날을 기다릴 것인가?

나는 와인을 즐기는 사람들이 가끔씩 스스로 이상한 규칙을 만드는 것을 봐왔다. 특별한 날을 위해 와인을 아껴두는 것도 그중 하나다. 하지만 막상 특별한 날이 되면 와인을 개봉할 정도로 특별하다고 생각하지 않는다. 그러다 보면 어느덧 죽음을 맞이하고, 자손들은 그 와인을 이웃에게 주거나 저렴하게 경매 회사에 팔아넘긴다. 1989년산 보르도 와인을 무덤까지 가져갈 수는 없다. 그런데 무엇을 망설이는가? 와인을 개봉하는 그 순간이야말로 특별한 순간이 아닐까?

와인

수집의

🍷🍷

첫걸음

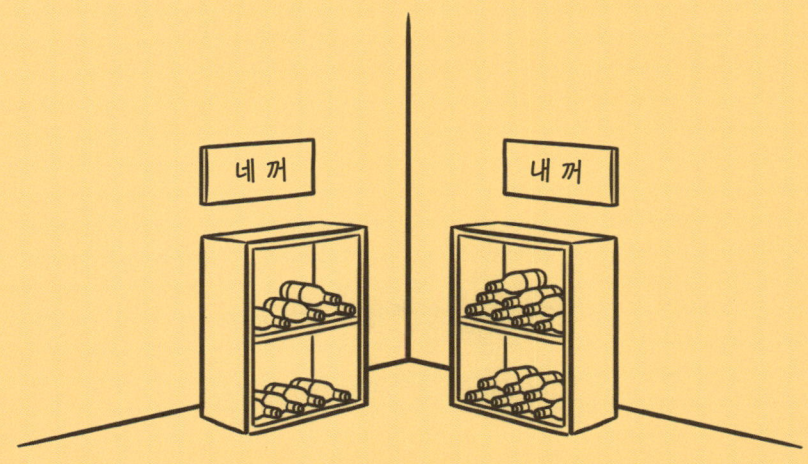

▼ 충분히 마셔보고 결정하라.

와인을 수집하기 위해 무작정 돈을 쓰기 전에 할 일이 있다. 가장 중요하면서 우선적으로 할 일은 자신의 취향을 명확하게 파악하는 일이다. 이를 위해서는 최소한 수년간 와인을 구매하고 마셔봐야 한다. 충분한 시간을 갖고 미각을 발달시키자. 수집을 시작하자마자 호주산 쉬라 와인만 사 모은다면, 수년 뒤 취향이 바뀌었을 때는 어떻게 하겠는가? 충분히 마셔보고 경험을 쌓아 편안하게 와인을 즐기는 단계까지 도달해보자.

● 다방면을 고려해 구성하라.

나 역시 미래를 위한 투자로 손꼽히는 고급 와인을 사기도 한다. 하지만 내가 수집하는 와인의 대부분은 평상시에 마시기 위한 것이다. 나는 와인을 살 때 계절과 음식, 식재료를 고려하며, 부담 없이 즐기는 와인, 미디엄 바디 와인, 풀 바디 와인으로 골고루 나누어 구성한다.

▲ 전문가에게 도움을 청하라.

수집 목록을 구성할 때 전문가에게 조언을 구한다. 단골 와인 숍의 사장도 좋고 좋아하는 소믈리에를 별도로 고용해도 좋다. 그들의 도움을 받아 와인을 구성하자.

■ 경매는 하지 마라.

취향이 명확하게 확립되기 전까지는 경매에 모든 돈을 쏟아서는 안 된다. 물론 너무나 괜찮은 가격에 나오는 상품도 있지만 그만큼 쉽게 혹할 수 있다. 양조업자에게 와인을 직접 구매하는 경우가 아니라면 와인이 어떻게 보관되고 운송되었는지를 확인할 방법이 없다. 즉, 와인이 아직까지 좋은 상태인지를 보장할 수 없다. 또한 경매 회사에서는 일반적으로 수수료로 22%를 청구한다. 그리고 여기에 소비세와 배송료도 추가된다. 그리고 와인 숍과는 달리 낙찰된 와인의 상태가 나쁘다고 해서 경매를 취소할 수도 없다. (온라인 구매도 마찬가지다.) 거듭 강조하지만 인간적인 유대감만큼 중요한 것은 없다. 특히 경매를 할 때는 더욱 명심해야 한다.

● 예기치 못한 사고를 방지하라.

배우자 또는 애인 전용 와인 수납장을 마련한다. 당신의 배우자가 친구들과 당장 마실 와인을 찾다가, 당신이 애지중지해 20년 뒤에나 마시려고 한 와인에 손을 대는 일을 미연에 방지할 수 있다. 꼭 명심하고 실천해 끔찍한 일이 벌어지지 않도록 하자.

와인을 더 알고 싶을 때

→ 옆에 소개할 와인 평론가들을 참고하면 와인 빈티지와 포도의 재배 환경을 더 쉽게 이해할 수 있다. 하지만 이들 외에도 당신이 와인 전문가로 성장할 수 있도록 날개를 달아줄 훌륭한 참고 자료가 많다. 내가 아끼는 정보를 소개한다.

 **책**

『The 24-Hour Wine Expert』, 잰시스 로빈슨 지음
와인을 빠르게 이해할 수 있도록 도와주는 작은 성경과도 같은 책이다. 정말이지 로빈슨은 와인계의 여신임이 틀림없다! 더 깊은 지식을 쌓을 준비가 되었다면 로빈슨이 2015년 편집한 『The Oxford Companion to Wine』도 도전해보자.

『와인 폴리: 매그넘 에디션』, 매들린 푸켓, 저스틴 해먹 지음
반드시 알아야할 풍미, 품종, 산지와 관련된 정보를 생생하고 기억하기 쉬운 그래픽 디자인으로 풀어냈다. 시각 정보를 통해 쉽게 배우는 편이라면 이 책이야말로 최고의 친구가 되어줄 것이다.

『The New Wine Rules』, 존 본 지음
숨 막힐듯 답답한 기존의 와인 지식을 허물고, 와인을 영리하고 재미있는 관점으로 바라본다.

『Champagne: The Essential Guide to the Wines, Producers, and Terroirs of the Iconic Region』, 피터 리암 지음
철저한 연구가 뒷받침되어 놀랄 만큼 내용이 풍성한 필수 가이드. 독특한 접이식 지도는 소장 가치가 있다.

『Secrets of the Sommeliers』, 라자 파 지음
일류 소믈리에는 어떤 와인을 마시고, 그 와인을 대체할 와인은 무엇이 있는지 알아보자.

『The Juice: Vinous Veritas』, 제이 맥이너니 지음
어떤 와인이 멋있고 어떤 와인이 전통적인지에 대해 교육적이면서도 유쾌하게 풀어냈다.

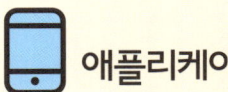 **애플리케이션**

Delectable
당신이 좋아하는 와인을 재밌게 기록할 수 있도록 도와준다. 와인 병을 촬영하면 해당 와인을 어디서 구매할 수 있는지 알려준다. 또한 애플리케이션을 사용하는 친구들이 최근 어떤 와인에 빠져 있는지 보여주고 다양한 대화를 이끌어낼 수 있도록 도와준다.

Vinous
와인 리뷰, 빈티지 차트, 기사 등의 정보가 모여 있으며 스마트폰으로 촬영한 와인 라벨로 정보를 검색할 수 있다.

웹사이트

Punch
주류 전문 웹사이트로 탈리아 바이오치, 존 본, 재커리 서스만, 메건 크리밤이 쓴 훌륭한 와인 관련 기사를 접할 수 있다.

Jancis Robinson's Purple Pages
수십 년간 쌓인 테이스팅 노트와 기사를 보기 위해서는 구독을 해야 한다. 주 단위로 발행하는 뉴스레터도 훌륭하다.

Vinous Media
과거 로버트 파커와 함께 일하던 평론가 안토니오 갈로니가 멀티미디어 와인 제국을 건설했다. 와인뿐만 아니라 레스토랑의 와인 메뉴, 애플리케이션 등 다양한 분야의 리뷰를 확인할 수 있다.

Wine Folly
매들린 푸켓은 와인 공부를 매우 이해하기 쉽고 재밌게 만든다. 깔끔한 디자인의 그래프와 도표로 정리한 시각 정보를 선호하는 학습자라면 이 웹사이트를 활용하기 바란다.

 잡지

⟨Wine & Spirits Magazine⟩
작가 조쉬 그린은 완벽한 연구가 뒷받침된 훌륭한 기사를 기고한다. 또한 그는 내가 가장 좋아하는 방식으로 인터뷰를 이끄는 사람이기도 하다.

⟨Fine⟩
유럽 잡지로 특히 샴페인 가이드가 훌륭하다.

나와 가장 잘 맞는 평론가는?

→ 당신은 새롭게 떠오르는 품종을 샅샅이 파헤치는 편인가? 아니면 풀 바디의 풍부한 보르도 와인에 끌리는가? 일류 와인 평론가들의 시음 성향을 알아보자.

☐ **로버트 파커**
약간의 마구간향이 있는, 진하고 농축되었으며 파워풀한 와인을 선호한다. 보르도, 캘리포니아, 호주, 남아메리카 와인을 중심적으로 주목한다.

☐ **잰시스 로빈슨**
전통적인 와인을 좋아한다. 섬세하고 미묘한 차이를 즐긴다. 다양한 지역의 와인을 즐기기 때문에 신흥 와인 산지의 와인도 적극적으로 맛본다. 기자적 관점에서 가식이 전혀 없이, 핵심으로 바로 돌입하는 글을 쓴다.

☐ **에릭 아시모브**
독특한 와인을 좋아하고 대중적인 취향에서 조금 벗어나기를 좋아한다. 따라서 가성비를 중시하고 매니아 층이 두터운 와인을 선호한다.

☐ **안토니오 갈로니**
생기가 넘치고 산도가 높은 와인을 선호한다. 이탈리아, 샹파뉴, 캘리포니아 지역을 좋아한다.

☐ **앨리스 페링**
내추럴 와인계의 여왕이다. 조지아 크베브리 와인과 프랑스의 저평가된 와인을 좋아한다.

☐ **잡지 <Wine Spectator>**
캘리포니아, 보르도 지역과 고급 와이너리 와인을 선호한다. 소규모의 독특한 생산자는 주목하지 않는 편이다.

4

와인과 음식

▶ 자칫 주제를 넘는 듯한 나의 말에 모든 셰프가 불쾌감을 느낄 수도 있겠다. 하지만 나는 ==식사와 어울리는 와인을 찾느냐 찾지 못하느냐에 따라, 소중한 한 끼가 완성될 수도 망가질 수도 있다고 생각한다.== 르 베르나르댕에서 손님이 특정 와인을 주문하는 상황을 가정해보자. 내가 판단하기에는 음식의 풍미를 뒤덮을 것 같은 와인이지만 손님은 끝끝내 그 와인을 주문한다. (특별한 날을 맞아 어떤 레드 와인을 주문할지 정해놓고 방문하는 손님에게는 좀처럼 나의 말이 먹히지 않는다.) 장담하건대 이런 경우 손님은 레스토랑을 나서며 이렇게 말할 것이다. "분위기는 훌륭하고 웨이터의 서비스도 좋았습니다. 소믈리에도 나쁘지는 않았어요. 하지만 무언가 강렬한 울림은 없군요." 내 생각에 이처럼 고객이 '와!' 하고 감탄하지 못한 이유는, 와인과 음식이 딱 맞아 떨어지지 않았기 때문이다.

음식과 잘 어우러지는 와인을 만나면 어느새 서로의 풍미가 결합되면서 음식과 와인 모두가 한층 업그레이드된다. 조화와 즐거움, 환상적인 경험을 맛보는 것이다. 나는 딱 맞는 음식과 와인의 페어링을 완벽한 결혼생활에 빗대어 표현하고 싶다. 어느 한쪽도 상대방을 압도하지 않고, 조화를 이루며 아름답게 교감하는 모습이랄까?

음식과 와인의 궁합이 좋지 않을 때는 와인의 부정적인 면만 도드라지기도 한다. 예를 들어, 매운 칠리에 캘리포니아 샤르도네를 곁들이면 알코올은 전혀 느껴지지 않고 산도만 강하게 전달된다. 또한, 날계란 노른자는 우리의 입맛은 물론 와인 잔의 립 부분까지 망쳐버린다. 그리하여 대부분의 음식과 잘 어울리는 최고의 샴페인까지도 맛이 없게 만들어버린다. 그러나 드라이 또는 오프 드라이 당도의 리슬링은 특유의 향신료, 과일, 코코넛향과 더불어 새콤달콤한 풍미 덕분에 태국 음식 대부분과 환상적인 궁합을 자랑한다. 생 조셉 와인 특유의 강렬한 광물성은 미디엄 레어로 구운 스테이크의 풍미를 한 단계 진하게 만들어 맛을 극대화한다. 개인적으로는 가리비 요리와 프랑스산 샤르도네만 한 최고의 조합은 없다고 생각한다. 이 둘은 서로를 완벽하게 보완하고 뒷받침한다. 한번 맛본다면 반할 수밖에 없는 조합이다. 새로운 음식에 곁들일 와인을 찾을 때면 르 베르나르댕의 요리사들은 나를 정신 나간 사람처럼 쳐다본다. 나는 넓은 쟁반에 다양한 와인을 담은 와인 잔을 잔뜩 준비한 채 주방으로 들어간다. 화이트 와인은 부엌의 뜨거운 열기에 맛이 변하지 않도록 얼음 통에 넣어서 별도로 준비한다. 당연히 잘 어울릴 것으로 예상되는 와인도 맛보지만, 전혀 어울리지 않을 것 같은 조합도 실험한다. 예를 들어, 초콜릿 디저트에 맥주를 곁들여보는 것이다. 이렇게 탄생한 의외의 궁합이야말로 신선하고 흥미진진하다.

레스토랑에서 음식과 와인의 조합을 결정하는 일은, 집에서 마실 와인을 선택하는 것보다 훨씬 복잡하고 어렵다. 레스토랑에서 일할 때는 비교적 최소한으로 조리하는 생선요리보다 에릭 리퍼트 셰프가 공들여 만든 소스와의 조합에 중점을 둔다. 그는 종종 너무나 어려운 숙제를 내게 던진다. 예를 들어, 그가 만든 절인 페르시아 오이 요리와 페어링할 와인을 찾을 때도 머리를 쥐어뜯으며 고민해야 했다. 하지만 집에서는 대부분의 사람들과 비슷하게 간단히 굽는 요리나 파스타, 스튜 등을 즐기는 편이다. 고급스러운 소스나 에멀전 또는 리덕션은 없다. 일과 후 와인을 마실 때는 훨씬 편하게 와인을 즐기는 것이다. 집에서 부담 없이 와인을 즐기는 내 모습을 보고, 음식과의 페어링에 대한 부담을 덜었으면 한다.

집에서 음식과 곁들이는 와인을 선택하는 일은 레스토랑에서의 경우와 많이 다르다. 그렇더라도 나는 여전히 식사와 가장 잘 어울리는 와인을 선택한다. 예를 들어, 토마토소스 파스타에 샴페인을 마시지는 않을 것이다. 당연히 키안티 와인을 선택할 것이다. 리퍼트 셰프와 나는 유튜브에 'Perfect Parings'라는 시리즈를 올린 적이 있다. 그중에 리퍼트 셰프는 보르도 와인이 모든 음식과 잘 어울린다고 말한 반면, 나는 그 의견에 당연히 반대했던 재밌는 에피소드가 있다. 물론 보르도 와인이 대부분의 음식과 잘 어울리는 편이긴 하지만 이보다 다양한 음식과 좋은 궁합을 보이는 와인이 훨씬 많다.

이번 장에서는 품종, 식재료, 풍미, 요리에 따른 와인 조합을 추천하고자 한다. 하지만 나의 추천을 무조건 맹신하지는 않았으면 한다. 다양한 조합을 만들어 새로운 시도를 해보도록 하자. 당신만의 길을 발견하는 첫걸음이 될 수도 있다.

완벽한 와인 페어링을 위해서

▼ 기본 수칙

→ 가장 먼저 짚고 넘어가야 할 문제가 있다. 모든 음식과 어울리는 완벽한 와인이란 존재하지 않는다. 샐러드와는 잘 어울리는 와인이 스테이크와의 궁합은 좋지 않을 수 있다. 스테이크의 풍미에 날개를 달아주는 와인도 디저트와는 전혀 어울리지 않을 수 있다. 같은 나라의 요리와 와인은 훌륭한 궁합을 보인다는 말은 꽤나 설득력 있게 들린다. 하지만 이탈리아만 보더라도 1,000여 종 이상의 포도 품종이 있고, 그 이상의 파스타 종류가 있다는 사실을 감안하면 과연 그럴까 하는 생각도 든다. 따라서 현존하는 와인 중 음식과 가장 두루두루 잘 어울리는 샴페인이나, 그다음으로 범용성이 좋은 그뤼너 벨트리너를 택하지 않는 한 남아 있는 선택지는 많지 않다. 풀 사이즈 와인을 두 병 선택하거나, 풀 사이즈 한 병과 하프 바틀을 선택하는 것이다. 두 방법도 아니라면 다소 불완전한 궁합마저 기꺼이 즐길 수밖에 없다.

파삭하고 상쾌하며 풍미가 깔끔한 와인은 친구들과 가볍게 한 모금씩 마시기는 좋지만, 식사 자리에서 음식과 곁들이기에는 다소 부족할 수 있다. 이런 경우에는 12~13% 정도의 적절한 알코올 함량에 산도와 과일향이 조화로운 와인을 선택하도록 하자.

식사에 와인을 두 병 이상 곁들일 계획이라면 가벼운 와인에서 점차 강렬한 와인 순서로 선택한다. 풀 바디의 아로마가 풍부한 와인에서 시작해 은은한 풍미의 와인으로 넘어가는 것은 힘들기 때문이다. 이 점을 반드시 명심하도록 하자.

**전반적으로
음식과 궁합이 좋은 와인**

☑ **그뤼너 벨트리너**

☑ **보르도** (에릭 리퍼트 셰프의 의견이다)

☑ **샴페인을 비롯한 스파클링 와인**

☑ **키안티 클라시코**

☑ **리슬링** (드라이)

☑ **알바리뇨**

■ 불문율이란 없다

생선 요리에는 화이트 와인?

생선에 어떤 와인을 마실지보다는 생선을 어떻게 조리했는지가 더 중요한 문제라고 생각한다. 생선을 졸여서 조리했다면 화이트 와인을 곁들이는 것이 맞다. 하지만 프라이팬이나 그릴 등에 구워서 요리했다면, 생선이 구워지고 카라멜화되어 생겨난 풍미에는 레드 와인이 잘 어울린다. 단, 카베르네 또는 네비올로와 같은 타닌이 강한 품종은 피하도록 하자. 피노 누아 또는 약간 차갑게 식힌 프로방스산 방돌 와인을 추천한다. 와인의 서늘한 온도가 음식과 와인의 상쾌함은 증가시키고 진한 풍미는 누그러트린다.

스테이크에는 레드 와인?

화이트 와인은 안 될 이유가 있는가? 파워풀한 론 지방의 화이트 와인이나 부르고뉴, 나파 밸리의 풍미가 진한 샤르도네, 로제 샴페인을 추천한다.

치즈에는 레드 와인?

화이트 와인도 시험해보자! (258쪽 참고)

최고의 식전주

미각을 깔끔하게 씻어내고 식욕을 돋우기 위해 아로마가 강한 와인보다는 가볍고, 아삭하며, 상쾌하고 감귤 풍미가 강한 와인을 선호한다. 대표적으로 피노 그리지오, 피노 블랑, 알바리뇨, 비뉴 베르데가 있다. 많은 사람들이 소비뇽 블랑으로 식사를 시작한다. 하지만 뉴질랜드산 소비뇽 블랑은 향이 강하고 알코올 함량이 높다. 처음부터 이렇게 강렬한 와인으로 시작한다면 더 이상 나아갈 곳이 없지 않을까? 계속 같은 말을 반복하는 것처럼 들리겠지만, 그뤼너 벨트리너 또는 샴페인을 식전주로 추천한다.

● 레스토랑에서 최고의 페어링을 보장하는 방법

→ 만약 식사 코스마다 각기 다른 글라스 와인이 나오지 않는다면, 식사 메뉴를 감안해 와인을 하나 추천받는다.

→ 와인을 병째 주문할 때는 **소믈리에에게 식사 메뉴를 알려주고** 당신의 예산에 맞추어 여러 개를 추천받는다.

→ 어떤 와인을 주문할지 결정했다면 반대로 그 와인과 어울리는 음식을 추천받는다. 소믈리에는 메뉴에 있는 모든 음식과 와인을 맛봤을 가능성이 높다. 그의 추천을 믿어보자.

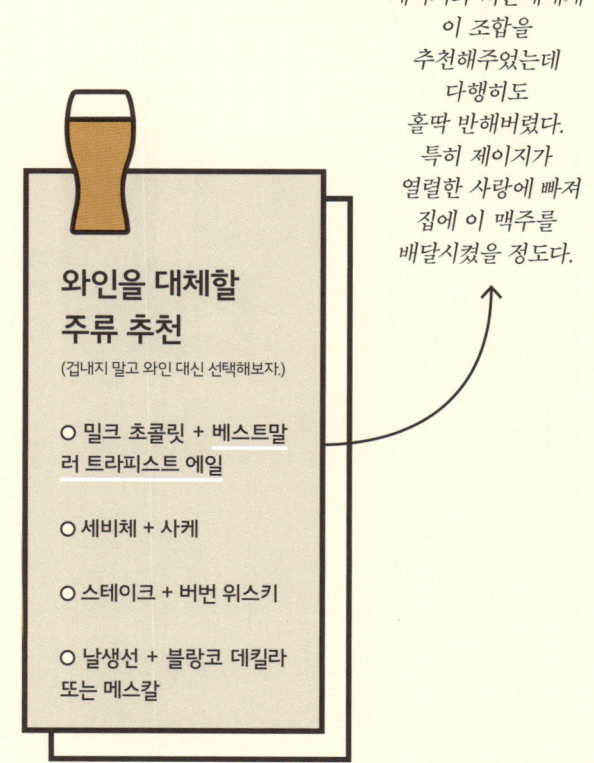

제이지와 비욘세에게 이 조합을 추천해주었는데 다행히도 홀딱 반해버렸다. 특히 제이지가 열렬한 사랑에 빠져 집에 이 맥주를 배달시켰을 정도다.

와인을 대체할 주류 추천

(겁내지 말고 와인 대신 선택해보자.)

○ 밀크 초콜릿 + 베스트말러 트라피스트 에일

○ 세비체 + 사케

○ 스테이크 + 버번 위스키

○ 날생선 + 블랑코 데킬라 또는 메스칼

와인, 음식을 만나다

→ 매일 저녁 5시 정도만 되면 친구들에게 저녁 식사에 곁들일 와인을 묻는 문자를 받는다. 내가 가장 좋아하는 와인 조합을 와인 품종, 식재료, 풍미, 요리에 맞추어 정리해봤다. 물론 어디까지나 대략적인 추천으로, 세세한 조합은 상황에 따라 달라질 수 있다. 와인 페어링의 출발점 정도로 생각하고 살펴보자.

피노 그리지오

식전주(단독)
간단한 샐러드
칼라마리 튀김
캔 참치
초밥

리슬링

날생선
햄
과일 샐러드
해산물 샐러드
볶음밥

소비뇽 블랑

날생선(상세르)
이탈리아 요리(상세르)
야채(뉴질랜드)
랍스터 롤(뉴질랜드)

그뤼너 벨트리너

생선
샐러드
그릴 요리
프렌치 프라이
맥 앤 치즈

샤르도네

닭고기
랍스터
대구
새우
구운 야채

피노 누아

가금류
연어
대구
칠면조

품종별 페어링

메를로

닭고기
돼지고기
소고기 스튜
양고기

카베르네 소비뇽

스테이크
양고기
소시지 구이
파르메산 치즈

쉬라

스테이크
돼지고기
감자
구운 야채

육류

스테이크

쉬라/생 조셉
보르도
멘시아

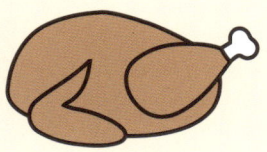

닭고기

피노 누아
가메
시칠리아 레드 와인
샤르도네(캘리포니아)
그뤼너 벨트리너
(프라이드 치킨)

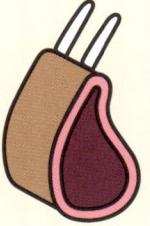

양고기

카베르네 소비뇽
피노 누아(차갑게)
산지오베제

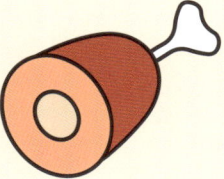

돼지고기

메를로
템프라니요
가메(삼겹살)
리슬링(햄)
보졸레(샤퀴테리)

햄버거

보졸레
피노 누아(신세계)

파스타

마리나라 소스

시칠리아 레드 와인

미트 소스

산지오베제

해산물

프리울라노

> 소스와 조리 방법에
> 따라 와인 페어링이
> 달라질 수 있음을 기억하자.
> 정교한 나의 페어링 세계에
> 온 것을 환영한다!

식재료별 페어링

찰떡궁합
와인 페어링

♥ **전통적인 조합**
스테이크: 보르도
송로버섯 파스타: 바롤로
굴: 샴페인
햄버거: 피노 누아
랍스터: 캘리포니아 샤르도네
생선 스튜: 로제 와인
도버 서대기: 화이트 부르고뉴

 의외의 조합
피자: 샴페인 또는 미국산 가메
태국식 파파야 샐러드: 드라이 리슬링
(알코올 함량 12.5% 이상)
타코: 알바리뇨
초콜릿: 트라피스트 에일
블루치즈: 뱅 존

해산물

연어

피노 누아
소비뇽 블랑(뉴질랜드)

가리비

슈냉 블랑
샤르도네

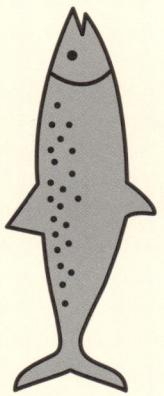

송어

피노 그리지오
상세르

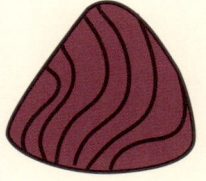

참치

네로 다볼라

(구운 참치)

새우

소비뇽 블랑
샤르도네

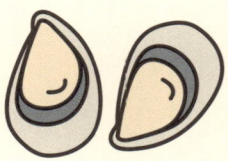

익히지 않은 해산물

뮈스까데
샤블리
산토리니
샴페인/크레망

강력 추천하는 집에서 즐기는 최고의 페어링 비법

□ **스테이크 + 구운 버섯 + 북부 론 레드 와인**

코르나스 또는 꼬뜨 로띠 와인을 선호한다. 비용을 절약하고 싶을 때는 생 조셉을 선택한다.

□ **반미 + 드라이 리슬링**

리슬링 와인은 아로마가 풍부해 민트와 피클의 향에 압도당하지 않는다. 또한 특유의 광물성은 지방 사이를 뚫고 나온다.

□ **갈비요리 + 숙성 진판델**

칠면조를 광적으로 싫어하는 내가 추수감사절에 즐기는 조합이다. 다행히도 진판델과 갈비의 궁합이 환상적이다.

□ **알 파모도로 크루도 스파게티 + 프리울라노**

완벽하게 익은 생 토마토와 마늘, 바질과 함께 프리울리의 가벼운 레드 와인을 즐기면 마치 여름휴가에 와 있는 듯한 기분이 들 것이다.

 까다로운 조합

생 토마토: 오스트리아 소비뇽 블랑 또는 프리울라노를 추천한다.

오이: 피노 그리처럼 질감과 풍미가 풍부한 와인을 추천한다.

칠리: 리슬링을 비롯한 잔당이 높은 와인을 추천한다.

계란: 샴페인의 산도가 계란의 톡 쏘는 맛과 향을 잡아주고 샴페인의 당도가 계란 노른자의 느끼함을 덮어준다.

청피망: 뉴질랜드 소비뇽 블랑과 진한 푸이 퓌메가 적절히 어울린다.

식재료별 페어링

상쾌한 허브향이 나는

알바리뇨
매우 드라이한 리슬링
(알코올 함량 12.5% 이상)
가벼운 소비뇽 블랑
(알코올 함량 12.5% 미만)

나무 같은 허브향이 나는

다양한 레드 와인:
프로방스/방돌 와인
숙성 리오하/산지오베제

매운

잔당이 느껴지는 리슬링
(알코올 함량 11% 미만)
오프 드라이 슈냉 블랑
프로세코

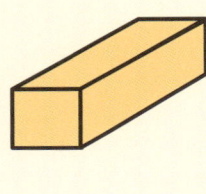

버터, 크림 같은

샴페인
프로세코
샤르도네

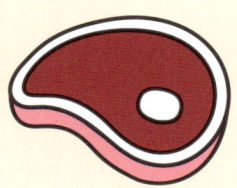

지방이 많은, 묵직한

알자스 리슬링
북부 론 쉬라
진판델

훈연향이 나는

리베라 델 두에로
리오하
말벡
나파 밸리 카베르네 소비뇽

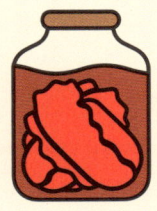

향이 강렬한, 발효한

진판델
가르나차
꼬뜨 뒤 론 (레드 와인)

치즈 같은

스파클링 와인
산지오베제
가메

흙, 버섯향이 나는

숙성 와인 (레드, 화이트)
쉬라
무르베드르
리오하 리제르바

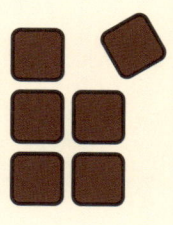

쓴

소비뇽 블랑
피노 블랑
풍미가 진한 피노 그리

생마늘향이 나는

소비뇽 블랑
비오니에
산지오베제
템프라니요
신세계 샤르도네
베르멘티노(익힌 마늘)

새콤달콤한

리슬링
게뷔르츠트라미너
프로세코

견과류

그뤼너 벨트리너
알바리뇨
소비뇽 블랑

코코넛

리슬링
프로세코
데미 섹 슈냉 블랑

**레몬향, 시큼털털한,
산도가 강한**

소비뇽 블랑
까바
비오니에

해조류, 바다향이 나는

드라이 리슬링
그뤼너 벨트리너
로제 와인

간장, 소금기가 있는

리슬링
피노 그리
사케

짭쪼름한

소비뇽 블랑
알바리뇨
베르멘티노

풍미별 페어링

255

태국

리슬링

(오프 드라이 당도, 알코올 함량 11% 내외)

그뤼너 벨트리너

피노 누아

(차갑게 식혀 익힌 음식에 곁들인다)

베트남

샴페인

리슬링(오프 드라이)

피노 누아(차갑게)

인도

리슬링

쉬라

메를로

요리별 페어링

중국

피노 누아

스파클링 와인(딤섬)

샤르도네(딤섬)

캘리포니아 소비뇽 블랑

뉴질랜드 소비뇽 블랑

리슬링(오프 드라이, 사천요리에 곁들인다)

일본

그뤼너 벨트리너

리슬링

상세르

대한민국

슈냉 블랑

카베르네 소비뇽

쉬라

프랑스

카베르네 소비뇽

피노 누아

알자스 피노 그리

쉬라

지중해

피노 그리지오

베르멘티노

이탈리아

키안티 클라시코

돌체토

시칠리아 레드 와인

람브루스코

스파클링 로제 와인

멕시코

맥주
소비뇽 블랑(뉴질랜드)
로제 와인
미션

카리브해

맥주
까바

미국 남부

샤르도네
슈냉 블랑

스페인

리오하
쉬라
멘시아

페르시아

리오하
숙성 피에몬테
숙성 샴페인

북유럽

내추럴 와인
그뤼너 벨트리너

요리별 페어링

동유럽

숙성 리슬링
블라우프랑키쉬

아르헨티나

말벡(스테이크)
카베르네 소비뇽

주의사항

지역별로 다양하고 광범위한 음식을 몇 가지 대표 풍미로 요약하기란 불가능하다. 지금까지 소개한 내용은 일반적인 풍미를 바탕으로 추천한 내용이니 시작점 정도로 생각하자. 더 상세한 조합이 궁금하다면 인근 와인 숍 직원 또는 소믈리에에게 어떤 음식과 곁들일 와인을 찾는지 상의하도록 하자.

치즈와 화이트 와인의 궁합을 예찬하며

➡️ 치즈에는 레드 와인을 곁들여야 한다는 규칙이 정석으로 자리 잡고 있는 것 같다. 하지만 치즈의 75%는 화이트 와인과 최고의 궁합을 자랑한다는 사실을 알고 있는가? 정말 놀랍지 않은가?

나는 레드 와인의 타닌 성분이 산도, 단백질과 부딪혀 종종 와인과 치즈의 풍미를 모두 망친다고 생각한다. 블루치즈에 레드 와인을 마셔 봤는가? 마치 입안이 암모니아로 가득찬 느낌이다. 반면에 대부분의 화이트 와인은 특유의 잔당, 과실 풍미, 산도로 훨씬 유연하다. 화이트 와인의 상쾌함과 적절한 당도는 별다른 충돌 없이 치즈의 크림 같은 풍미를 잡아준다.

화이트 와인의 신선함을 말한 김에 소소한 비밀 하나를 소개한다. 상하기 직전의 화이트 와인을 빨리 없애고 싶을 때는 치즈와 함께 마시도록 하자. 와인의 산화된 풍미가 치즈와 환상적으로 어우러진다. 지금부터 내가 가장 좋아하는 치즈와 와인(레드, 화이트) 조합을 소개한다.

고트

상세르
소비뇽 블랑

브리, 카망베르

샴페인
칼바도스

콩테, 스위스

쥐라산 뱅 존
피노 누아

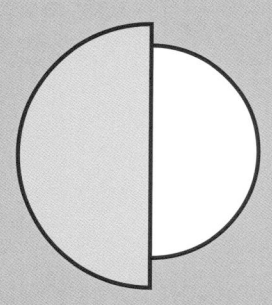

에푸아스

숙성 부르고뉴
코르나스

체다

보르도
올로로소 셰리

문스터

게뷔르츠트라미너
알자스 피노 그리

모차렐라, 부라타

피노 그리지오
그뤼너 벨트리너
가벼운 소비뇽 블랑(루아르 밸리)

파마산

바르베라
산지오베제

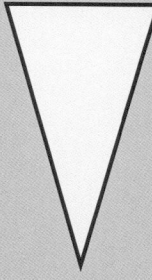

페코리노

시칠리아 레드 와인
토스카나 레드 와인

치즈 페어링

겸손이라는 마지막 교훈

와인 양조를 배우다

2008년 잡지 〈Wine Spectator〉 관계자들과 아르헨티나 여행을 떠났다. 이를 기점으로 나의 인생은 송두리째 바뀌어버렸다. 잡지사측은 내게 소믈리에의 관점으로 현지 와인에 대해 글을 써달라고 부탁했다. 외곽의 양조장을 보며 깊이 영감을 받은 나는 그곳에서 와인을 양조하고 싶다는 열망에 휩싸여버렸다. 말벡을 재배해도 좋고, 서늘한 파타고니아 기후 아래 오스트리아 품종인 그뤼너 벨트리너를 심어도 좋겠다고 생각했다. 하지만 곰곰이 생각해보니 아르헨티나에 투자하는 것은 너무 위험할 것 같았다. 때마침 한 오스트리아 양조업자가 같은 비용이면 오스트리아에서도 와인을 생산할 수 있다고 말해주었다. 오스트리아는 정치적으로도 훨씬 안정적이었다. 얼마 지나지 않아 나는 전설적인 오스트리아 양조업자 가

문의 게르하르트 크라허와 저녁 식사 자리를 가졌다. 와인을 직접 만들어 보고 싶다는 무모한 생각을 말하자, 그는 훨씬 대범하게 "그렇다면 저랑 함께해보는 것은 어떠세요?"라고 제안했다.

게르하르트는 주로 달콤한 와인을 생산했는데 마침 새로운 도전이 필요하던 참이었다. 우리는 진하고 알코올 함량이 높은 풀 바디 와인은 생산하지 않기로 뜻을 모았다. 석회질 토양에 재배한 포도로 풍미가 더 상쾌한 와인을 만들고 싶었다. 포도원 후보지로는 오스트리아의 고급 경작지에서 훨씬 떨어진 장소를 물색해야 했다. 마침내 우리는 50여 그루의 오래된 그뤼너 벨트리너 포도가 자라고 있는, 10,000m²가 채 안 되는 농지를 빌릴 수 있었다. 수없는 시행착오와 꾸준한 방문을 통해 게르하르트는 포

도를 재배할 농부에게 우리의 재배 방향을 완벽히 설명할 수 있었다.

이 무렵 나는 포도 농사에 대한 나의 지식이 너무 부족했음을 깨닫게 되었다. 예를 들어, 남쪽을 바라보는 포도나무는 8월경이면 뜨거운 기온으로 죽어버릴 수 있기 때문에 나뭇잎으로 포도를 더 가려야 했다. 수확을 하고나자 지하 저장고에서도 배울 것이 많다는 사실을 확인할 수 있었다. 물론 과거에도 다양한 와이너리를 방문하고, 부르고뉴의 장-막 홀로와 같은 대가와 포도를 수확한 경험이 있었다. 그러나 나의 능력에 따라 성패가 결정되는 와인이라고 할 수는 없었다. 게다가 항상 결과물이 훌륭하게 나왔다. 이제야 비로소 일이 잘못된다면 어떻게 되는지 체험하게 된 것이다.

최소한 오스트리아를 위해서라도 독특한 방식으로 와인을 만들어보고 싶었다. 숙성 기간을 1년 더 늘린다거나 (오스트리아에서는 흔하지 않다), 청징이나 여과 없이 죽은 효모세포인 앙금을 와인에 남겨두고 싶었다. 이는 뛰어난 알자스 양조업자인 올리버 훔브레이트와 함께한 세미나에서 배운 것이었다. 또한 르 베르나르댕에서 근무하면서 부르고뉴 와인을 상당히 많이 접했기 때문에 산도가 높은 그 지역 와인과 일맥상통하는 와인을 만들고 싶었다. 오스트리아에서 생산한 부르고뉴 스타일의 와인이라! 안 될 이유가 없지 않은가?

최초로 와인 1,800병이 출시되었을 때, 뉴욕의 떼루아 와인 바에서 성대한 축하 파티를 개최했다. 나는 모두의 박수를 받으며 게르하르트가 보내준 와인 상자에서 첫 번째 병을 꺼내들었다. 와인을 개봉하고, 잔에 따랐으나... 무슨 일인가? 와인은 뿌옇다. 내게는 아주 중대한 결점이었다. 마음이 덜컥하고 침울하게 내려앉았다. 모두들 "거 참 특이한 와인을 만들었군요!"라고 말했다. 이에 나는 두 번째, 세 번째 병을 연달아 개봉했다. 상자에 담긴 와인은 모두 탁했다. (다행히도 와인의 맛은 매우 훌륭했지만, 기분이 언짢았기에 맛을 느낄 새도 없었다.)

나는 게르하르트에게 전화를 걸어 물었다. 그는 와이너리에 있는 와인은 하나같이 맑다고 대답했다. 몇 달 뒤, 뿌연 와인들을 직접 들고 그를 만나러 비행기에 올랐다. 운송 과정에서 무엇이 잘못 되었는지 맛을 보여주고 싶었다. 두 와인은 비교가 되질 않았다! (간단히 요약하자면, 나와 게르하르트는 청징 작업에 대해 이견이 있었다. 나는 장-막 홀로의 가르침을 받은 이후로 더욱 이 작업을 하고 싶었지만, 게르하르트는 절대로 안 된다고 했다. 결국 벤토나이트를 첨가해 와인을 뿌옇게 만드는 단백질 성분을 제거했다.) 이처럼 엄청난 공부를 한 끝에 이제는 청징을 거친 와인을 구분할 수 있다.

이 외에도 이산화황의 첨가량을 조절하거나 와인의 바디감을 묵직하게 하는 타닌 가루를 첨가하는 실험도 진행했다. 이러한 경험으로 미각이 예리하게 발달해, 레스토랑에서 판매할 후보 와인을 시음할 때도 이산화황이나 타닌을 첨가한 맛을 감지할 수 있게 되었다. 그리고 우리가 생산하는 와인이 발효 공정에 들어갈 때마다 게르하르트는 2~3주에 한 번씩 와인을 시약병에 담아 페덱스로 보내준다. 이렇게 각 발효 단계마다 와인을 맛봄으로써 마법 같은 양조의 세계는 물론, 와인의 변화 과정을 정확하게 이해할 수 있었다.

우리가 생산한 와인은 처음부터 높은 평점을 받았고, 심지어 나의 우상인 잰시스 로빈슨에게도 좋은 평가를 받았다. 그 이후로 우리는 인근의 포도원을 추가적으로 임차했고, 연간 20,000병의 와인을 네 종류의 라벨로 생산하며, 저 멀리 중국까지도 수출한다. 하지만 매년 악천후나 흉작을 비롯한 새로운 도전이 우리를 기다린다. 갑자기 와인의 발효가 멈추어버린 적이 있다. 즉, 효모가 당분을 더 이상 먹지 않아 와인이 도저히 마실 수 없을 정도로 달아져버린 것이다. 나는 어쩔 수 없이 300ℓ짜리 배럴에 담긴 와인을 모두 버려야 했다! 이럴 때마다 자연의 위대함 앞에서 얼마나 겸손해져야 하는지 뼈저리게 느낀다. 이제는 소믈리에들이 야생효모로 하는 자발적 발효와 배양효모를 사용한 발효의 장점을 논할 때면 다른 관점으로 토론에 참여하게 된다. (내 대답이 궁금한가? 나는 그들에게 현금자동입출금기에 가서 수천 달러를 인출해 배수구로 다 버려버리면 어떤 기분이겠냐고 되묻는다.) 그렇다고 해서 우리가 자발적 발효를 하지 않는 것은 아니다.

나와 게르하르트는 우리의 와인 생산 10주년을 기리기 위해 여태까지 만든 와인을 거슬러 올라가며 마셔봤다. 무더웠던 해가 몇 번이나 있었는지 확연하게 알 수 있었다. 10년 중 총 5년이 뜨거운 기후를 보였다. 추가적으로 서리와 우박, 폭풍우와 기후 변화도 감지할 수 있었다. 이러한 자연 환경의 변화는 내가 와인 양조를 시작하면서 유심히 관찰하는 사항이다. 게르하르트와 나는 항상 발전하고 성장하기 위해 새로운 실험을 거듭할 것이다.

나는 와인을 만들면서 겸손과 지식, 기쁨과 경외감을 배웠다. 한 단계 훌륭한 소믈리에로 성장했을 뿐 아니라 와인의 진가를 알아보는 소비자가 되었다. 곰곰이 생각해보면 겸손과 지식, 기쁨과 경외감은 와인을 사랑하는 내 마음속에 항상 존재해왔다. 이 책을 읽은 당신도 마음을 열고 나와 같은 경험을 하길 희망한다.

용어집

거친(Austere)
한 모금만 마셔도 순전히 산도가 느껴질 정도로 상당히 단단하고 견고한 맛을 나타내며, 마치 바위를 잘근잘근 씹는 듯한 느낌을 준다.

견고한(Firm)
뚜렷하지만 지나치지 않은 정도의 타닌이 느껴지는 와인을 표현하는 용어.

광물성(Minerality)
점판암, 분필, 젖은 돌, 자갈을 연상하게 하는 풍미. 와인 안에서 광물을 직접적으로 찾을 수는 없지만 이러한 아로마는 포도가 재배된 떼루아를 연상시킨다고 알려져 있다.

균형 잡힌(Balanced)
당도, 산도, 타닌, 알코올, 바디감이 균등하게 평형을 이룬 와인을 말하는 용어.

그랑 크뤼(Grand Cru)
와인 품질 분류 등급 중 하나로 프르미에 크뤼(premier cru) 보다 높은 등급이다.

뀌베(Cuvée)
여러 포도주를 혼합하는 과정 또는 혼합물.

날카로운(Edge)
'에지'가 있다는 것은 약간 얼얼한 느낌의 산도가 있는 와인을 말한다. 이러한 특성은 다소 높은 산도와 타닌, 때로는 광물성 때문에 나타난다. 원만한 와인과 반대되는 개념이다.

네고시앙(Negociants)
각기 다른 다양한 포도원에서 포도를 구매해 와인을 만드는 양조업자.

닫힌(Closed)
풍미가 혀에는 전달되지만 아로마가 코에는 느껴지지 않는 와인. 하지만 시간이 지나면 아로마가 '열리거나 피어날' 와인을 표현한다.

도시지(Dosage)
리저브 와인과 설탕의 혼합물.

드라이한(Dry)
당도가 매우 낮은 와인을 나타내는 용어. 잔당 함유량이 1ℓ당 1~10g 사이일 때 사용한다.

등급을 낮춘(Downgraded)
와인 양조업자가 포도나무를 새로 심거나 생산 연도의 자연 환경이 좋지 않을 경우, 포도원의 등급이 내려가거나 등급을 정하는 목록에서 제외되기도 한다.

떼루아(Terroir)
와인의 풍미에 영향을 미치는 포도원의 토양, 기후, 지형 등 자연조건을 총칭하는 프랑스어.

마구간(Barnyard)
휘발성을 지니고 동물을 연상하게 하는 와인. 퇴비, 소, 소변 등의 냄새가 나는 와인을 말하는 용어.

마데라이즈드(Maderized)
지나치게 산화되거나 가열된 와인. 노르스름한 갈색빛과 카라멜 풍미는 포르투갈 와인 마데이라를 연상시킨다.

마스터 오브 와인(MW: Master of Wine)
영국 IMW(Institute of Masters of Wine)에서 발급하는 와인 전문가 자격증으로 자격 요건이 매우 까다롭다.

마우스필(Mouthfeel)
와인의 질감이나 무게감을 뜻한다.

메르캅탄(Mercaptan)
효모의 작용으로 알코올 발효 중간 또는 이후에 생성되는 화학물질로 썩은 달걀 냄새를 만든다.

미각(Palate)
맛을 감지하는 능력과 취향. 더 구체적으로는 풍미를 인지하는 혀의 부위를 뜻한다.

미국의 와인용 포도 재배지역(AVA: American Viticultural Area)
프랑스의 AOC와 유사한 미국의 제도로 연방 정부에서 규정한 포도 재배 지역 구분 체계다.

배럴(Barrel)
전통적인 숙성 용기로 주로 오크나무를 사용해 만든다. 오크통에서 숙성한 와인에서는 진한 과일향과 바닐라 풍미가 느껴질 뿐 아니라, 와인이 숨 쉴 수 있기 때문에 비교적 폭넓은 질감을 느낄 수 있다. 반면에 산소가 빠져나갈 수 없는 스테인리스스틸 배럴에서 숙성한 와인은 비교적 조밀하고 농축된 경향이 있다.

배양효모(Inoculated Yeast)
와인 양조 과정에서 추가하는 상업적인 목적으로 만든 효모.

브렛(Brett)
브레타노미세스의 줄임말. 효모의 일종으로 레드 와인에서 말의 땀이나 마구간을 연상시키는 냄새를 자아낸다. 이러한 풍미는 내츄럴 와인의 특성으로 많은 인기를 끌고 있다.

산지 등급(Growth)
보르도 와인의 등급체계를 일컫는다. 기본적으로는 '돈을 지불할 준비를 하다'라는 의미가 있다.

산화된(Oxidized)
공기 중에 너무 오랫동안 노출되어 신선함과 과일향을 잃은 와인. 와인 병을 밀봉하지 않거나 잔에 따른 채 밤새도록 두었거나, 때로는 몇 시간만 방치해도 산화된다. 또는 수년 동안 결함 있는 코르크 마개를 끼워 보관하거나, 와인을 똑바로 세운 채 오랫동안 보관할 경우에도 산화될 수 있다.

섬세한(Finesse)
겹겹이 우아함을 지니고 미묘한 개성이 느껴지는 와인을 말한다. 그 어떤 특성도 과하게 도드라지지 않는다. 힙합 음악과 대조되는 클래식 음악을 떠올리면 이해가 쉽다.

수렴적인(Astringent)
수렴성이 높은 와인은 입안을 마르게 하고 약간 떫은 느낌을 준다. 이는 타닌이 혀의 단백질을 응고시켜 입안을 수축시키기 때문이다.

스킨 컨택트(Skin Contact)
침용 또는 발효 단계에서 포도껍질과 포도즙을 함께 담아 와인의 색깔과 풍미를 추출하는 과정.

식물성의(Vegetal)
적당한 식물의 향이 느껴지는 와인을 나타내는 용어. 주로 피망을 비롯한 녹색식물의 아로마를 지칭한다.

씹히는(Chewy)
수렴성이 있는 와인보다 타닌 성분이 높아 질감이 씹히는 느낌을 표현하는 용어.

아로마 성분(Aromatic Compounds)
아로마라는 단어의 의미처럼 우리가 맡는 냄새를 뜻한다. 냄새를 관장하는 이 화학물질은 알코올이 증발하면서 생겨나며, 기체 크로마토그래피를 사용해 측정한다.

아펠라시옹(Appelation)
법에 명시된 와인의 생산지. 프랑스에서는 AOC 또는 AOP라고 부르며 특정한 와인 스타일을 의미하기도 한다.

알코올 함량(ABV: Alcohol by Volume)
와인의 알코올 함량을 나타내며 백분율을 사용해 라벨에 표기한다. 일반적으로 와인의 알코올 함량은 13%다(1980년대까지만 해도 12%였으나 기후 변화로 인해 알코올 도수가 높아졌다). 15%가 넘어갈 경우 알코올 함량이 높다고 판단한다.

암포라 토기(Amphorae)
고대부터 사용한 거대한 토기로 파쇄한 포도를 껍질째 담아 밀봉한 뒤, 땅에 묻어 사용했다.

앙금(Lees)
발효 과정 후 용기에 남아 있는 죽은 효모세포의 침전물.

야생효모(Ambient Yeast)
포도껍질에 묻어 있거나 공기 등 자연에 존재하는 효모.

약발포성의(Petillant)
약한 기포가 있는 와인을 표현하는 용어.

에그(Egg)
와인 발효·숙성 용기의 한 종류로 콘크리트 또는 점토로 만든다. 에그에서 숙성한 와인은 약간의 휘발성을 지니고, 사과즙 또는 콤부차와 같은 특성을 나타낸다.

오염된(Corked)
곰팡이가 낀 지하실이나 흰 버섯 같은 냄새를 표현하는 용어.

오크 숙성한(Oaked)
불에 그을린 오크나무로 만든 배럴에서 숙성한 와인. 포도의 견고한 타닌이 나무의 부드러운 타닌과 만나 풍성한 바닐라 풍미와 크리미한 질감을 만든다.

오프-드라이(Off-Dry)
당도가 낮은 와인을 표현하는 용어. 스파클링 와인의 경우 잔당 함유량이 1ℓ당 17~35g 사이일 때 사용하며 일반 와인은 잔당 함유량이 9g 이상일 때 사용한다.

와인의 눈물(Tears)
와인 잔을 기울이거나 빙빙 돌리고 난 뒤 잔의 표면을 타고 내려오는 와인 방울. 와인의 눈물(다리라고도 말함)이 천천히 흘러내릴수록 알코올 도수가 낮은 와인이다. 또한 눈물의 끝이 얼마나 뾰족한지 살펴본다. 눈물 사이에 폭이 넓고 끝이 둥근가? 아니면 서로 붙어 있으면서 끝이 뾰족한가? 눈물 사이 폭이 좁고 뾰족하다면 알코올 함량이 높은 와인이다. 보드카나 위스키로도 확인해볼 수 있다.

움켜쥐는(Grippy)
볼의 안쪽에 들러붙는 듯한 타닌 질감이 느껴지는 와인을 표현하는 용어.

원만한(Round)
와인의 타닌 성분이 지나치게 부드럽지 않고 적당히 매끄러운 상태를 뜻한다.

유연한(Supple)
타닌과 산도가 조화롭게 균형을 이룬 와인을 일컫는 용어.

이산화황(Surfites)
아황산염 또는 황으로 부른다. 천연 방부제로 발효 이전의 포도껍질에 붙어 있기도 하고, 통상적으로 병에 넣기 직전에 첨가하기도 한다. 이산화황은 사과나 아스파라거스를 비롯한 농산물에 자연적으로 붙어 있으며, 건살구를 속이 꽉 찬 상태로 보존하기 위해 첨가하기도 한다.

잔당(RS: Residual Sugar)
발효가 끝난 뒤 알코올로 전환되지 못하고 남은 포도의 잔여 당분. 와인 1ℓ에 잔당이 전혀 없는 본 드라이 당도부터 1ℓ당 220g에 달할 정도로 매우 달콤한 경우까지 다양하다.

잼 같은(Jammy)
농축된 과일의 풍미와 진한 마우스필이 느껴지는 와인을 표현하는 용어.

잿빛곰팡이병 또는 잿빛곰팡이병균(Botrytis)
자연적으로 발생하는 곰팡이균에 감염된 현상을 일컫으며 포도의 당도를 높이는 역할을 해서 드라이한 와인에도 꿀 같은 풍미를 더한다. 다른 말로 귀부병이라고도 한다.

전형성(Typicity)
해당 와인 산지와 양조 방식에서 나타나는 와인 고유의 특성.

쥐 같은(Mousy)
쥐 털이나 쥐 우리 냄새가 나는 와인.

직선적인(Linear)
생생하고 간결하면서 명확한 맛을 지닌 와인. 마치 모든 풍미가 일직선상에 있는 것처럼 일관된 느낌을 말한다.

진한(Rich)

풍부한 풍미가 미각에 전해지는 와인을 표현하는 용어. 풍성한 과일과 향신료의 풍미, 소량의 잔당 덕분에 선명한 특성이 나타난다.

청징제(Fining Agents)

와인을 탁하게 하는 침전물이나 단백질을 제거하기 위해 사용하는 첨가제. 벤토나이트, 계란 흰자, 카세인 등이 쓰인다.

초미각자(Supertaster)

극도로 예민한 미뢰를 지닌 사람으로 전체 인구의 10~25%만이 해당한다. 흥미로운 사실은 남성보다는 여성 초미각자들이 훨씬 많다. 그래서 내가 여성 소믈리에를 더 많이 고용하는 것일지도 모른다.

침용(Maceration)

레드 와인을 양조할 때 포도껍질에서 색깔을 추출하는 과정. 타닌과 높은 당분도 함께 뽑아낼 수 있다.

캐스크(Cask)

일반적으로 나무나 스테인리스스틸 소재를 사용한 전통적인 숙성 용기다. 앞서 말한 바와 같이 와인의 풍미에 영향을 미친다. 100~10,000ℓ까지 용량이 다양하다.

크라운 병뚜껑(Crown Cap)

병맥주 또는 탄산음료 병에 쓰이는 왕관 모양의 병뚜껑.

크뤼(Cru)

1800년대부터 시작된 분류체계 상 특출한 품질로 인정되는 프랑스의 포도원.

크베브리(Qvevri)

조지아 공화국에서는 수천 년 동안 와인 양조에 사용한 점토 항아리.

타닌(Tannins)

포도껍질과 씨앗에 담긴 화학물질. 레드 와인의 전체적인 구조를 잡아주고 숙성을 도우며 시간이 지날수록 부드러워진다. 타닌이 많은 와인을 마시면 너무 진한 차를 마셨을 때와 비슷하게 입안이 마른다.

타닌이 강한(Tannic)

혀와 볼을 마르게 하는 와인. 타닌이 강한 와인은 미각을 씻어내는 효과가 있어 풍미가 진하고 기름진 음식과 자주 곁들인다.

탱크(Tank)

스테인리스스틸 또는 플라스틱 재질의 발효 용기로, 와인에 새로운 풍미를 더하거나 변화시키지 않는다.

파삭한(Crisp)

기분 좋은 산도가 느껴지는 와인. 주로 화이트 와인, 로제 와인, 샴페인의 풍미를 묘사할 때 사용한다.

페놀 성분(Phenolic Compounds)

와인의 색, 맛, 질감 등 모든 것을 결정짓는 수백 가지의 화학물질.

펫-낫(Pet-Nat)

페티앙 나튀렐(Petillant Naturel)의 약자로 내추럴 와인 양조 기법을 통해 탄생한 약발포성 와인.

포도 머스트(Grape Must)

갓 짜낸 포도 과즙.

품종(Varietal)

포도의 종류. 또는 단일 품종으로 만든 와인.

환원적인(Reductive)

발효 과정에서 산소와의 접촉이 부족한 와인을 묘사하는 용어. 그 결과 채 썬 양배추와 흰 깨의 풍미가 나타난다.

힘이 없는(Flabby)

산도가 결핍된 와인을 표현하는 용어.

2차 발효(Secondary Fermentation)

두 번째로 진행하는 발효 과정.

지은이 _ 알도 솜

제임스 비어드 어워드 수상자로서 르 베르나르댕의 와인 디렉터이자 자신의 이름을 딴 알도 솜 와인 바의 파트너다. 2008년 국제 소믈리에 협회가 선정한 세계 최고의 소믈리에에 올랐으며, 2007년에는 미국 소믈리에 협회에서 미국 최고의 소믈리에로 선정되었다. 오스트리아 소믈리에 협회가 선정하는 오스트리아 최고의 소믈리에에도 4차례 선정되었다. 뉴욕 브루클린에 살고 있다.

크리스틴 뮬크

〈Bon Appétit〉의 객원 편집자이며 〈New York Times Magazine〉의 푸드 에디터로도 활동했다. 〈Xtine〉 뉴스레터를 만들었고, 에릭 리퍼트, 데이비드 킨치, 에릭 워너와 요리책을 집필했다.

옮긴이 _ 김일민

한국외국어대학교 영어통번역학과 경영학을 공부하고, 글밥아카데미 수료 후 바른번역 소속 번역가로 활동 중이다. 옮긴 책으로는 『하늘을 나는 푸른 자전거』(공동번역)가 있다.